나라는
부유한데
왜 국민은
불행할까?

나라는 부유한데
왜 국민은 불행할까?

제1판 제1쇄 발행일 2018년 2월 28일
제1판 제5쇄 발행일 2022년 9월 18일

글_ 오건호, 남재욱, 김종명, 최창우, 홍순탁
기획_ 내가 만드는 복지국가, 책도둑(박정훈, 박정식, 김민호)
디자인_ 정하연
펴낸이_ 김은지
펴낸곳_ 철수와영희
등록번호_ 제319-2005-42호
주소_ 서울시 마포구 월드컵로 65, 302호(망원동, 양경회관)
전화_ (02)332-0815
팩스_ (02)6003-1958
전자우편 _ chulsu815@hanmail.net
ⓒ 오건호, 남재욱, 김종명, 최창우, 홍순탁 2018

ISBN 979-11-88215-07-2 03330

철수와영희 출판사는 '어린이' 철수와 영희 , '어른' 철수와 영희에게
도움 되는 책을 펴내기 위해 노력하고 있습니다.

나라는 부유한데 왜 국민은 불행할까?

기획 : 내가 만드는 복지국가

글
오건호
남재욱
김종명
최창우
홍순탁

철수와영희

풀뿌리 시민들과 함께 복지국가를 만들자며 '내가 만드는 복지국가'(약칭 내만복)를 시작한 지 어느새 6년, 그동안 숨 가쁘게 달려왔습니다. 여러 활동을 벌였지만, 그중에서도 특히 뿌듯한 게 '내만복 학교'입니다. 일찍부터 시민들과 함께 복지국가를 배우고 토론하는 학교를 꿈꿨지만 쉽지 않았습니다. 고민도 많았습니다. 단순한 지식 전달을 넘어 주제와 논점을 분명히 하고 내만복의 입장에서 복지국가로 가는 비전을 담고 싶었습니다. 또한 시민 스스로 맡아야 할 역할도 제안하고 싶었습니다. 그렇게 구상만 하다가 2017년 초에 마침내 '내만복 학교'를 열었습니다.

모두 의욕이 넘쳤습니다. 복지 제도와 복지국가 전략을 모은 '종합반'과 의료, 주거, 연금, 노동 복지, 세금 등으로 '주제반'을 개설했습니다. 여름에는 토요일 오전부터 저녁까지 종일 공부하는 '하루반'도 열었습니다. 서울시 동교동에 있는 학교 교실에서 열정적으로 토론하던 학생들, 수업 직전까지 강의를 준비하던 강사들의 얼굴이 떠오릅니다. 모두에게 감사드립니다.

아쉬움도 있었습니다. '내만복 학교'에 아직 교과서가 없기 때문입니다. 매번 복사물 교안을 제공할 때마다 학생들에게 미안할 따름이었습니다. 이에 교재로 쓸 단행본 작업에 착수했습니다. 지금까지의 강의 내용과 교안을 토대로 원고를 만들고 여러 차례 다듬어 여기 '내만복 학교 교과서'를 내놓습니다. 이 책은 '내만복 학교'에서 시작했지만, 일반 시민에게도 우리나라 복지 실태와 과제를 점검하고, 복지국가의 꿈을 키우는 안내서가 되리라 믿습니다.

1장 '대한민국 복지국가 만들기'에서는 복지국가 운동이 넘어야 할 과제와 활동 전략을 정리하고, 2장 '보편적 복지의 원리'에서는 그간 보편/선별 복지의 양분 구도를 넘어 보편주의를 재정립했습니다. 이어지는 의료, 주거, 연금, 노동 복지, 세금 등 주제별 장에선 해당 영역의 논점과 대안을 담았습니다. 마지막 종합 토론에서는 복지 실태, 복지 의제, 기본소득, 복지 주체를 주제로 학생과 강사가 이야기를 나눕니다. 앞에서 공부한 내용을 다시 정리하는 자리입니다.

'내만복'은 그 이름에서도 알 수 있듯이 복지국가는 '내가 만드는' 세상이라고 생각합니다. 아래로부터의 시민 참여가 복지국가를 만들고 또한 지속 가능하게 하는 힘이라 믿습니다. 시민들이 직접 나서는 과정에서 복지 주체로 성장하고 대한민국에서 '사회 연대' 가치도 확산되리라 기대합니다. 아무쪼록 이 책이 복지국가를 바라는 시민들에게 알찬 벗이 되기를 바랍니다.

필자들을 대표해서 오건호

차
례

1
강

대한민국
복지국가
만들기

오
건
호

오
건
호

2001년부터 민주노총, 민주노동당에서 사회 복지 영역을 담당했다. 이어 사회공공연구소, 글로벌정치경제연구소에서 연금, 재정 분야를 연구했다. 2010년에는 '건강 보험 하나로 시민회의' 공동 운영 위원장으로 시민 복지 운동에 나섰고, 2012년부터 '내가 만드는 복지국가' 공동 운영 위원장으로 활동하고 있다. 지은 책으로 『내가 만드는 공적 연금』, 『나도 복지국가에서 살고 싶다』, 『대한민국 금고를 열다』, 『국민연금, 공공의 적인가 사회 연대 임금인가』 등이 있다.

대한민국
복지국가
만들기

반갑습니다. 1강을 맡은 오건호입니다. 오늘 주제는 '어떻게 복지국가를 만들 것인가?'입니다.

대한민국에서 '복지국가'는 근래 부상하는 담론입니다. 앞으로 대한민국이 어디로 가야 하느냐고 물으면 국민은 물론 정치권도 복지국가를 꼽습니다. 그런데 방법, 즉 어떻게 하면 복지국가로 갈 수 있느냐에 대한 답은 제각기예요. 엄밀히 말하면, 미래 비전으로서 '복지국가'에 대해 모두가 공감하면서도 구체적인 논의는 빈약합니다.

무상 급식 논쟁, 그 이후

복지에 대한 국민의 인식은 발전을 거듭해왔습니다. 2010년 있었던 '무상 급식' 논쟁은 이를 잘 보여줍니다. 당시 지방 선거 최대 쟁점이었지요. "이건희의 손자까지 밥을 먹여줘야 하느냐"면서 '선별 복지'를 주장하는 의견도 만만치 않았습니다. 그전만 해도 '복지'라고 하면 취약 계층 즉, 가난한 사람에만 해당하는 거로 이해했거든요. 그런데 그해 선거는 '무상 급식'을 공약으로 내걸었던 당시 야당의 압승으로 끝납니다. 사람들이 복지를 국가가 주는 시혜가 아닌 국민의 권리로 생각하기 시작한 겁니다. 이후 보편 복지 원리에 따라 무상 급식, 보육 복지가 확대됩니다.

기초연금도 노인들 중 소득 하위 70퍼센트가 해당되니 준보편 복지로 볼 수 있지요. 모두 복지국가를 향한 한 걸음입니다. 지난 5, 6년간 그랬습니다.

아쉬움도 남습니다. 박근혜 정부가 복지 확대에 소극적인 탓도 있었지만, 친복지 진영에서도 실질적인 복지국가 비전을 세워 시민들과 공유해야 하는데 그렇지 못한 거지요.

새롭게 '나라다운 나라'를 세우겠다는 문재인 정부가 등장했습니다. 모두가 누리는 '포용적 복지국가'를 주창하고 있지요. 아직은 다소 선언적인 담론입니다만 이를 계기로 복지국가 비전에 대한 논의가 활성화되기를 기대합니다.

한편 근래 새로운 복지 의제가 등장했습니다. 바로 '기본 소득'입니다. 이전부터 기본 소득을 제기하는 사람들이 있었지만 최근 인공 지능, 4차 산업 혁명 이야기가 부상하면서 힘을 얻게 되었지요. 인공 지능 시대에는 사람이 할 일을 기계가 대신합니다. 이때 생산력 발전이라는 빛이 있다면 실업이라는 그늘이 있습니다. 실업 문제와 이로 인한 소비 위축을 어떻게 감당할 것이냐를 고민하면 '기본 소득'이 매력적으로 다가오지요. 저는 지금 기본 소득이 구현될 수 있는 시기라고 생각하지는 않지만 기본 소득에 담겨 있는 시민들의 열정을 소중하게 생각합니다. 이러한 에너지까지 온전히 담은 복지국가가 되어야겠지요.

산을 오를 때도 길을 알면 힘이 덜 듭니다. A 코스로 가면 정상에 오른다는 확신이 있다면 힘들어도 이겨낼 수 있어요. 그런데 지도가 없다면, 목적지로 가는 길을 알지 못한다면 막막하고 정상에 오르겠다는 의지도 약해지지요.

우리가 어딘가로 향해 길을 떠난다고 해봅시다. 서울이 목적지라면 여기에 이르는 다양한 경로가 있을 겁니다. 우리는 그 무수한 길 중 하나를 선택해야 합니다. 그런데 어떤 길이 더 안전하고 빠른 길인지 알지 못합니다. 가다 보면 강이 나올 수도 있고 낭떠러지도 있을 겁니다. 돌아갈 수도 있고 건너갈 수도 있지만 중요한 것은 나름의 판단과 구상이 있어야 한다는 것입니다. 복지도 마찬가지입니다. 복지국가라는 목표를 세웠다면 현재 우리가 어떤 상태인지 실태를 파악하고, 어디로 갈지 경로를 그릴 수 있어야 합니다.

여러분 복지국가란 무엇일까요? (청중 : "기본적인 삶을 보장하는 나라") 그렇습니다. 국민의 기본적인 생활을 보장하는 나라입니다. 또 다른 의견은 없나요? 좀 더 구체적으로 말씀하셔도 좋습니다. (청중 : "젊었을 때 돈 걱정 없이 살다가 늙으면 연금 나오는 나라요") 하루하루 즐겁고 행복하게 살 수 있는 나라, 맞습니다. 우리가 궁극직으로 지향하는 사회이지요.

저는 복지국가를 두 개의 기둥으로 이루어진 집이라고 말씀드리고 싶습니다. 하나는 방금 말씀하셨듯이 '국민의 기본 생활 보장'입니다. 우리나라 헌법에도 '인간다운 생활'이 명시돼 있지요. 무상 급식, 무상 교육, 무상 보육, 기초연금, 기본 소득 등 여러 복지 제도의 밑바탕에 깔린 생각입니다. 여러분 사는 데 걱정 없도록 나라가 나서겠다는 거예요.

이를 위한 제도들은 어떠한 원리에 의해 발전해야 할까요? 서구 복지국가 경험에서 보편주의를 배울 수 있습니다. 물론 아직도 복지를 '시혜'로 여기는 생각이 존재하지만요. 앞으로 보편주의에 대한 폭넓은 논의가 요청됩니다. 2010년 이후 4~5년 동안 '보편 복지'가 우리 사회에서 큰 역할을 했습니다. 복지에 대한 권리 인식을 만들어냈지요. 지금은 이를 토대로 복지국가를 향해 층을 더 쌓아가야 할 때입니다. 이를 위해서는 보편 복지 담론도 더 진화해야 합니다. 지금 시점에서 보편주의의 재인식이 필요한 거지요. 이에 대해서는 2강에서 남재욱 선생님이 말씀해주실 예정입니다.

복지국가의 집에서 또 하나의 기둥은 무엇이냐, 바로 '사회 연대'입니다. 북유럽의 대표적인 복지국가인 스웨덴 정치인의 말을 빌려 설명해보겠습니다.

"모든 아이가 모두의 아이로 여겨지는 나라." 스웨덴 시민들은 자신의 나라, 복지국가를 이렇게 이해합니다. 사민당 당수였던 페르 알빈 한손은 1928년 국회 연설에서 '국민의 집'을 주창했지요. 형제들이 능력과 벌이가 달라도 화목한 가정이라면 함께 살아갑니다. 서로 의존하고 존중하지요. 스웨덴이라는 나라를 이런 따뜻한 가정처럼 만들겠다는 제안입니다. 사회 구성원들이 경쟁과 다툼이 아닌 협력과 배려로 살아가는 사회, 바로 '사회 연대'의 정신입니다. 이러한 생각이 오늘날 스웨덴을 복지국가 모델로 만든 거예요.

복지국가는 기본 생활 보장과 사회 연대라는 두 개의 기둥을 가진 공동체입니다. 복지국가는 학생들 밥, 아이 돌봄, 노인과 실업자의 기초 생활 뿐만 아니라 전체 구성원의 기본적 삶을 보장해주는 나라입니다. 동시에 모든 아이가 모두의 아이로 여겨지는, 사회 구성원이 공동체 내에서 공존하고 협력하고 연대하는 나라입니다. 앞엣것이 물질적, 제도적인 기둥이라면 뒤엣것은 그 사회를 지탱하는 사회적 가치를 말합니다. 이 중 어느 하나만으로는 복지국가를 만들 수 없습니다. 두 개의 기둥이 튼튼히 세워진 바탕 위에 차곡차곡 벽돌을 쌓아야 복지국가라는 집을 지을 수 있어요.

복지국가를 만들어가는 첫 번째 기둥, 즉 복지 제도를 발전시키는 보편주의 원리에 대한 재인식은 2강에서 다루고, 저는 1강에서 사회 연대에 대해 말하겠습니다.

사회 연대라는 가치는 어떻게 형성될까요? 어느 날 갑자기 사람들이 대오각성해서 생기지는 않습니다. 공통의 경험을 통해 만들어집니다. 서로 협력하며 무언가를 이뤄가는 공통의 경험이지요. 이 과정에서 우리는 사회 연대 가치를 공유하는 복지국가의 주체가 될 수 있습니다.

지난 몇 년 동안 복지가 확대되고 있지만 우리는 하나의 기둥에만 치중한 셈입니다. 그래서 '복지국가' 하면 '복지 제도'만 떠올려요. 두 번째 기둥인 사회 연대는 부족합니다. 예컨대 우리나라에서 무상 보육이 전격 실현됩니다. 이는 굉장히 중요한 제도적 진보입니다. 그러나 아쉬운 점이 있어요. 우리 사회가 무상 보육이라는 제도의 정신, 가치를 제대로 공유하고 있을까 하는 의문입니다. 무상 보육을 계기로 학부모 간의 관계, 부모와 유치원과의 관계, 유치원과 지역 사회의 관계가 협력과 유대로 돌아섰나 하고 생각해보면 갈 길이 먼 것 같습니다.

그동안 우리나라의 복지 제도는 많은 발전을 이루었습니다. 무상 급식, 기초연금, 반값 등록금 등 복지 확대 과정은 매우 빨라요. 복지가 잘 되어 있다는 서구의 나라들도 지금의 상태에 이르는 데 많은 시간이 걸렸습니다. 우리나라는 매우 빠른 속도로 진행되고 있어요. 한 방에 무상 급식 하고 한 방에 무상 보육을 달성합니다. 기초연금은 대통령 선거를 할 때마다 10만 원씩 올리는 그야말로 '다이내믹 코리아'입니다. 심지어 보수 정권하에서도 복지 예산은 빠르게 늘었지요. 그런데도 우리나라의 복지는 튼튼하지 못해요. 한쪽으로 기울어져 있습니다. 두 개의 기둥이 같이 올라가야 하는데 너무 한쪽으로만 치우쳐 있는 거예요. 이제는 복지국가를 논의할 때 우리가 그동안 간과했던 두 번째 기둥, 즉 사회 연대의 가치를 어떻게 형성할까를 생각해야 합니다.

여러분, 무상 보육, 무상 의료가 왜 필요해요? 보통은 과중한 보육비, 병원비 부담을 이야기합니다. 방송, 언론은 물론 일반인들도 그렇게 접근해요. 물론 그렇지요. 부담이 큽니다. 다만 그게 전부가 아닙니다. 일련의 복지 정책은 우리가 낸 세금으로 함께 아이를 키우고, 아픈 사람을 치료한다는 공동체 가치에 기반합니다. 노인 복지도 마찬가지입니다. 가족 구성원의 부양 부담을 덜어준다는 측면도 있지만, 그동안 열심히 일한 노령층에게 우리의 세금으로 안정된 삶을 책임지자는 거예요. 어떤 시선이 더욱 인간적입니까? 복지국가는 경제적 계산을 넘어선 따뜻한 연대에 기초합니다. 지금 우리에게 제기되는 과제는 '어떻게 복지를 확대하면서 그 과정에서 사회 연대 가치를 형성할 수 있을까?'이겠지요. 이게 바로 1강에서 제가 말하고 싶은 핵심입니다.

우선 지난 몇 년간 우리나라에서 복지가 어떻게 변화하고 있는지를 살펴보지요.

다섯 가지 숙제

2010년 이후 복지가 늘고 있습니다. 보편 복지가 선별 복지와 대항해서 판정승한 셈이지요. 하지만 풀어야 할 과제도 등장했습니다. 다섯 가지 숙제를 꼽아보겠습니다.

① 재정 장벽

보편 복지에서는 초등학생부터 중학생까지 재벌 회장의 손자든 아니든 상관없이 따로 돈을 내지 않고 학교에서 제공하는 점심을 먹어요. 이에 비해 선별 복지는 까다롭습니다. 소득, 재산 수준을 따져서 제공합니다. 누구는 되고 누구는 안 되는 거예요. 선별 복지는 외바퀴 수레로 비유할 수 있어요. 재정의 한도에서 지출의 우선순위만을 따집니다.

보편 복지는 모두에게 복지를 제공합니다. 여기에선 당연히 재원이 더 필요합니다. 보편 복지가 권리로서의 복지라는 강점이 있지만 현실적 과제가 수반되는 거지요. 보편 복지는 두 개의 바퀴를 가진 수레예요. 한쪽은 '지출' 바퀴고 한쪽은 '수입' 바퀴입니다. 제대로 굴러가려면 두 개의 바퀴가 속도를 맞춰야 해요. 어느 한쪽만 굴러가서는 안 됩니다. 여기에서 우리가 풀어야 할 숙제가 발생합니다. 한국 사회에서는 지난 4~5년간 보편 복지라는 수레에서 지출 바퀴만 돌아간 셈입니다. 수입은 제자리였어요. 그래서 수레가 앞으로 가지 못하고 제자리에서 빙빙 돌고 있습니다. '재정 장벽'이라는 숙제를 풀어야 합니다.

② 복지의 불균등 발전

재정 장벽은 전체 복지 체계에 어떠한 영향을 미쳤을까요? 우리나라 중앙 정부가 제공하는 복지 사업은 대략 300여 개쯤 됩니다. 이걸 운동장에 풀어놓고 '헤쳐 모여' 하면 세 개의 팻말 앞에 서게 됩니다. 첫 번째는 공공 부조입니다. 가난한 사람만 해당하는 복지로 국민 기초 생활 보장을 생각하시면 됩니다. 두 번째는 사회 보험입니다. 이건 노동 시장에서 일하는 취업자를 대상으로 합니다. 대상자가 보험료를 내야 급여가 제공됩니다.

세 번째 복지는 사회 수당·사회 서비스입니다. 돈으로 주면 사회 수당이고 직접 돌봄을 제공하면 사회 서비스입니다. 예컨대 아동 수당, 기초 연금은 사회 수당이고 급식, 보육, 요양, 이런 건 사회 서비스입니다. 앞서 사회 보험이 노동 시장에 있는 사람이 대상이라면 대체로 사회 서비스와 사회 수당은 노동 시장에 들어오기 전후의 사람들이 대상입니다. 어린아이들에게 보육을, 학생들에게 급식과 교육을 제공합니다. 사회 구성원으로 성장하기까지 사회가 보살펴주는 거예요. 그리고 또 나이가 들어노동 시장에서 은퇴한 분도 대상입니다. 기초연금과 요양 서비스를 제공하지요.

이 세 가지 중 공공 부조는 태생적으로 선별 복지입니다. 조건에 맞는대상을 딱 찍어서 복지를 제공하잖아요. 사회 보험은 도입 초기에는 선별적일 수 있지만 궁극적으로 보편 복지를 지향합니다. 일하는 사람들은 모두 해당해요. 대한민국 취업자라면 누구나 고용 보험, 건강 보험, 국민연금 등에 가입할 수 있습니다. 그런데 보험료 납부가 조건으로 붙습니다. 노동 시장이 불안정한 한국에서 사각지대가 넓게 존재하게 되지요. 반면 세 번째 사회 수당·사회 서비스는 애초 제도가 보편 혹은 선별, 이러한 방향으로 정해져 있지 않아요. 가난한 집 아이들에게만 급식, 보육서비스를 제공할 수 있고, 또 소득을 가리지 않고 모두에게 제공할 수도있습니다. 정하기 나름입니다. 그러니 논쟁이 생길 수밖에요. 우리나라에서 선별이냐 보편이냐를 두고 싸움이 벌어지는 제도는 모두 여기에 해당합니다. 다행히 전반적인 흐름은 선별에서 보편으로 가고 있습니다. 옛날에는 가난한 사람에게 급식 제공하고 보육 제공하고 경로 연금 드렸어요. 그러다가 소득에 따라 차상위, 중위, 중상위로, 마침내 시민 전체로 대상이 확대되고 있지요.

그러면 이 세 영역의 복지가 지난 6년 동안 어땠는지 보겠습니다. 우선 공공 부조는 제자리입니다. 취약한 상태 그대로 남아 있어요. 대표적으로 기초 생활 보장 제도가 그렇습니다. 두 번째 사회 보험 역시 마찬가지입니다. 불안정 취업자들이 보험료를 내지 못하고 사각지대에 방치돼 있어요. 일부 지원 제도가 있지만 이를 해결하지는 못합니다. 세 번째 사회 서비스·사회 수당 복지는 어떨까요? 이 분야는 계속 성장해요. 급식, 보육, 기초연금 등이 그렇지요. 그런데 새로 혜택을 받는 사람들은 주로 중간 이상 계층입니다.

일반 시민에 적용되는 사회 서비스·사회 수당 복지는 늘었는데 가난한 사람들한테 제공되는 공공 부조는 제자리입니다. 기초 생활 수급 노인의 경우는 기초연금을 주면서 기존 생계 급여를 삭감하는 일도 벌어지고요. 사회 보험도 취약 계층 노동자 등이 여전히 사각지대에 머물러 있습니다. 비유하자면 과거에는 세 집안이 똑같이 가난했는데, 최근에 한 집안만 형편이 풀린 거예요. 즉, 복지의 불균등한 발전이 나타났습니다. 의도하지 않았지만 결과적으로 그렇게 되었습니다. 가난한 사람들의 복지를 향상시켜야 하는 숙제가 앞에 놓여 있는 거지요.

③ 만족스럽지 못한 '복지의 질'

어쨌든 양적으로 복지가 늘고 있는 건 사실이죠. 반면 질의 문제는 계속 남습니다. 2008년 시행된 장기 요양 보험이라는 제도가 있습니다. 노인들을 위해 방문 요양, 간병 서비스를 제공해요. 요양 기관을 이용할 때도 국가의 지원을 받습니다. 개인 부담금이 확 낮아졌어요. 문제는 서비스 질에 대한 불만이 크다는 거예요. 질이 떨어지기 때문입니다. 요양 기관에서 벌어지는 노인 학대 사건도 언론에 오르내립니다. 어쩔 수 없이 부모님을 맡길 수밖에 없는 자식들 입장에서는 마음이 무겁습니다.

아이를 학교에 보낸 분들도 마찬가지이지요. 중학교까지 의무 교육이고 학교에서 밥도 주지만 학교라는 곳의 본질인 '교육의 질'에 대해서는 여전히 의문이 남습니다. 학교에 보내긴 하는데 아이가 공부는 제대로 하는지, 수업 중 절반은 엎드려 잔다는데 괜찮은 건지, 불안합니다. 국가가 국민의 기본권인 교육권을 실현하고 있음에도 질적인 측면에서는 부족하다고 느낍니다. 우리 아이가 즐겁고 행복하게 학교 생활을 하기 바라는 건 누구나 마찬가지니까요.

우리나라의 복지는 외형상 발전하고 있지만, 서비스의 질을 어떻게 올릴 것이냐에 대한 논의가 필요합니다. 이 숙제를 풀어야 복지에 대한 국민들의 신뢰를 높일 수 있습니다. 그래야 복지국가 실현을 위한 동력이 생깁니다.

④ 과도한 '사적 복지 지출'

무상 급식, 무상 보육이 실현되고 기초연금이 도입되었어도 우리 사회는 여전히 '헬조선'입니다. 청년층은 높은 실업률로 시달리고 중년층은 중년층대로 노년층은 노년층대로 여력이 없습니다. 복지는 느는데 살기는 더 힘들어져요. 팍팍해진 삶이 나아지려면 소득뿐만이 아니라 소비 측면에서도 접근해야 합니다. 일부 복지 급여를 받는다 해도 가계 지출이 늘어나면 말짱 도루묵입니다. 무상 급식을 비롯해서 수많은 복지 정책이 시행되었음에도 여전히 우리 삶이 팍팍한 이유가 여기에 있습니다.

아이들 보육비를 나라에서 지원하지만, 우리나라의 사교육비는 세계 최고입니다. 가정마다 막대한 돈을 아이들 과외로 쏟아붓고 있어요. 임금은 제자리인데 은행 대출에 자동차 할부금에 돈 들어갈 데가 한두 군데가 아닙니다. 가족 중에 아픈 사람이라도 있으면 병원비 부담이 크지요. 가계 복지를 위해 써야 할 돈이 많은 거예요.

저는 나라가 책임져야 할 복지의 영역을 들라 하면 의료, 교육, 주거, 노후, 이렇게 네 가지를 듭니다. 이 분야에서 개인이 얼마나 많은 돈을 쓰고 있는지 한번 보겠습니다.

의료 분야부터 볼까요? 공적 국민 건강 보험이 운영되는 우리나라지만 현실을 보면 개인 부담이 매우 큽니다. 10가구당 8가구가 민간 의료 보험에 가입해 있습니다. 가구당 평균 4.8개의 보험에 월 29만 원을 써요. 가구당 내는 국민 건강 보험료가 월평균 10만 원이니까 3배의 돈을 민간 의료 보험료로 내는 겁니다. 왜일까요? 국민 건강 보험이 다 보장하지 못하기 때문이에요. 민간 보험에 의존할 수밖에 없습니다.

다음은 교육입니다. 통계청 조사에 의하면 우리나라 사교육비는 학생 1인당 월 36만 원입니다. 한 집에 아이가 둘이면 1년에 800만 원 넘는 돈이 들어가요. 그러니까 돈을 많이 벌어도 소용이 없어요.

주거를 보겠습니다. 우리나라에서 자기 집이 있으면 그나마 조금 살 만합니다. 그런데 인구의 절반이 자기 집이 없어요. 저도 전세를 사는데 집주인이 집을 팔겠다면서 재계약을 안 하겠답니다. 다른 데를 알아봤는데 나온 집이 없어요. 간혹 있다고 해도 비쌉니다. 제가 사는 동네만 해도 2년 동안 전세금이 1.4배가 뛰었습니다. 우리나라에서 집 없는 사람은 돈을 모아봐야 소용이 없어요. 집값, 임대료 한 방에 날아갑니다.

노후는 어떤가요? 여기 오신 분들은 아직 젊으시니 현실적 문제로 다가오지 않을 수 있습니다만 우리나라에서는 노후가 매우 불안합니다. 국민들이 낸 공적 사회 보험료 즉, 공무원 연금, 사학 연금, 국민연금, 고용 보험, 건강 보험료를 다 합치면 대략 100조 원입니다. 이 돈은 나라에서 직접 가져갑니다. 월급 명세서 보면 나와 있잖아요. 그런데 우리 국민들이 생명 보험사에 내는 돈은 더 많습니다. 123조 원으로 공적 사회 보험료 총합보다 23조 원이나 많아요. 손해 보험까지 합치면 203조 원이나 됩니다. 2017년 우리나라 중앙 정부의 총수입은 400조 원 규모입니다. 그 절반 정도 되는 돈을 해마다 국민들이 민간 보험사에 내고 있는 셈이에요.

세금은 조금이라도 아끼려고 하면서 왜 민간 보험사에 보험료를 내고 있는 걸까요? 미래가 불안하기 때문입니다. 내가 아플 때 늙어서 경제력이 없을 때 사회가 도와주지 못한다고 생각하니까 개인적으로 대응해요. 공적 복지가 미비하니까 사적 복지에 돈을 쓰는 겁니다.

⑤ 사회 연대 주체의 문제

앞서 복지를 떠받치는 두 개의 기둥 중 하나가 '사회 연대'라고 말씀드렸는데요. 이는 곧 사회 연대 가치를 공유하는 복지 주체의 형성을 의미합니다. 그렇다면 우리나라에서 두 번째 기둥은 얼마나 올라가 있을까요? 기초연금 20만 원을 지급하면 어르신들 생활에는 도움이 되지요. 그러면 그분들의 관계에서 새로운 연대에 대한 가치가 생겼을까요? 무상 보육도 마찬가지예요. 보육료 지원을 계기로 우리 사회에 '함께 사는' 가치가 형성되고 있을까요? 이들 복지는 대부분 위에서, 정치권으로부터 선물처럼 주어졌습니다. 정치권 중심의 양적 논의가 활발했지만, 새로운 가치와 사회적 관계는 형성되지 못했습니다.

지금 대한민국에서 복지국가를 만들자고 하는데 이의를 제기하는 사람은 없습니다. 그런데 '누가 만들지?' 하면 고개를 갸우뚱해요. '대통령인가, 아니면 여당, 야당?', 정치 지도자는 하나의 상징일 뿐입니다. 주체는 그들을 움직이는 힘 바로 시민입니다. 그렇다면 이 힘을 어떻게 모아낼 것인가 하는 과제가 생깁니다.

서구에서는 전통적인 정당과 노동조합이 그런 역할을 했습니다. 정당과 노동조합이 한 팀으로 복지 동맹을 이룹니다. 정치적으로 복지국가를 실현해나가는 과정이에요. 정당은 제도권 권력인 행정부와 의회에 접근할 수 있는 조직입니다. 노동조합은 자본주의 시장 경쟁 체제에서 유일하게 타인의 재산권을 가로막을 수 있는 파업권을 가진 조직이고요. 이 둘이 모여서 복지국가라는 공동의 목표를 향해 간 거예요. 그렇게 해서 오늘날의 복지국가를 만들었습니다. 아까 말씀드린 스웨덴이 대표적인 나라예요.

우리나라도 그럴 수 있을까요? 우리나라는 정당이 제 역할을 못 하고 있지요. 정당과 정치인에 대한 시민의 신뢰도 낮구요. 앞으로 얼마나 개선될지도 회의감이 듭니다. 노동조합도 마찬가지예요. 자기 현안을 해결하느라 바쁘거나 기업별 담을 잘 넘지 않습니다. 한국에서 복지국가 건설은 어려울 거라고 학자들이 이야기하는데 그 근거가 바로 '주체의 부재'

입니다. 서구처럼 복지를 국가적 목표로 이끌고 나갔던 핵심 주체로서 정당과 노동조합이 우리나라에서는 취약합니다. 그렇다면 다른 주체를 찾을 수는 없을까요?

2008년에 미국산 소고기 수입을 둘러싸고 촛불 시위가 벌어졌습니다. 당시 국민의 핵심 요구는 30개월 이상 소고기 수입을 하지 말라는 거였어요. 결국 이명박 정권이 한 걸음 물러서지요. 당시 광장에서는 두 개의 권력이 부딪칩니다. 소고기를 수입하겠다는 행정 권력과 이에 저항하는 시민 권력, 결국 시민이 승리해요. 전통적인 노동조합이나 정당이 주체가 아니었습니다. 어쩌면 여기서 복지국가의 주체를 찾을 수도 있지 않을까요? 전통적인 주체 형성을 넘어선 새로운, 21세기 방식의 '아래로부터' 복지 주체이지요.

지금까지 무상 급식 논쟁이 있었던 2010년 이후 지난 시기를 돌아보았습니다. 우리나라의 복지가 발전했지만, 그럼에도 풀어야 할 다섯 가지 숙제를 점검했습니다. 과연 이 숙제들을 풀어갈 수 있을까요? 저는 가능하다 생각합니다.

풀뿌리 복지로 만드는 따뜻한 공동체

지금 우리는 전환기에 있습니다. 시민들이 복지국가 만들기에 나설 수 있는 '아래로부터 복지 정치'의 공간이 열리고 있는 것이지요.

사회 연대의 가치는 사람들간의 관계에서 형성되는 것이고 이를 위해서는 공통의 경험이 필요합니다. 그게 어디서 이루어집니까? 바로 우리가 살아가는 '지금 여기'예요. 그러기에 시민들이 다양한 가능성을 두고 열린 논의를 할 수 있는 장이 필요합니다. 여기서 서로 소통하고 연대하면서 풀뿌리 네트워크를 형성해야 해요. '의제별 연대' 운동이라고 이름 붙일 수 있겠지요. 지금 시민들이 주체로 참여하는 복지 지형이 조성되고 있다는 게 제 진단입니다. 근거로 다음을 들 수 있어요.

첫 번째는 담론에서 의제로의 변화입니다. 예전에는 보편 복지냐 선별 복지냐는 담론을 두고 싸웠지만, 이제는 무상 급식이 제대로 되고 있는지, 급식의 질은 어떤지가 화제가 돼요. 실제 구체적 의제가 논점으로 등장합니다.

무상 보육도 마찬가지예요. 정부 지원은 기정사실이고 이제는 보육의 질을 어떻게 확보하느냐가 관심사예요. 논쟁의 주체가 정치권에서 실제 보육 관련자로 전환될 수 있어요.

두 번째는 복지 정치의 지역화입니다. 복지를 둘러싼 정치적 쟁점이 중앙에서 지역으로 내려왔다는 겁니다. 옛날에 여야가 싸울 땐 국민들이 그랬지요. 국회에만 보내놓으면 멀쩡하던 사람도 싸움질만 한다고요. 근데 지난 6년간 보인 모습은 어땠어요. 점차 중앙 정부와 지방 정부 사이에 갈등이 커졌습니다. 사람들은 "우리 교육감이 예산 때문에 중앙 정부와 다툰다는데", "저쪽 지역은 무상 급식에 돈을 쓰느라 다른 학교 복지 예산이 깎였다는데", 이런 식으로 이야기합니다. 즉, 우리의 삶과 좀 더 가까워졌어요. 역시 지역 주민들이 나설 수 있는 환경이 조성되는 거지요.

세 번째는 지역 공동체의 형성입니다. 협동조합 운동이라든지, 풀뿌리 마을 만들기라든지 이런 움직임들이 나타나고 있습니다. 특히 대도시에서도 이런 변화가 일어나는 건 매우 고무적이에요.

그동안 정치권이 편을 나누어 싸우던 복지 의제가 지역과 우리 삶에서 싹을 틔울 가능성이 보이기 시작한 겁니다. 중요한 건 '씨앗'입니다. 이를 복지 '의제'라고 부를 수 있지요. 어떤 씨앗을 심어야 잘 자라서 열매를 맺을 수 있을까요?

예컨대 국민 건강 보험이 그 씨앗이 될 수 있습니다. 많은 사람들이 과중한 병원비 문제로 고통받습니다. 지금 우리나라 건강 보험료는 누가 결정합니까? 복지부, 국회에서 하지 않아요. 법에서 정한 '사회적 합의 기구'에서 합니다. 최저 임금을 위원회에서 정하듯이, 건강 보험료도 건강보험정책심의위원회에서 결정합니다. 의료 공급자, 가입자, 시민 단체, 공무원, 전문가들이 모여 건강 보험료, 수가, 보장 범위 등을 정해요. 막강한 권한을 가지고 있습니다.

지금까지 가입자 대표는 보험료에 관심이 많았습니다. 왜냐하면 이게 인상되면 월급에서 빠져나가는 돈이 늘어나잖아요. 그런데 만약 관점을 바꿔서, 보험료를 인상할 테니 보장 범위를 넓히라고 요구하면 어떨까요? 이걸 지역에서 차근차근 논의해볼 수 있지 않을까요? 지역별 거점과 네트워크를 만들어서 더 많은 사람들이 관심을 갖고 참여하도록 하는 거예요. 이렇게 해서 건강 보험 보장성이 뜨거운 논쟁거리가 된다면 의료 복지 발전의 계기가 되고 그 변화의 주체로 시민 당사자가 우뚝 서지 않을까요?

이런 실천은 사업장에서도 가능합니다. 정규직, 비정규직 노동자가 힘을 합쳐 실업 불안에 대응하는 새로운 프로젝트를 제안할 수 있겠지요. 고용 보험료를 더 내 실업 급여를 내실화하는 '고용 보험 연대'를 할 수 있지요. 그렇게 되면 안정적인 노동자는 고용 보험료를 더 내고 혜택은 불안정한 노동자들이 더 받겠지요. 그게 바로 정규직, 비정규직의 연대입니다. 서로 바라보는 시선이 지금과 달라질 수 있겠지요. 그러면서 '노동자'라는 정체성을 공유하는 주체로 커가는 거지요.

오늘날 이만큼의 복지가 실현된 데에는 국가 권력에 이를 끊임없이 요구하고 관철시킨 시민의 힘이 컸습니다. 서구를 보더라도 보육, 교육, 의료, 노후 등 우리가 지금 중요하다고 생각하는 의제들은 투쟁을 통해 얻어낸 거예요. 우리도 예외는 아닙니다. 예컨대 2008년도에 미국산 소고기 수입을 둘러싸고 촛불 시위가 벌어지지 않았습니까? 정당이나 노동조합에서 이런 요구를 조직할 역량이 안 되었기에 시민이 직접 나선 거예요. 중고생들에서 시작한 촛불이 수십만이 넘는 시민들을 끌어모았지요. 일종의 사회적 힘이 된 거예요. 최고 권력자인 대통령이 굴복할 만큼 위력적이었습니다.

만약 국민 건강 보험으로 모든 병원비를 해결하게끔 정책을 펼친다고 했을 때 민간 의료 보험으로 돈을 버는 이익 집단들이 그걸 용인할까요? 안 하겠죠. 그들이 가진 힘을 이용해 여론을 왜곡하고 정치권에 로비를 할 겁니다. 이에 대항하려면 시민들의 힘을 모아낼 주체가 있어야 해요. 복지는 우리의 삶과 밀접한 의제이기 때문에 공감하는 분들이 많을 겁니다. 이를 기반으로 국회에 찾아가든, 아까 말씀드린 건강보험정책심의위원회의 가입자 대표를 압박하든 다양한 방식의 전략이 가능하겠지요. 국가가, 또는 정당이 알아서 해주면 좋겠지만 현실에서는 그렇지 못합니다. 아래로부터 힘이 필요해요. 시민들의 참여가 바로 그것입니다.

기존의 정당, 노동조합이 '경성 권력'이라면 시민들이 의제별로 구축한 힘을 '연성 권력'이라고 할 수 있습니다. 연성 권력은 경성 권력처럼 정당이나 노동조합 같은 특별한 조직에 토대를 두지는 않아요. 2008년 촛불집회에 모인 사람들은 성향이 제각각이었습니다. 언제까지 어떤 사람이 모일지 알 수 없었어요. 조직화되어 있지 않았습니다. 그럼에도 한 가지 관심사는 같았어요. 최소한 '광우병 소고기를 먹고 싶지 않다'는 거잖아요. 연성 권력에선 많은 사람들이 공통으로 관심을 가진 의제, 촛불을 들고 목소리를 내는 의제가 핵심입니다. 정보가 개방된 사회에서 이런 집결은 더욱 위력적일 수 있습니다. 복지에 대한 사회적 요구를 제기하며 사안에 따라 촛불 시위 같은 현상이 계속되겠지요. 물론 한계가 있습니다. 조직화되어 있지 않기에 우발적이면서 일회성에 그칠 우려가 있어요. 그래서 경성 권력과 함께 가야 합니다. 연성 권력이 의제에 따라 변화를 요구하는 목소리를 담아낼 수 있지만, 이를 실행하고 집행하려면 경성 권력이 움직여야 해요. 정치 조직이 나서고 노동조합이 움직여야 합니다.

그래도 지금 시점에서 주목할 것이 연성 권력입니다. 아래로부터 시민을 주체로 나서게 하는 의제별 네트워크가 중요한 이유입니다. 사회 연대를 가치의 기본 축으로 하는 의제별 네트워크야말로 현단계 복지국가 전략의 핵심입니다. 참여해야 공통의 경험이 생기고 관계가 만들어집니다. 서로 위하고 협동하는 관계 말입니다.

이제 복지 영역에서도 시민 스스로 참여가 필요합니다. 예컨대 복지 재원을 늘릴 때, 부자들, 돈 많이 버는 사람들에게 세금을 더 매길 수밖에 없습니다. 그런데 시민 단체가 요구한다고 해서 정치권이 부자 증세를 실천할까요? 심적 부담은 느끼겠지만 안 해도 그만입니다. 그런데 유권자 대다수가 압박한다면 상황은 달라질 겁니다. 어떻게든 다수의 시민이 참여할 수 있는 프로그램의 기획과 활동이 필요합니다. 그러려면 공통의 관심을 모아내는 의제가 필요합니다.

예를 들어, 국민 건강 보험료를 더 내 '100만 원 상한제'를 실현하자는 운동은 어떠세요? 이전에 '건강 보험 하나로 시민회의'라는 단체가 제안한 운동입니다. 지금보다 30퍼센트 정도 건강 보험료를 더 내면서 1년에 환자 한 사람이 내는 본인 부담금을 100만 원으로 제한하자는 거예요. 의학적 비급여 진료비까지 포함해서 말이죠. 지금 가구당 국민 건강 보험료가 약 10만 원인데, 여기에 평균 3만 원을 더 내고 기업과 정부 부담을 합치면 가능합니다. 이러면 병원비 때문에 가계가 파탄 나는 일은 사라질 것입니다. 또 가구당 월 30만 원에 이르는 민간 의료 보험에 가입할 필요도 없습니다. 이 운동이 성공하면, 우리 사회에서 '병원비 문제'는 해결됩니다. '아픈 사람은 우리 모두가 책임지는 대한민국'이 탄생합니다. 또한 시민 스스로 해법을 제안하고 직접 재정 책임도 짊어지는, 새로운 복지 주체도 형성되는 겁니다.

노동 영역에서도 여러 의제가 모색될 수 있습니다. 예컨대 만약 민주노총 위원장 후보가 다음과 같은 공약을 하면 어떨까요? "고용 보험 노동연대 전략을 임기 3년 동안 추진하겠습니다! 고용 보험료를 지금보다 세 배 올리겠습니다!"

지금 우리나라의 실업 급여 재정은 OECD 평균 3분의 1밖에 안 됩니다. 고용 보험료를 세 배 올리자는 얘기는 실업 급여 혜택을 늘리겠다는 거예요. 지금 대상, 기간, 금액을 확대해서 실업자가 되더라도 기본적인 생활이 가능하게끔 하자는 겁니다.

누가 혜택을 볼까요? 비정규직처럼 고용이 불안정한 노동자들이 우선적으로 혜택을 봅니다. 정규직 노동자들은 불만을 느낄 수도 있어요. 보험료 부담이 늘 테니까요. 하지만 설득할 수 있어요. 궁극적으로는 '고용 불안'의 문제이기 때문입니다. 정규직 노동자들도 이 불안에서 자유롭지 않습니다. 지금 정규직은 기득권을 지키는 데만 열중한다고 비판을 받습니다. 그러니 이번 기회에 고용 보험을 확대해서 서로 연대하자고 설득하는 거예요. 정규직도 해고당할 수 있잖아요. 그들 입장에서도 결코 손해가 아닙니다. 정규직이 보험료를 좀 더 내서 비정규직을 돕고 자기들의 미래도 대비하는 것이에요. 절반은 기업이 부담하는 것이고요. 민주노총이나 한국노총이 노동자 대표 자격으로 고용 보험 관련 정부위원회에 참여하고 있으니 실제 공론화 통로도 존재하고 있어요.

'아래로부터의 주체 형성', 즉 연성 권력에선 공동의 의제를 토대로 실천하는 것이 중요합니다. 만약 노동자들이 단결해서 고용 보험료 인상—실업 급여 확대를 실현시켰다고 상상해보세요. 노동자들의 주도적 노력으로 노동자의 실업 안전망이 강화됩니다. 정규직, 비정규직 노동자가 함께 만든 성과지요. 이러한 경험이 쌓일수록 노동자 내부의 균열이 줄어들고 한곳을 향해 걸어가는 노동 주체로 커갈 수 있겠지요.

우리가 사는 '지역'에서도 많은 의제를 기획할 수 있습니다. 예컨대 지자체 혹은 중앙 정부를 상대로 예산 몇 퍼센트 이상을 공공 요양 시설 짓는 데 쓰자고 요구할 수 있어요. 고령화 시대에는 노후 요양이 굉장히 중요합니다. 지역에서 직접 이런 시설을 직접 운영하는 거예요. 그러면 믿을 수 있고 자식들도 마음이 한결 편하겠지요. 복지 서비스 질도 좋아지고 시민의 정치 참여도 늘겠지요. 이런 식으로 모두가 참여할 수 있는 의제를 발굴하자는 것입니다.

세금도 무척 중요한 복지 의제입니다. 우리나라는 특히 증세 논의가 어렵습니다. 시민들이 내가 낸 세금이 제대로 사용되고 있는지 의문을 가지고 있습니다. 이럴 때 시민들이 직접 참여를 통해 정책을 추진하고 운영 및 관리를 투명하게 한다면 인식이 달라지지 않을까요?

제가 속한 '내가 만드는 복지국가'에서는 아예 '사회 복지세'를 만들자고 주장해요. 다른 세금들 예컨대 소득세니 법인세니 이런 것들은 어디에 사용할지 정해져 있지 않아요. 반면에 사회 복지세는 사용처를 딱 정한 세금입니다. 세금을 낼 때부터 어디에 사용할지를 알 수 있지요.

우리나라에서 직접세 강화가 우선 과제입니다만 부가가치세도 복지 재원 역할을 할 수 있습니다. 서구 복지국가는 부가가치세가 높아요. 이 세금조차 재분배 효과를 냅니다. 소비세에서는 부과되는 세금 총량이 부자일수록 많습니다. 소비를 많이 하니까요. 이 재원이 복지에 사용된다면 이 역시 복지 효과를 거둘 수 있습니다. 만약 우리나라에서 법인세, 소득세, 부가가치세 등을 사회 복지세 방식으로 인상하고 그만큼 걷힌 돈을 기초연금 인상, 아동 수당 인상, 공공 임대 주택 확대 등에 쓴다고 사회 복지세 법에 못 박으면 어때요? 증세 논의 구도가 좀 달라지겠지요.

2014년 일본이 소비세를 5퍼센트에서 8퍼센트로 올립니다. 그동안 소비세가 상대적으로 낮았어요. 그래도 인상에 대한 국민 반발이 심했습니다. 일본 정부가 어떻게 했느냐? 더 걷힌 돈을 사회 복지에 쓴다고 법 조항으로 명시해요. 그런 식으로 국민의 동의를 구하는 겁니다. 우리나라가 참고할 만합니다.

 강의를 정리하며, '지역', '의제', '주체'를 거듭 강조하고 싶습니다. 우선 지역은 우리가 이웃을 만나는 공간이에요. 특히 가난한 사람의 복지를 위해서도 지역의 역할이 중요합니다. 사실 가난하고 힘없는 사람들이 자신의 문제를 직접 제기하기에는 현실적인 어려움이 있습니다. 저는 이러한 복지를 '내 문제'로 느끼는 다수의 시민이 필요하다고 봐요. 우리 집에 장애인이, 기초 수급자가 없다고 해서 무관심하다면 이분들 삶이 나아지기 어렵겠지요. 이럴 때 지역 네트워크가 큰 힘을 발휘할 수 있습니다. 예를 들어보겠습니다.

 동네에 할아버지 한 분이 계세요. 가끔 지하철 역 근방에서 만난 적은 있지만 인사를 나눠본 적은 없습니다. 그러다 우리 동네에서 복지 네트워크가 움직이기 시작합니다. 노동자들끼리 고용 보험망이 가동되고 건강 보험망이 가동되고 요양망이 가동돼요. 그러면서 어떤 변화가 생겼을까요? 사람들과 여러 이야기를 주고받다가 그분에 대해서도 알게 됩니다. 집으로 찾아가고 식사도 함께 하는 기회도 생기겠지요. 그렇게 관계가 형성됩니다. 그분의 처지를 알게 되겠지요. 이분이 경제적으로 어렵지만 지원을 못 받고 있어요. 바로 '부양 의무자'가 있기 때문입니다. 연락도 되지 않는 자식 때문에 기초 생활 보장 대상이 안 되는 거예요.* 이제 지역 공동체망에서는 할아버지가 더 이상 남이 아닙니다. 부양 의무자 문제가

---

* 2017년 11월 정부는 저소득 노인과 중증 장애인에 대해 부분적으로 의무 부양제를 폐지한다.

지역 주민 다수의 관심사가 됩니다. 이런 식으로 장애인, 이주민 등이 겪는 문제도 지역 공동체의 과제로 인식되게 됩니다.

지금 이 자리에 계신 분들은 저마다 직업도 다르고 관심사도 다릅니다. 시장에서 일할 때는 경쟁력이 최고로 대우받습니다. 지역 사회는 어떻습니까? 능력 있는 직장인보다 주민과 협력하는 사람을 높이 평가합니다. 사회적 계급을 떠나 공동체의 일원이 되는 게 중요해요. 노동 시장에서는 다양한 계층이 자신의 이해관계에 따라 움직입니다. 그러나 지역 네트워크 같은 '연성 권력 자원'은 다른 식으로 접근합니다. 노동 시장에서의 계층적 지위와 무관하게 만들어진 민생 의제별 모임입니다. 우리 동네 어르신 문제는 곧 내 부모님 문제가 되고, 우리 동네 어린이집 문제는 곧 내 아이의 문제가 됩니다. 이런 식으로 사회적 연대가 발전할 겁니다.

이렇게 형성된 의제별 연대망을 하나로 모으면 사회 전체의 패러다임을 바꿀 수 있습니다. 우리의 목표가 '사회 연대 복지국가'라면 그 시작, 출발점은 의제별 활동입니다. 건강 보험의 '100만 원 상한제'를 위한 모임, 기초연금을 의제로 한 모임, 일자리 나누기를 의제로 한 모임, 사회 복지세를 의제로 한 모임 등 다양한 활동이 가능해요. 이들이야말로 미래 복지국가의 꿈을 이루게 할 씨앗입니다. 각각의 의제별 활동이 네트워크를 이루고 이를 통해 지역과 개인의 참여가 더욱 활성화됩니다. 이러한 네트워크들이 서로 관계를 맺으면 대한민국 복지국가를 추동하는 아래로부터의 역동적 주체망이 됩니다. 이 '연성 권력 자원'이 성장하면 노동조합, 정당과 같은 전통적 '경성 권력 자원'도 활성화되겠지요. 대한민국 복지국가 만들기 주체가 형성되는 거지요.

그동안 보편 복지 담론은 복지에 대한 인식의 지평을 넓혔습니다. 복지는 권리라는 것을 알게 되었어요. 여기서 한 걸음 더 나아가야 합니다. 우리 삶의 질을 바꿀 시민이 나서는 활동이 필요합니다. 여러분 한 명 한 명의 목소리가 중요해요. 우리가 사는 지역 사회에서부터 '민생 의제'를 중심으로 활동망을 구축하고, 이를 통해 복지국가 만들기 주체로 커가야 합니다. 아래로부터 사회 연대 주체 형성, 이것이 바로 대한민국 복지국가를 만드는 핵심 동력입니다. 그럼 이것으로 강의를 마치겠습니다. 감사합니다.

참여와 연대의 방식

청중 >> 노동과 자본의 갈등이 심각한 현실입니다. 경제적 빈곤을 해결하려면 노동 환경 개선이 우선이라고 생각하는데요, 여기에 대해 어떻게 생각하시는지요.

오건호 >> 그런 지적에는 타당한 면이 있습니다. 말씀하신 데로 복지는 이차적 분배니까요. 빈곤이 결국은 일자리 문제인데 노동 시장이 왜곡되어 있잖아요. 세금으로 보조한다고 해서 근본적인 해결이 되겠느냐, 하고 비판할 수 있습니다.

당연히 노동 개혁, 일자리의 개혁이 중요합니다. 그런데 어떻게 이를 실천할 수 있을까요? 자본과 노동은 권력 관계입니다. 최저 임금 한 번 올리는 데도 엄청난 자본의 저항이 있어요. 이를 해결하려면 지금보다 노동이 힘이 강화되어야 해요. 노동 개혁의 핵심은 노동자의 힘을 키우는 것입니다. 복지가 그 역할을 합니다. 복지는 노동자한테 노동조합 같은 것입니다. 복지 있는 노동이 강합니다.

해고는 살인이라는 말이 있지요. 직장에서 부당하게 잘리면 그 사람의 삶은 낭떠러지로 떨어지고 맙니다. 이때 강력한 고용 보험이 있다면 어떨까요? 노동자들이 좀 더 힘 있게 투쟁할 수 있지 않을까요? 문자로 해고 통보를 받은 수많은 비정규 노동자들이 왜 제대로 싸워보지도 못하고 돌아섭니까? 그분들에게는 정규직 노동조합처럼 투쟁 자원이 없어요. 한 번 싸우면 적어도 수개월은 월급 없이 살아야 하는데 그럴 여력이 없는 거예요. 눈물을 머금고 다른 일자리를 알아봅니다. 자본도 이런 사정을 잘 알아요. 그러니 부당한 해고 행위를 계속합니다. 사회 안전망이 없으니까 어쩔 수가 없습니다. 복지는 노동자들에게 최소한의 안정을 제공하기 때문에 그 안에서 힘껏 싸울 수 있어요.

또한 지금은 노동자의 복지가 사업장별로도 격차가 존재합니다. 대기업 정규직은 다양한 기업 복지 혜택을 받지요. 반면 중소기업이나 비정규직은 여기에서 소외되어 있습니다. 노동 복지 논의가 기업 단위를 넘어 공적 복지 차원에서 이뤄지면, 노동자들이 단결하는 데도 도움이 되리라고 봅니다.

청중 >> 민간 의료 보험을 건강 보험으로 합치자는 '건강 보험 하나로' 운동이 있은 지 오랜데 현실적인 변화가 없습니다. 그 이유가 뭘까요?

오건호 >> 2010년 7월 '건강 보험 하나로 시민회의'가 발족했어요. 저도 이 운동에 참여했습니다만, 지금 생각해보면 조급한 측면이 있었어요. 빨리 성과를 내고 싶었습니다. 2010년 즈음에 기업들이 실손 의료 보험 같은 사적 보험을 밀고 들어옵니다. 실손 보험은 건강 보험의 대체 관계에 있어요. 사람들이 실손 보험에 의존할수록 건강 보험의 보장성 강화 논의가 어려워집니다. 이러다 영영 건강 보험 강화가 어려워지는 거 아니냐는 생각 때문에 마음이 급했어요.

당시 노동계를 주축으로 건강 보험료 더 내기 운동을 펼치려는 계획이었어요. 노동자들이 돈을 더 내겠으니 보장 범위를 확대하라고 주장하고자 한 거예요. 민주노총이 건강보험 정책심의위원회에 직장 가입자 대표로 가니 딱 좋았어요. 그래서 민주노총을 비롯해 진보적 보건 의료 사회 단체들에게 운동을 제안하게 됩니다.

그런데 예상했던 것보다 훨씬 강하게 논쟁이 불붙었어요. 직장 의료 보험은 사측과 노동자가 반반씩 내잖아요. 사측이 더 내게 해야지 왜 우리가 더 내느냐 하는 비판이 나온 거예요. 저희 쪽에서 계속 설득을 했습니다. "보험료가 올라가면 사측도 더 내는 게 건강 보험 재정 구조이다. 물론 사측 비율을 올리면 더 좋지만, 현실적으로 당장 그렇게 할 수가 없지 않느냐, 일단 지금의 노사 절반 구조에서라도 보험료율을 인상하면 그것만으로도 효과가 크다"고 했지요. 민간 의료 보험을 넘어서고 노동자의 의료 복지 측면에서 긍정적이라고 설득했지만 잘 안 됐어요. 논쟁이 격화되니까 이를 지켜보던 지역 시민 단체들도 너희는 맨날 싸움만 하느냐면서 힘들어했습니다. 결국 기존의 시민 단체 연대망에 균열이 생기는 지경까지 가버렸지요. 결과적으로 의료 복지를 실현할 주요 세력이 대안도 못 내놓고 분란만 낳은 격이지요. 그래서 사실상 활동이 중단되었습니다. 건강 보험 하나로 서울 시민회의, 제주 시민회의, 강원 시민회의, 쭉 만들다가 말이죠.

그래도 '건강 보험 하나로'는 포기할 수 없는 중요한 의제에요. 아까 말씀드린 '100만 원 상한제'는 '건강 보험 하나로'의 구체적 실현 방안이지요. 여전히 많은 분들이 이 운동을 다시 하자 말씀하시고, 저 역시 같은 생각입니다. 마침 문재인 정부에서 국민 건강 보험 보장성을 강화하는 '문재인 케어'를 추진해요. 이는 전향적인 정책이지만 그럼에도 여전히 한계가 있다고 판단해요. 그래서 문재인 정부에서 제2의 건강 보험 하나로 운동을 벌이자고 작업 중입니다. 그 첫 단추가 '어린이 병원비 완전 100만 원 상한제'이지요. 어린이를 시작으로 성과를 내고 전체 국민으로 확대하는 방식이에요. 이에 대해서 3장에서 김종명 선생님이 자세히 말씀해 주실거에요.

청중 >> 복지의 주체로서 시민의 참여를 말씀하셨는데요. 현실적으로 보통 사람들이 참여하기는 어렵지 않을까요? 장시간 노동에 시간 내기도 힘들고요. 이런 상황에서 좀 더 실현 가능한 참여 방법은 무엇이 있을까요?

오건호 >> 일단 지역에 사람이 모여야 합니다. 말씀하신 대로 일상이 바쁜 사람들에게 쉬운 일은 아니지요. 노동자들이 일찍 퇴근해서 지역 모임에 나오기는 어려워요. 다만, 그래도 필요한 사람은 모인다는 겁니다. 주부, 노인은 상대적으로 유리합니다. 그런 면에서 건강 보험, 요양 같은 의제들로 시작하는 게 적합하지 않을까 생각해요. 고용 보험 같은 의제는 노동조합에서 다룰 수 있고요. 이런 식으로 참여망을 넓혀갈 수 있다고 생각합니다.

청중 >> '내가 만드는 복지국가'에서 활동하시는데요, 다른 단체와 연대
는 잘 되나요?

오건호 >> 저희 활동의 80퍼센트가 다른 복지 단체들과의 연대예요. 의제
를 개발하고 정부 정책에 대한 논평을 내는 일 등은 자체적으로 합니
다만, 지금 진행하고 있는 '줬다 뺐는 기초연금' 해결 운동, 어린이 병
원비 국가 보장, 사회 복지세 도입 등 주요 활동은 모두 다른 단체와
함께 진행합니다. 사회 복지세 운동은 초창기에 네 개 단체가 같이 했
고요. 기초연금은 20개 단체가 참여하고 있고 어린이 병원비 국가 보
장은 65개 단체로 계속 넓혀가고 있어요. 특히, 이 연대 네트워크가
현장의 복지 단체들이라는 점에서 자부심과 기대를 가지고 있습니다.
앞으로도 연대 활동의 큰 틀에서 의제들을 계속 기획하려고 합니다.

2강

보편적 복지의 원리

남재욱

남
재
욱

보람 있게 살고 싶어서 30대 중반의 늦은 나이에 다니던 회사를 그만두고 사회 복지 정책을 공부했다. 국민 건강 보험 보험료 부과 체계 연구로 석사 학위를, 선진국의 실업 관련 제도 연구로 박사 학위를 취득하고 현재는 이화여자대학교 사회과학원 전문 연구원으로 강의와 연구를 하고 있다. 주된 관심사는 노동과 복지이며, 복지 선진국과 여러모로 다른 환경의 한국이 어떻게 복지국가로 발전할 수 있을지 탐구하고 있다. 상아탑 안의 공부에 머무는 것이 싫어 대학원에 재학 중이던 시절부터 '내가 만드는 복지국가'에서 활동했고, 현재는 정책팀장을 맡고 있다.

보편적
복지의
원리

안녕하세요, 남재욱이라고 합니다. 저는 '내가 만드는 복지국가'에서 정책팀장을 맡고 있고, 사회 복지 정책을 전공한 연구자이기도 합니다. 주로 연구하는 분야가 노동과 복지국가인데요, 오늘 마침 복지국가를 주제로 이야기하게 됐습니다.

오늘의 주제는 '보편적 복지국가를 어떻게 볼 것인가?'입니다. 보편주의와 선별주의는 몇 년 전부터 언론에 많이 노출된 까닭에 많은 사람들이 잘 알고 있다고 생각하지만, 깊이 들어가면 전문가들끼리도 이야기가 달라지는 복잡한 문제입니다. 그래도 보편적 복지국가에 대해 이해하려면 이 개념들을 정확하게 알 필요가 있기 때문에, 최대한 어렵지 않게 설명해 보겠습니다.

보편주의냐 선별주의냐

2010년 전후로 정치권을 뜨겁게 달궜던 복지 이슈는 경기도에서 시작된 보편적 무상 급식이었습니다. 당시 민주당에서는 모든 아이들을 대상으로 하는 전면적인 무상 급식을 주장했고, 새누리당에서는 "이건희 손자에게도 공짜 밥을 줘야 하느냐?"며 빈곤층을 선별해서 급식을 지원할 것을 주장하며 맞섰습니다. 그 과정에서 보편적 복지와 선별적 복지라는 개념이 많은 사람들에게 알려졌습니다.

무상 급식 논쟁에서 보편적 복지와 선별적 복지는 서로 대립하는 것으로 알려졌습니다. 보편적 복지는 조건 없이 모든 사람에게 지급하는 것이고, 선별적 복지는 가난한 이들만을 골라내어 지급하는 것이라고요. 보편적 복지를 말하는 쪽에서는 모든 학생들이 급식을 필요로 하고, 무상 급식을 받을 동등한 권리가 있으며, 가난한 학생들만 선별하는 것은 행정 비용이 들 뿐 아니라 가난을 증명해야 하는 이들에게 수치심과 낙인(stigma)을 준다고 주장했습니다. 반면에 선별적 복지를 주장하는 측에서는 진짜 복지는 어려운 사람을 대상으로 지원하는 것이며, 가난한 학생들을 선별하는 것이 예산 대비 효율적임에도 모든 학생들에게 무료로 급식을 제공하자는 것은 포퓰리즘(대중 영합주의)이라고 비판했습니다.

무상 급식을 둘러싼 대립이 절정에 이른 순간이 오세훈 전 서울시장이 2011년 시장직을 걸고 무상 급식 주민 투표를 실시했을 때입니다. 당시 오세훈 씨는 무상 급식이 '망국적 포퓰리즘'이며, '복지는 부자가 아니라 가난한 사람들을 돕는 맞춤형 복지로 가야 한다'는 논리로 주민 투표를 실시해 무상 급식에 제동을 걸고자 했습니다. 하지만 오세훈 씨는 주민 투표 결과는 확인도 못 해본 채 시장직에서 물러나게 됩니다. 투표율이 25.7퍼센트에 그쳐서 개표 기준선인 33.3퍼센트에 미치지 못했거든요. 당시 야당이었던 민주당과 진보 계열의 시민 단체에서 투표 거부 운동을 벌인 것이 낮은 투표율의 중요한 이유가 됐습니다.

이 투표 결과를 놓고 국민들이 선별주의보다 보편주의를 지지한 것이라고 말하면 다소 과장된 평가일 수도 있습니다. 투표가 정상적으로 이루어져서 무상 급식 쪽이 더 많은 표를 얻은 것은 아니었으니까요. 설사 그랬다고 하더라도 그것이 보편적 복지 일반에 대한 지지인지, '급식'이라는 아이들 먹거리가 갖는 특수성에 의한 것인지는 단언하기 어렵지요. 하지만 적어도 야당과 시민 사회에서는 보편적 복지의 승리로 많이들 받아들였던 것 같습니다. 바로 이어진 2012년 총선과 대선에서 민주당은 무상 급식의 탄력을 받아 '3무 1반'이라는 공약을 내놓았습니다. 3무는 무상 급식, 무상 보육, 무상 의료를, 1반은 반값 등록금을 가리킨 것이었어요. 전형적인 '보편적 복지' 공약을 전면에 내세운 것인데, '무상'이라는 표현을 강조한 것에 눈길이 갑니다. 무상 급식이 어느 정도 국민들로부터 검증됐다는 생각에서 비슷한 표현들을 쓴 것이겠지만, 보기에 따라서는 복지는 결국 국민의 세금으로 지급되는 것이라는 점을 간과한 용어처럼 느껴지기도 합니다. 어찌 보면 포퓰리즘이라는 비판을 받기 좋은 용어 선택 같기도 합니다.

2012년 대통령 선거에서도 보편주의와 선별주의의 대립은 나타났습니다. 앞에 말한 것처럼 민주당의 문재인 후보는 '3무 1반'을 위시한 보편적 복지를 핵심 공약으로 내세운 반면에 새누리당의 박근혜 후보는 '생애 주기별 맞춤형 복지'라는 방향을 내세웠습니다. '맞춤형'이라는 표현은 보편주의보다는 선별주의에 가깝다는 인상을 주었습니다. 그런데 공약의 내용을 따져보면 꼭 그렇지만도 않았습니다. 박근혜 후보의 공약에도 0~5세 무상 보육, 모든 노인에 대한 기초연금 20만 원 지급과 같이 전형적인 보편적 복지로 구분되는 공약들이 포함되어 있었거든요.

이렇게 보면 2010년 무상 급식 논쟁에서 출발한 보편 복지와 선별 복지에 관한 논란은 몇 년 사이에 한국 사회 전반의 복지에 대한 관점을 제법 바꾸어 놓았다고 할 수 있겠습니다. '복지 포퓰리즘'이라는 말을 입에 달고 살다시피 하던 한국의 보수 정당이 상당히 보편적인 성격의 프로그램들을 포함한 복지 공약을 핵심적인 대선 프로그램으로 내세우게 만들었으니까요.

하지만 문제는 역시 실천에서 나타났습니다. 박근혜 정부가 출범하고 약속된 복지 공약이 대부분 실행이 안 되거나 후퇴하는 현상을 보였습니다. 모든 노인에게 20만 원씩 지급하겠다던 기초연금은 종전대로 소득 하위 70퍼센트를 유지했을 뿐 아니라, 일시적으로 금액이 20만 원으로 올라가긴 했지만, 국민연금 수급과 연계하여 기초연금 급여를 감액하고, 연금액을 소득 상승률이 아닌 물가 상승률에 연동하여 조정하는 방식으로 바꿈으로써 연금액의 실질 가치가 점차 낮아질 가능성이 커졌습니다.* 0~5세 무상 보육은 실행 과정에서 중앙 정부와 지방 교육청 간 예산을 둘러싼 대립을 발생시켰습니다. 무상 보육 공약은 분명히 중앙 정부 공약인데 그 재원의 상당 부분을 지방 교육청에 전가했기 때문입니다. 지방 교육청은 지출이 증가됐는데, 여기에 대응하는 예산의 증액이 이루어지지 않은 것이지요.

이런 과정에서 크게 이슈가 됐던 것이 이른바 '증세 없는 복지'였습니다. 박근혜 전 대통령은 2013년 기초연금 공약 후퇴에 대해서 사과합니다. 그러면서 했던 말이 "세계 경제가 다 어려워서 세수가 크게 부족하고

---

* 2014년 기초 노령 연금이 기초연금으로 바뀌면서 주요하게 변화된 내용은 다음과 같다. 첫째, 지급 대상은 공약과 달리 소득 하위 70퍼센트를 유지하였다. 둘째, 지급 금액은 최대 20만 원(기준 연금액)으로 하되, 국민연금 월 급여액이 기준 연금액의 150퍼센트 이상인 경우 기초연금액이 최대 50퍼센트까지 삭감된다. 셋째, 연도별 기준 연금액은 물가 인상률을 반영하여 조정한다. 기존의 기초 노령 연금이 국민연금 A값(국민연금 가입자 평균 소득)에 연동한 것과 다른 부분이다.

국가 재정 상황도 안 좋아서 소득 상위 30퍼센트 어르신들을 제외하고 기초연금을 시행하는 것"이라는 설명이었지요.** 보육 관련 공약은 처음부터 끝까지 예산 문제로 시끄러웠습니다. 결국 2015년에 이르면 여당 내부에서도 유력 정치인들이 "증세 없는 복지는 허구다"는 이야기를 하기 시작합니다. 사람들이 복지(보편적 복지)를 하려면 돈이 필요하고, 이 돈은 결국 국민들의 호주머니에서 나올 수밖에 없다는 점을 인식하기 시작한 것입니다. 무상 급식에서부터 시작된 '무상'이라는 수식어가 그렇게 좋은 표현이 아니었음을 다들 알게 되었습니다.

돈 문제에 비해서는 덜하지만, 복지와 관련해서 지난 몇 년 동안 이슈가 됐던 것에는 '복지의 질' 문제도 있었습니다. 보편적 무상 급식이 이루어지고 나서 급식의 질이 떨어진다는 지적이 나오기 시작한 것도 그 한 부분입니다만, 복지의 질 문제가 가장 많이 이야기된 것은 사회 서비스 영역에서였습니다. 아동이나 노인에 대한 돌봄을 제공하는 어린이집, 요양원 등에서 제공되는 서비스가 그리 만족스럽지 않다는 평가들이 많이 이루어졌습니다. 무조건 복지의 양만 늘릴 게 아니라 질도 생각해야 하는 것 아니냐는 지적은 어떻게 보면 당연한 이야기입니다.

종합해서 보면, 2010년을 기점으로 '보편적 복지'가 회자되면서 복지라는 것이 가난한 사람만을 위한 것이 아니라 중산층이나 그 이상의 필요에도 대응하는 것임이 많이 알려졌습니다. 그러나 그 이후 복지가 실행되는 과정에서 이런저런 문제들이 나타나기 시작한 것입니다. 한편으로는 재정 문제가 이슈가 됐습니다. 이로 인해 이전 정부의 주요 복지 공약

** "박 대통령은 하루 만에 또 사과… 기초연금 후퇴 안타깝고, 죄송" 경향신문 2013년 9월 27일자.

들이 후퇴하고 제대로 실행되지 않았죠. 담뱃값 인상이나 연말 정산 방식 변경 등을 통해 '증세 같지 않은 증세'를 시도하다가 엄청난 사회적 반발에 직면했습니다. 여기에 복지의 질 문제가 더해집니다. 무상 급식, 무상 보육, 노인 요양 서비스를 도입하고 나서 보니 '서비스의 질이 떨어지네? 돈도 많이 들고 질도 높지 않은 것이라면, 그런 보편주의가 진짜 좋은 것 맞나?' 하는 고민이 생겨난 것입니다.

그렇다고 사람들이 선별주의를 요구하고 있느냐? 그런 것 같지만은 않습니다. 최근에 분배 및 복지와 관련해서 가장 큰 관심을 받은 것이 '기본 소득'입니다. 그런데 이 기본 소득은 원리상, 이론적으로 가능한 가장 보편주의적인 제도입니다. 기존의 복지국가에서 가장 보편적인 프로그램이었던 아동 수당이나 노인 수당은 '아동' 또는 '노인'이라는 대상자를 특정합니다. 이들은 노동 시장에서 소득을 얻기 어렵기 때문에 특별한 필요가 있다는 것을 인정한 것입니다. 그런데 기본 소득에는 이런 구분도 없습니다. 그야말로 아무 조건 없이 모든 사람에게 똑같은 급여를 주는 거죠. 그런데 19대 대통령 선거에서 많은 후보들이 기본 소득에 대해 긍정적으로 이야기했을 뿐 아니라, 성남시에서는 '청년 배당'이라는 완화된 형태의 기본 소득을 시도하고 있기까지 합니다. 아동 수당이나 노인 수당조차 없는 한국에서 기본 소득에 대한 인기가 뜨거운 것은 조금은 아이러니하게 느껴지기도 합니다만, 이런 인기 속에는 '보편주의'에 대한 사람들의 열망이 여전히 존재한다는 것을 느낍니다.

한쪽에서는 보편적 복지, 혹은 복지 확대에 대한 회의가, 다른 한쪽에서는 더 많은 보편주의에 대한 열망이 동시에 나타나는 현상을 어떻게 봐야 할까요? 그냥 양쪽의 사람이 다른 것일까요? 그렇다고 해도 저는 여기에 우리가 주목할 질문이 있다고 생각합니다. 2010년에 '보편적 복지'라는 말이 사람들의 입에 오르내릴 때 나타난 질문이 "왜 (선별적 복지가 아닌) 보편적 복지인가?"였다면, 이제 우리가 해야 할 질문은 "우리에게 필요한 것은 어떤 보편적 복지인가?"인 것입니다. 그리고 여기에 답하기 위해서는 우리가 알고 있는 '보편주의'와 '선별주의'에 대해 다시 한 번 살펴볼 필요가 있습니다.

누구에게 어떻게 나눠줄 것인가

'보편적 복지국가'라는 말이 흔히 사용되지만, 원래 보편주의(universalism)는 복지 프로그램에서 급여(benefit)를 어떻게 할당할 것인지를 결정하기 위한 한 방법입니다. 선별주의(selectivism)도 마찬가지고요. 복지를 위해 자원을 어떤 기준으로 배분할 것인가가 이 두 원리를 가르는 핵심 질문입니다.

보편주의는 기본적으로 모든 사람을 똑같이 대우하자는 생각입니다. 영어로는 "equal treatment to equal needs"로 표현해요. "동등한 필요에 대한 동등한 대우" 정도로 해석할 수 있습니다. 사람들이 대체로 비슷한 욕구를 가지고 있다는 가정이 보편주의의 출발점입니다. 예를 들어 어릴 때는 누구나 돌봄을 받아야 하고, 나이가 들면 누구나 노동을 줄여야 하며, 몸이 아프면 누구나 병원에 가야 합니다. 보편주의는 이렇게 욕구들이 비슷하니 이 비슷한 욕구를 하나로 묶어서 포괄적으로 보장해주자는 발상에 가깝습니다. 그러다 보니까 복지 혜택이 특정한 어려움을 겪는 이들에게 한정되는 것이 아니라 전 국민에게 주어져야 한다는 입장을 취하게 됩니다.

반면에 선별주의는 서로 다른 집단에 대해서 서로 다른 대우를 하자는 겁니다. 보편주의와 달리 사람마다 욕구가 다르다는 데 주목합니다. 사람마다 생활 수준이 다르고 상황이 다르니까 도움이 필요한 정도도 다를 것입니다. 따라서 모두를 똑같이 대하는 것이 아니라 서로 다른 사람들을 서로 다르게 대하는 것이 중요하다는 것이지요.

예를 들어보지요. 대부분 국가에서 어떤 사람이 노인이 되면 노동 시장에서 밀려 나옵니다. 본인이 원하든 원하지 않든 은퇴를 하는 것입니다. 무언가 일을 할 수도 있지만 그래도 소득은 크게 떨어집니다. 그러니까 모든 노인에게는 이런 상황에서 발생하는 공통의 욕구(equal needs)가 있고 여기에 대해 국가가 소득 보장을 해야 한다는 생각을 할 수 있습니다. 보편주의적 접근입니다. 따라서 보편주의 방식에서는 전 국민을 대상으로 하는 포괄적인 연금 제도를 만들어, 대부분 수급자에게 비슷한 수준의 돈을 지급합니다. 지금 우리나라에서는 65세 이상 소득 하위 70퍼센트에 해당하는 노인들에게만 기초연금을 지급하고 있는데요, 이를 모든 노인에게 적용한다면 보편주의적인 방식이 되는 겁니다.

반면에 선별주의 입장에서는 이렇게 생각합니다. 노인마다 생활 수준이 다르고 각자 욕구가 다르기에 일괄적으로 지원해서는 안 된다. 소득 보장이 필요하지만 특성에 따라 다르게 대우해야 한다. 이런 시각의 대표적인 예를 독일 사회 보험 제도에서 찾을 수 있습니다. 독일의 사회 보험은 직업별로 도입됐습니다. 지금도 모든 생산직과 사무직을 포괄하는 국민연금 외에도 공무원 연금, 농민 연금, 자영업자 직능별 연금이 따로 있어요. 예전에는 국민연금 안에도 직업별 조합이 다 따로 있었는데, 2005년에 통합돼서 지금은 생산직·사무직·광원·철도원·선원 정도의 구분만 있습니다. 이렇게 '차이'를 강조해서 직업별·집단별 사회 보험 제도를 도입하는 것도 선별주의입니다. 직업에 따라 각각의 사람들이 가지고 있는 욕구가 '다르다'는 시각에 기초하고 있는 것이기 때문입니다. 선별주의는 이렇게 비슷한 수준의 집단별로 재분배를 하기 때문에 소득 재분배 효과가 작습니다. 그 대신 집단에 따라서는 보편주의 방식에서 받을 수 있는 것보다 더 높은 급여를 받을 수 있습니다. 보편주의 방식에서는 아무래도 가장 어려운 계층의 기준에 급여가 맞춰지게 되지만, 선별주의 방식에서는 각자의 과거 소득을 고려할 수 있습니다.

이쯤 듣고 나면 '어, 이 선별주의는 아까 이야기한 선별적 복지랑은 좀 다르네.' 하는 생각이 드실 겁니다. 아까는 선별주의가 가난한 사람을 선별하는 것으로 이야기됐지요? 그런데 지금은 직업별·집단별 차이를 인성하는 방식에 대해 이야기하고 있습니다. 소득을 기준으로 빈곤층을 선별적으로 지원하는 것도 선별주의가 맞기는 합니다. 이것도 소득 수준에 따라 가지고 있는 욕구가 '다르다'에 근거한 것입니다. 하지만 직업적 특성 같은 기준으로 대상자를 선별하는 것도 선별주의입니다. 그것 말고도, 건강 상태를 진단해서 조금 더 아픈 사람들한테 급여를 주는 것도 선별주의라고 할 수 있어요. 장애에 대한 지원이나 노인 장기 요양 보험 같은 경우에 보면 복지 급여를 받는 사람이 어느 정도 신체적·정신적인 어려움이 있는지를 우선 파악해서 그 정도에 따라 지원의 정도가 달라집니다. 이것도 각자의 욕구가 다르다는 '선별'의 개념이 담겨 있는 것입니다.

자, 그러면 여기서 질문 하나 하죠. 선별주의는 나쁜 걸까요? 선별주의는 수급자에게 수치심을 주는 비인간적인 것인가요? 단정하기 어렵습니다. 소득 수준에 따라 선별하는 경우에는 그럴 가능성이 있습니다. 하지만 직업에 따른 선별을 꼭 그렇게 말할 수 없지요. 소득 수준에 따른 선별도 정도의 문제를 고려해야 합니다. 한국의 기초연금 제도는 소득 하위 70퍼센트에 급여를 주지요. 소득에 따른 선별입니다. 하지만 이것이 70퍼센트의 노인에게 수치심을 줄까요? 혹시 그런 면이 있더라도 그 정도는 작을 것입니다.

보편적 복지, 그러니까 모두에게 공통적인 욕구가 있고 따라서 이를 보장하기 위해 전 국민을 대상으로 복지 혜택이 주어져야 한다는 생각에 동의하는 사람이라도 선별주의를 무조건 나쁘다고 단언하기 어렵습니다. 왜냐하면 복지에 대한 욕구는 사람마다 분명히 다르니까요. 객관적으로 더 상황이 어려운 쪽을 우선 지원할 필요성도 있고요.

보편주의와 선별주의가 완전히 대립하는 것인지도 생각해볼 만합니다. 사실 보편주의가 동일성에 근거한 것이라고 말은 해도 그 동일성의 범위는 일정하게 제한되는 것이 일반적입니다. 노인이면 노인, 아동이면 아동, 질병에 걸린 사람이면 질병에 걸린 사람. 이런 구분 안에는 노인과 비노인의 차이, 아동과 성인의 차이, 아픈 사람과 건강한 사람의 차이도 담겨 있습니다. 얼마나 동일성을 강조하는지, 얼마나 선별성을 강조하는지에 따라 보편주의와 선별주의는 '정도'(degree)로 구분되는 개념입니다. 상대적으로 더 보편적인 제도와 상대적으로 더 선별적인 제도가 있는 것은 맞지만 두 가지가 칼로 베듯 구분되는 것은 아닙니다. 그렇기에 꼭 양립 불가능한 원리라고 말하기도 어렵습니다.

보편주의와 선별주의의 연속선

가장 보편적 → ← 가장 선별적

기본 소득 / 사회 수당 보편적 사회 서비스 / 시민권적 사회 보험 / 기여 기반 사회 보험 / 선별적 사회 서비스 / 사회 부조

이념형의 보편주의, 그러니까 순수한 보편주의의 이상은 필요를 가진 모든 국민에게 다른 조건을 따지지 않고 똑같은 급여를 지급하는 것입니다. 현재까지 존재했던 제도로는 아동 수당이나 노인 수당으로 불리는 보편적 기초연금이 그 예입니다. 한국에서의 아동 수당이나 기초연금은 완전히 보편적으로 지급되지 않는다는 점에서 (준)보편주의적이라고 해야 하겠지만요. 두 제도 모두 '연령'이라는 한 가지 조건만 고려하여 이를 만족하면 똑같은 금액의 수당을 지급합니다. 여기서 연령은 곧 '필요'를 보여줍니다. 보육 서비스나 노인 돌봄 서비스가 소득과 같은 다른 조건을 고려하지 않고 지급되면 이것도 아주 보편적인 제도에 속합니다. 이 프로그램들은 몇 가지 공통점이 있습니다.

첫째, 필요를 가진 모든 대상자를 하나의 제도 안에 포괄합니다. 대상자별로 다른 제도를 적용하지 않습니다. 둘째, 동일한 수준의 급여를 지급합니다. 사회 서비스의 경우 조금씩 차이가 있을지 모르지만 적어도 수급자가 과거에 어떤 기여*를 했는지나 소득이 어떤지를 고려하지는 않습니다. 셋째, 그렇지만 아무것도 고려하지 않고 무조건 급여를 주는 것은 아닙니다. 그 가구에 아동이 있는지, 노인이 있는지와 같은 최소한의 공통의 '필요'를 고려합니다. 이렇게 보편주의 방식을 취할 경우에는 달리 따지는 요인이 없으니 사각지대도 생기지 않습니다. 하지만 특히 현금 급여는 모두에게 똑같이 주기 때문에 중산층 이상의 소득 수준에 맞춘 급여를 지급하기는 어렵습니다.

반면에 선별주의는 직업을 고려하든 소득을 고려하든 이론적으로 높은 수준의 급여를 지급할 수 있습니다. 하지만 소득을 고려한 선별주의는 대개 빈곤한 사람을 대상으로 하므로 그 급여 수준도 최저 생계 수준에 머무는 경우가 많습니다. 이와 달리 직업이나 과거의 기여를 고려하는 제도는 상당히 높은 급여 수준을 보장할 수 있습니다. 독일이나 프랑스 같은 국가에서 연금 제도의 소득 대체율**이 이전 소득의 70~80퍼센트에 이를 수 있는 이유입니다. 대신에 선별주의 방식에서는 이런저런 조건들이 붙기 때문에 수급을 못 하는 사람이 발생할 수 있습니다. 처음 제도가 도입될 때는 특정한 직업별로 제도가 도입됐기 때문에, 나중에는 일정 기간의 보험료 기여를 요구하기 때문에 이를 충족하지 못하는 이들이 발생합니다. 특히 요즘처럼 고용이 불안정한 사람들이 늘어날 때, 선별주의 방식의 사각지대 문제는 더 커질 수 있습니다.

할당 원리로서의 보편주의와 선별주의에 대해 설명드렸습니다. 아마도 보편주의는 쉽게 이해가 되셨을 텐데, 선별주의는 조금 헷갈리실 것 같습

---

* 사회 보장 제도에서 '기여'(contribution)라고 하면 대개 사회 보험료의 납부를 의미한다. 일정 기간 이상 사회 보험료를 납부할 것을 조건으로 지급되는 제도의 경우 설사 수급자의 수가 많더라도 완전한 의미의 보편주의라고 할 수는 없는데, 이는 '필요' 이외의 조건을 급여 결정에 반영하기 때문이다.
** 사회 보험의 급여 수준이 보험료 납부 당시 소득의 몇 퍼센트에 달하는지로 급여를 표시하는 지표.

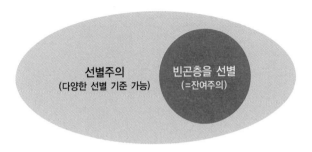

선별주의와 잔여주의 : 프로그램 차원

선별주의
(다양한 선별 기준 가능)

빈곤층을 선별
(=잔여주의)

니다. 처음에는 가난한 사람을 선별하는 것이 선별주의라고 했다가 나중에는 기여가 복지 혜택의 조건이 되는 사회 보험 이야기를 했기 때문입니다. 두 가지 모두 수급자 간의 '차이'를 고려한다는 점에서 선별주의가 맞지만, 같은 용어를 사용하다 보니 헷갈릴 수 있습니다. 그래서 어떤 학자들은 이것을 구분하기 위해 '잔여주의'(residualism)라는 용어를 따로 쓰기도 합니다. 흔히 영국이나 미국처럼 선진국 중에 보편적 복지가 발달하지 않고, 자산 조사를 거쳐 가난한 사람을 지원하는 제도 위주로 복지 프로그램이 구성된 국가를 '잔여적 복지국가'라고 말하지요. 여기에서 착안해서 가난한 사람만을 대상으로 하는 선별주의를 특히 '잔여주의'라고 하는 것입니다. 그런데 사실 '잔여적'이라는 말의 정확한 맥락은 '선별주의'와는 또 다릅니다. 이 이야기를 이어가 보겠습니다.

복지는 가난한 사람을 위한 것(?)

잔여주의를 선별주의 중에서도 빈곤층을 선별하는 것을 가리키는 개념으로 받아들이면, 선별주의에 대한 오해를 상당히 덜 수 있습니다. 복지를 시민의 권리가 아니라 국가의 시혜로 여기게 한다. 가난한 사람에게 낙인을 찍고 수치심을 부여한다. 가난한 사람과 그렇지 않은 사람을 구분함으로써 사회적 연대를 해친다. 자산 조사를 위해 많은 행정 비용을 낭비하며, 가난이 복지 혜택의 조건이 됨으로써 오히려 빈곤의 함정 문제를 발생시킨다. 이런 선별주의를 향한 비판들은 선별주의 전체가 아니라 잔여주의에 대한 것이 됩니다. 이와 달리 선별주의는 보편주의와 함께 운용되면서 복지국가를 구성할 수 있는 하나의 할당 원리로 자리매김할 수 있습니다.

이보다 더 중요한 것은 '잔여주의'는 사실 개별 복지 프로그램을 설명하기보다는 복지 체제 혹은 복지국가의 원리를 설명하는 개념이라는 것입니다. 제가 아까 영국이나 미국을 선진국 중에서도 잔여적 복지국가라고 부른다고 했죠? 이 말은 이 국가들의 복지 프로그램 하나하나가 모두 잔여적이라는, 즉, 소득에 근거한 선별을 한다는 의미가 아닙니다. 그보다는 사회 보험, 공공 부조, 사회 서비스를 포함하는 여러 복지 프로그램이 모여서 만들어진 전체 복지국가가 전체 시민에게 포괄적인 보장을 제공하지 못하고 가난한 사람들만을 '표적화'(targeting)하는 경향이 강하다는 것을 의미합니다.

혹시 여기 사회 복지학을 공부해보신 분이 있다면 아실지도 모르겠는데, 잔여주의는 사회 복지 개론에도 나오는 개념입니다. 사회 복지 개론에서는 복지의 '잔여적 개념'이라고 나오지요. 월렌스키와 르보(Wilensky and Lebeaux)라는 학자가 정의한 것으로 교과서에 있는 표현을 그대로 옮기자면, "가족, 경제, 정치, 종교 등이 정상 기능을 수행하지 못할 때 사회 복지 제도가 상호 부조 기능을 발휘하여 다른 사회 제도의 기능을 보완, 보충하는 역할을 담당하게 되는 것"이 사회 복지 제도의 잔여적 개념입니다.* 이 정의에서 사회 복지는 사회의 일차적인 제도가 아닙니다. 다른 일차적인 제도가 정상적으로 작동하지 못할 때만 필요한 보충적인 것이지요. 달리 말하면 다른 제도가 잘 돌아갈 때, 사회 복지는 필요가 없다는 이야기입니다.

1980~90년대, 그러니까 한참 '신자유주의의 세계화'가 이루어지던 시기에 많이 이야기된 개념이 '사회 안전망'(social safety net)입니다. IMF가 우리나라에 구제 금융 조건으로 요구한 것 중에 사회 안전망 강화가 있었어요. 신자유주의의 첨병으로만 생각했던 IMF가 복지를 강화하라는 이야기도 했다니 놀랍지요? 근데 사실 이 사회 안전망이라는 표현이 전형적인 잔여주의적 복지 개념입니다. 여러분 서커스할 때 안전망을 생각해 보세요. 서커스 단원들이 별다른 사고 없이 본인 기량을 충분히 발휘할 때 안전망은 전혀 필요가 없습니다. 오로지 문제가 생겼을 때만 작동하지요. 사회에 빗대자면 누군가 빈곤으로 추락해야 작동하는 것이 사회 안전망입니다. 복지의 예방적 기능에 대해서는 고려하지 않고 있는 것입니다.

---

* 권중돈 외 (2011). 『사회 복지개론』. 학지사.

사회 복지의 잔여적 개념에 대응하는 것은 제도적 개념입니다. 사회 복지는 보충적으로 작동하는 것이 아니라 가족, 경제, 정치, 종교와 마찬가지로 자신의 고유의 영역이 있고, 다른 제도가 정상적으로 작동하는지 여부와 관계없이 사회를 유지하고 발전시키는 데 중요한 기능을 수행합니다. 꼭 빈곤해져야만, 꼭 사회에 문제가 생겨야만 복지의 기능이 있는 것이 아니며, 사회를 살아가는 개인이나 집단이 만족스러운 삶을 살 수 있도록 지원하는 것이 복지라고 봅니다. 이것은 우리에게 흔히 '보편적 복지국가'라고 알려진 개념과 거의 같습니다.

중요한 것은 제도적·보편적 복지국가를 구성하는 제도 안에는 보편주의적인 제도만 있는 것이 아니라는 점입니다. 예를 하나 들어볼게요. 국민 기초 생활 보장 제도는 한국의 대표적인 공공 부조 제도입니다. 자산 조사를 통해 빈곤층을 선별한다는 점에서 선별주의 제도이며, 앞에서 이야기한 대로라면 잔여주의적인 제도라고 말할 수도 있습니다. 기초 생활 보장 제도는 수급 자격 기준이 매우 엄격한 것으로 악명이 높지요. 수급자의 소득과 자산을 꼼꼼히 따질 뿐 아니라 부양 의무제가 있어서 가족 중 일정한 소득과 재산이 있는 사람이 있으면 생활 보장을 받을 수가 없습니다. 이 때문에 연락도 잘 안 되는 아들, 딸로 인해 지원을 못 받는 사람들이 상당히 많습니다. 기초 생활 보장 제도의 수급 조건을 완화해야 한다는 것에 많은 사람들이 동의합니다. 보장 수준도 높여야 하고, 재산을 소득으로 환산하는 규정도 개선이 필요하며, 부양 의무제는 폐지해야 한다는 목소리가 높지요. 하지만 기초 생활 보장 제도에서 아예 소득·자산 조사를 없애고 보편적으로 지급하자고 말하는 사람은 거의 없습니다. 왜일까요? 공공 부조는 어느 국가에서나 '최후의 안전망'입니다. 정도의 차이는 있지만 소득이나 자산을 고려해서 가난한 이들에게 지급합니다. 영국에서도 미국에서도, 프랑스, 독일, 스웨덴에서도 마찬가지입니다. 제도의 기본 구성 원리가 그래요. 그렇다면 이 '선별적인' 혹은 '잔여적인' 제도를 운영하니까 이 국가들이 다 선별적·잔여적 복지국가일까요?

어떤 복지국가도 완전하게 보편주의적인 제도로만 운영되지는 않습니다. 우리가 보편적 복지국가의 대명사로 여기는 스칸디나비아 국가들에도 선별적인 제도가 있습니다. 가입자의 보험료 기여에 따라 급여를 달리하는 사회 보험도 있고, 가난한 사람만을 대상으로 하는 공공 부조도 있습니다. 국가에 따라 보편주의적인 방식의 제도와 선별주의적인 방식의 제도가 차지하는 비중은 다릅니다. 아무래도 흔히 '보편적 복지국가'라고 하는 국가에서 보편주의적인 제도의 역할이 크고 반대 유형의 국가에서는 선별주의, 그중에서도 잔여주의적 제도의 역할이 크겠지요. 하지만 어떤 국가도 한 가지 원리로 복지국가를 구성하지 않습니다.

여기까지 내용을 정리하면 이렇습니다. 첫째, 보편주의와 선별주의는 복지 프로그램의 할당 원리입니다. 보편주의는 필요의 동일성에 기초해서 많은 사람들을 동일한 제도로 보호하려고 하지만, 선별주의는 필요의 차이를 중시해서 집단별로 다른 보장을 제공하고자 합니다. 선별주의 중에 특히 가난한 사람을 대상으로 자산 조사를 거쳐 지급하는 방식의 제도를 구분해서 잔여주의라고 하기도 합니다. 둘째, 우리가 흔히 이야기하는 '보편적 복지국가'와 그에 대응하는 개념으로의 '선별적·잔여적' 복지국가는 복지 프로그램의 할당 원리와는 다른 복지국가의 구성 원리입니다. 여기에서는 사회 복지 제도가 빈곤과 같은 사회 문제 발생 시에만 보충적인 역할을 한다고 보는지, 아니면 사회 구성원의 공통적 욕구에 제도적·보편적으로 대응한다고 보는지가 중요합니다. 하지만 보편적 복지국가가 모두 보편주의적인 제도로만 운영되거나 잔여적 복지국가가 모두 선별적인 제도로만 운영되는 것은 아닙니다. 보편적 복지국가를 목표로 하더라도 보편주의적 제도와 선별주의적 제도가 함께 사용되는 것이 일반적입니다. 그렇기 때문에 '보편주의'와 '선별주의'에 대해 이야기할 때는 그것이 개별 프로그램 차원에서 하는 이야기인지, 복지국가 차원에서 하는 이야기인지를 정확하게 하는 것이 중요합니다. 어느 차원의 이야기인지에 따라 그 의미가 전혀 달라지기 때문입니다. 보편적 복지국가를 지향한다는 것은 단지 보편주의적인 프로그램을 늘린다는 것만이 아닙니다. 그보다는 보편주의 원칙 아래서 보편적, 선별적 제도를 결합하여 복지국가 수준에서 제도적 재분배가 이루어지도록 한다는 것을 의미합니다.

그렇다면 보편적 복지국가와 잔여적·선별적 복지국가를 구분하는 것은 무엇일까요? 단순히 보편적 제도가 더 많으면 보편적 복지국가고 더 적으면 잔여적 복지국가인 것일까요? 프로그램 차원의 보편·선별과 복지국가 차원의 보편·선별의 관계는 그렇게 간단하지 않습니다. 그랬다면 보편, 선별, 잔여의 개념을 프로그램 차원과 복지국가 차원으로 구분해 가면서 이렇게까지 길게 설명할 필요가 없었겠지요. 이를 설명하기 위해서 복지국가의 역사 이야기를 조금 해볼까 합니다. 영국과 스웨덴이라는, '보편주의'의 형성에서 중요한 역할을 한 두 국가를 중심으로 이야기를 해볼게요.

한계에 부딪힌 영국식 보편주의

역사적으로 복지 프로그램의 급여를 할당하는 방식은 잔여주의 혹은 선별주의가 먼저였습니다. 보통 복지국가의 역사를 배울 때 '구빈법'(救貧法, Poor Law)에서 시작하지요. 16세기 말 영국에서 시작되어 노인, 빈민, 아동을 지원한 제도입니다. 가난한 사람을 대상으로 국가가 제공하는 잔여적 복지 제도였습니다. 급여 수준은 최저 생계를 유지하기도 어려울 정도로 적었고, 수급자들은 구빈원에 수용되어 강제적으로 일해야 했습니다. 구빈법 다음에 발달한 것은 노동자를 직업별로 묶고 보험료 납부를 조건으로 급여를 제공하는 선별주의 방식이었습니다. 19세기 말에 독일에서 최초로 사회 보험이 도입됐지요. 당시 독일은 산업화가 급격히 진행되면서 가난한 노동자들이 늘고 도시 빈민 문제가 발생합니다. 비스마르크는 활발히 전개되던 사회주의 운동을 탄압하는 한편 각종 사회 보험 제도를 통해 노동자들을 자신의 편으로 끌어들이고자 했습니다. 이를 위해 의료 보험(1883), 산업 재해 보험(1884), 노령 폐질 연금(1889) 관련 법을 연이어 제정합니다. 사회 보험의 시작은 복지국가 역사에서 중요한 의미가 있습니다. 사회 복지 제도가 '잔여적' 차원을 넘어서 노동할 수 있는 이들을 대상으로 삼고, 이들이 빈곤해지기 전에 예방적으로 접근한 출발점이기 때문입니다. 하지만 독일의 사회 보험은 직업별로 분화되어 있고, 보험료 기여가 급여 수급의 전제 조건이 된다는 점에서 보편주의적 할당 원리로 운영되는 것은 아닙니다.

보편주의라는 개념이 등장한 것은 2차 대전 종전 무렵입니다. 하나의 분기점으로 볼 수 있는 사건이 영국에서 1942년에 나온 베버리지 보고서입니다. 그 이전에 유럽 국가들은 대공황과 두 차례의 세계 대전이라는 큰 혼란을 겪었습니다. 그리고 이 혼란들은 복지국가의 형성에 큰 영향을 미칩니다. 대공황은 자본주의 경제가 자유방임만으로 지속 가능하지 않다는 것을 알린 사건이었습니다. 두 차례의 전쟁은 많은 국가에서 국민들의 엄청난 희생을 요구했을 뿐 아니라, 국가가 경제와 사회에 깊숙이 개입하도록 강제했습니다. 게다가 건강한 군인, 건강한 노동자를 확보하는 것이 국가적인 차원에서 중요한 과제라는 것이 널리 인식된 것도 보편주의 등장의 배경이 됐습니다.

베버리지 보고서는 이런 역사적 배경 속에서 제작됐습니다. 종전을 앞두고 2차 대전 이후 영국 사회가 어떤 모습이 되어야 할지를 담은 것이었지요. 자유주의 경제학자이면서 사회 보험 및 전시 근로 위원회 위원장이었던 윌리엄 베버리지는 '사회 보험과 관련 서비스'(Social Insurance and Allied Services)라는 제목의 보고서에서 누구라도 빈곤에 빠질 수 있기에 사회 보장은 노동자, 혹은 빈민만이 아닌 모든 국민에게 제공되어야 한다고 결론 내립니다. 베버리지 보고서가 제시한 빈곤에 대한 대안은 사회 보험이었습니다. 하지만 베버리지의 사회 보험은 독일의 그것과 달랐습니다. 여섯 가지 원칙을 제시했는데요, 하나의 제도 안에 포괄적으로 사각지대 없이 모든 사람을 포괄할 것(포괄성), 모두가 같은 금액을 기여하고(정액 기여), 같은 금액을 수급할 것(정액 급여), 통합적으로 관리·운영할 것(행정 통합), 수급자를 분류하여 각각의 욕구를 반영할 것(수급자 분류), 그리고 급여는 너무 높지도, 낮지도 않은 적정 수준을 유지할 것(급여 적절성)이 그 원칙들이었습니다. 여기에 더해서 빈곤 예방의 세 가지 전제 조건으로 아동 수당, 보편적 의료 서비스(NHS : National Health Service), 완전 고용을 제시합니다. 포괄성, 정액 기여, 정액 급여, 통합성의 원칙들은 모두 복지의 기여자와 수혜자가 동일성을 갖고 있다는 보편주의 이념을 반영한 것들입니다. 베버리지의 아이디어는 실제로 전후 집권한 노동당 정부에서 차곡차곡 법제화됩니다. 1945년 가족 수당법, 1946년 국민 보험법과 국민 보건 서비스법이 그것입니다.

그런데 이 제도들이 운영 과정에서 문제를 드러냅니다. 일단 급여 수준이 너무 낮습니다. 게다가 기여(보험료)와 급여를 모두 정액으로 하다 보니 급여를 제때 올리기 어렵습니다. 저소득층으로서는 증가하는 기여를 부담하기가 어렵거든요. 그러다 보니 급여 수준이 사회의 생활 수준 발전을 따라가지 못합니다. 물가는 올라가는데 급여는 제자리고 급여를 올리자니 늘어나는 부담에 이러지도 저러지도 못하는 상황이 계속됩니다. 영국 보편주의의 핵심인 국민 보험이 빈곤을 방지하는 기능이 크게 약화됐습니다. 영국의 사회 정책학자인 리처드 티트머스(Richard Titmuss)는 이 상황에 대해 빈곤층이 실질적인 복지 혜택을 받을 수 있도록 하기 위해서는 더 어려운 사람을 더 배려하는 '적극적 차별'(positive discrimination)이 필요하다고 주장했습니다. 모두가 '똑같은' 혜택을 받아야 한다는 엄격한 보편주의에서 조금 벗어나고자 한 것이지요. 그러나 실제로는 적극적 차별 대신 별도의 소득 보조 제도가 도입됩니다. 1948년 도입된 국민 부조법이 이것입니다. 우리로 따지면 국민 기초 생활 보장 제도쯤 됩니다. 이 제도를 도입하면서 영국의 정책 결정자들은 수급자가 계속해서 늘어나진 않을 거라고 낙관했습니다. 그러나 현실은 반대였지요. 수급자는 계속 늘어나고 빈곤층은 보편주의적 제도 대신 잔여주의적 제도에 의존하게 됩니다. 빈곤층이 국민 보험 제도에서 이탈해서 공공 부조 대상자로 추락한 것입니다.

 빈곤층만이 문제가 아니었습니다. 중산층 이상의 사람들에게도 불만이 쌓입니다. 이들에게는 국민 보험 급여가 너무 수준이 낮아서 그것만으로는 어떤 보장을 받는다고 말하기 어려웠습니다. 그래서 민간 보험을 구입하기 시작합니다. 사실 베버리지는 처음부터 국민 보험은 기초 보장만 하고 중산층 이상은 시장을 통한 보장을 받으면 된다고 생각했습니다. 그의 생각대로 된 것이지요. 영국의 사적 연금 시장은 일찍부터 발달해 있었고, 많은 중산층이 공적 복지가 아닌 사적 복지에 더 의존하게 됩니다. 그러다 보니 영국 복지국가의 핵심인 국민 보험의 의미가 빈곤층에게도 중산층 이상에게도 상당히 약해졌습니다.

 영국의 보편주의가 부딪힌 또 다른 문제는 다양성의 문제였습니다. 모든 이를 똑같이 대하는 동등성에 기초하다 보니 각각의 특수한 사정을 고려하지 못한 것입니다. 예를 들어 영국의 국민 보험 제도는 '가족 임금'(family wage)을 전제하고 있었고, 기혼 여성이 일할 경우 불합리하게 높은 보험료를 요구했습니다. 여성을 남성과 동등한 시민으로 여기지 않은 것이지요. 부부가 함께 일하는 가족이나, 한부모 가족과 같은 다양성을 제도에 포괄하기 위한 조치가 없었고, 이 때문에 가짜 보편주의라는 오명까지 얻게 됩니다.

 국민 보험의 바깥으로 밀려난 빈곤층이 증가한 것, 중산층이 민간 보험 시장으로 이탈한 것, 그리고 여성을 비롯한 소수자의 상황을 포괄하지 못한 것은 영국에서 '보편적 복지국가'의 지지자를 축소시키는 결과로 나타납니다. 그리고 역설적으로 이런 과정에서 처음 베버리지가 설계한 보편주의의 이상이 발목을 잡는 역할을 했습니다. 모두가 똑같은 필요를 가졌다고 전제하고 똑같은 기여, 똑같은 급여 체제를 설계했지만 변화하는 사회 환경에 적응하지 못했어요. 그래서 빈곤층이, 중간 계층이, 여성이나 사회적 소수자들이 보편적 복지국가에 대한 실망을 안게 된 것입니다.

복지국가를 중심에 놓고 봤을 때, 영국 국민들은 둘, 혹은 그 이상으로 갈라졌습니다. 극빈층은 기여할 능력이 없으니 받기만 하고 중산층 이상은 점점 받는 돈이 줄어들면서 기여만 하게 됩니다. 빈곤층은 낙인을 부여받고, 중산층 이상은 손해 보는 기분이 듭니다. 복지를 부정적으로 생각합니다. 복지는 사람을 게으르게 한다, 무임승차다, 저들을 위해 내가 왜 세금을 내야 하느냐, 하는 인식이 퍼지지요. 사회적 연대를 추구하려는 보편주의적인 프로그램이 오히려 사회적 연대를 해치는 결과를 낳습니다. 경직된 보편주의가 변화하는 사회 환경과 사람들의 욕구에 적응하지 못한 것이 그 한 원인이었습니다.

북유럽 복지의 성공 모델

이번에는 영국과 달리 현재까지도 보편적 복지국가의 대명사처럼 여겨지는 스웨덴의 경우를 살펴보겠습니다. 스웨덴 복지국가는 1920년대에 이륙해서 1970년대까지 형성되고 확대됐는데, 이 긴 기간의 대부분을 사회 민주당이 집권했을 뿐 아니라, 딱 세 명의 총리가 장기간 재임합니다. 사민당 정권의 시작을 연 알마르 브란팅에 이어 페르 알빈 한손과 타게 에를란데르가 각각 14년, 23년 총리 자리를 지켰습니다. 페르 알빈 한손

이 선거 캠페인에서 등장시키고, 에를란데르가 이어간 스웨덴 복지국가의 비전이 '국민의 집'(Folkhemmet)입니다. 한 가정에 소외받는 사람이 없듯이 한 국가에도 소외되는 사람 없이 모두가 필요를 충족하는 것이 발전이며, 이를 위해 사회 보장과 사회 서비스가 보편적으로 제공되어야 한다는 것입니다.

스웨덴 사민당이 오랜 시간 잇달아 집권하면서 자신들의 정책적 비전을 펼칠 수 있었던 이유는 여러 가지였지만, 그중 하나는 역설적으로 단독으로 정권을 차지할 수 없었다는 것입니다. 사민당은 거의 모든 선거에서 제1당의 지위를 유지했지만 과반을 넘은 것은 두 번뿐이었고, 따라서 정책을 실현하기 위해서는 다른 정당과의 협치가 필요했습니다. 스웨덴은 1930년대에 '암소 타협'(cow deal)이라고 불리는 노농 동맹을 기반으로 집권하기 시작했고, 이른바 '스웨덴 모델'은 노동과 자본 간의 타협을 스웨덴 사민당이 적극적으로 이끌어냄으로써 실현될 수 있었어요. 한손 총리 시기에 이루어진 노사 간의 살트요바덴 협약이나, 최장수 총리였던 에를란데르 총리 시기의 목요 클럽*은 모두 정치적 협상을 통해 지지 기반을 확대하기 위한 장치들이었습니다.

스웨덴 정치의 이런 점은 영국과 크게 다른 요소입니다. 영국에서는 상대적으로 복지 친화적인 정치 세력인 노동당의 집권 기간이 짧았을 뿐 아니라, 보수당이든 노동당이든 일단 집권하면 단독으로 정권을 차지합니다. 따라서 이전 정부에서 이루어진 정책들을 다음 정부에서 뒤집는 의사

---

* 매주 목요일 노사 대표와 에를란데르 총리가 만나 함께 대화하던 모임.

결정이 이루어질 때도 많습니다. 장기간 동안 점진적인 복지국가의 확대가 어려운 까닭입니다. 반면에 스웨덴은 정치적 연합의 확대라는 지난한 과정을 거쳐야 하긴 했지만, 이를 통해 사민당이 장기적이고 지속적인 복지 확대를 만들어갈 수 있었습니다.

스웨덴의 보편적 복지는 그 자체로 정치적 타협의 산물이기도 합니다. 연금 제도의 도입 과정이 이를 잘 보여줍니다. 1946년 스웨덴은 이전의 제도를 대체한 보편적 기초연금을 도입합니다. 그런데 사실 이 시기 사민당의 핵심 지지 기반인 노동자들의 입장에서는 독일식 선별주의 연금 제도가 더 유리한 상황이었습니다. 상대적으로 안정적인 고용 상태와 임금을 확보하고 있어 선별주의적 연금 제도에 장기간 기여하고 높은 급여를 받을 수 있었기 때문입니다. 그러나 사민당의 정치적 파트너였던 농민당으로서는 선별주의적 연금 제도보다는 상대적으로 소득이 들쭉날쭉한 농민들 모두를 포괄할 수 있는 기초연금이 유리했지요. 결국 이를 사민당이 받아들여 보편주의적 기초연금을 도입한 것입니다.

연금 제도의 발전 과정에서도 이런 특성이 나타납니다. 스웨덴 복지국가가 꽃을 피운 상징적 사건 중 하나로 기초연금의 낮은 급여를 보충할 수 있는 공적 소득 비례 연금(ATP) 도입을 들 수 있습니다(1960년). 이 제도의 도입이 왜 중요한지는 영국의 경우와 비교해보면 명백하게 알 수 있습니다. 영국의 중산층이 낮은 수준의 국민 보험 급여에 만족하지 못한 나머지 공적 제도에서 이탈한 것과 달리 스웨덴은 공적 소득 비례 연금을 도입함으로써 새롭게 등장한 중간 계급을 복지국가의 친화적인 집단으로 만들 수 있었거든요. 사실 엄격한 '보편주의' 관점에서 보면, 급여를 '동일성의 원칙'에 기반하여 정액으로 지급하는 것이 아니라 이전의 소득을 고려해서 지급한다는 것은 후퇴입니다. 하지만 할당 원리로서의 보편주의의 후퇴, 아니 유연한 적용은 결과적으로 보편적 복지국가의 기반을 넓힌 역설을 가져왔습니다.

스웨덴에서 보편주의의 유연한 적용이 농민이나 중산층과의 연합에서만 나타난 것은 아닙니다. 상대적으로 더 빈곤한 이들에게 더 많은 혜택을 제공함으로써 실질적으로 그들의 생활을 보장하기 위한 '적극적 차별'이 스웨덴을 비롯한 스칸디나비아 국가들에서는 일찌감치 나타났습니다. 1960년대에 이르면 대부분의 북유럽 국가에서 주요한 사회 복지 프로그램에 저소득층을 대상으로 지급하는 보충 급여가 도입됐습니다. 이렇게 함으로써 보편주의적 급여만으로 생활이 어려운 이들을 별도로 지원한 것입니다. 소득 조사를 거쳐 추가 급여를 지급한다는 점에서 적극적 차별 역시 보편주의의 기반 위에 선별주의 원리를 더한 것으로 볼 수 있습니다. 그 결과 빈곤한 이들도 보편적 제도에서 충분한 소득을 얻을 수 있게 됐습니다.

북유럽의 보편주의에서 또 한 가지 이야기할 부분은 '다양성'입니다. 앞서 설명한 대로 이념형의 보편주의가 가지고 있는 핵심 원리는 생애 주기에 따라 사람들이 공통으로 경험하는 욕구가 있다는 것, 즉 욕구의 동일성입니다. 이것은 영국에서 나타난 것처럼 사람들이 가지고 있는 욕구의 차이를 무시할 수 있고, 그것이 지나치면 복지국가에 대한 국민들의 불만으로 이어집니다. 하지만 북유럽에서의 보편주의는 영국과 달리 욕구의 다양성을 반영하는 방향으로 발달했습니다. 앞서 말씀드린 중산층에 대한 소득 비례 급여나 저소득층을 위한 적극적 차별은 모두 이들이 가진 현금 급여에 대한 욕구의 정도를 고려한 것이지요. 여기에 또 한 가지 스웨덴 복지국가의 핵심 프로그램인 보편적 사회 서비스가 있습니다.

스웨덴에서 사회 서비스는 이미 1930년대에 뮈르달 부부에 의해 제시된 '인구 문제의 위기'를 배경으로 등장했습니다. 지금 한국처럼 당시의 스웨덴은 저출산 문제로 곤혹을 겪고 있었고, 이를 해결하기 위해서는 여성들이 아이를 키울 만하다고 여겨지는 사회를 만들어야 한다고 판단했습니다. 아동, 노인, 장애인 등 돌봄이 필요한 사람에게 돌봄 서비스를 제공하는 것이 그 핵심이었습니다. 또한 1950~60년대 많은 서구 국가들이 노동력 부족에 시달릴 때 이민자에 의존한 독일과 같은 국가와 달리 스웨덴은 여성 노동력을 활용했는데, 전통적인 여성의 역할을 사회적으로 해결한 사회 서비스가 이를 뒷받침했을 뿐 아니라 많은 여성에게 괜찮은 공공 부문 일자리를 제공하는 기반이 되었습니다. 그리고 이런 과정은 확대된 공공 부문의 노동자, 보편적 사회 서비스의 수혜자가 된 여성, 노인, 장애인 등이 스웨덴 복지국가의 튼튼한 지지 기반이 된 과정이기도 했습니다. 조직된 노동 계급이 복지국가의 지지 기반이 된 것은 많은 서구 복지국가에서 공통적이었지만, 복지국가의 발달이 '사회적 소수자'의 지위에 있는 이들을 바탕으로 그 기반을 확대해나간 것은 어느 나라에서나 일어난 일은 아니었습니다. 그리고 그 원동력 중 하나가 사회 서비스를 바탕으로 이들이 가진 다양한 욕구를 복지국가가 포괄한 '보편주의'에 있었습니다. 이 때문에 안토넨과 시필리아라는 학자들은 북유럽의 보편주의를 '모두에게 똑같이 적용한다'는 정책 차원의 원칙이 아니라 정책을 통해 달성하고자 하는 연대와 평등, 통합의 확대를 가리키는 것이라고 설명하기도 합니다.[*] 앞서 말씀드린 '체제 차원의 보편주의'를 의미합니다.

더 많은 사람에게 더 많은 복지를

지금까지 거칠게나마 영국과 스웨덴에서 역사적으로 보편주의 원리가, 그리고 보편적 복지국가가 어떻게 지금까지 발전해왔는지 설명드렸습니다. 두 나라의 대조적인 경험은 우리에게 시사하는 바가 적지 않습니다. 저는 역사적 보편주의의 교훈이 '어떤 보편주의인가?'라는 질문에 대해 일정한 답을 주고 있다고 생각합니다.

첫째, 보편주의의 핵심은 복지 혜택을 광범위하게, 즉 사각지대 없이 제공하는 것입니다. 영국과 스웨덴 모두 보편주의의 출발은 '얇지만 전체를 포괄하는 프로그램'이었습니다. 이는 다음과 같이 요약합니다. "보편주의의 핵심은 어떤 시민이나 거주자도 필요가 있다면 사회 정책의 급여에서 배제되어서는 안 된다는 것이며, 이는 보편주의에 대한 어떤 해석에서도 달라지지 않는 정의이다."[**]

둘째, 복지 혜택이 제공하는 급여의 종류나 수준 또한 중요합니다. 이때 핵심은 중산층을 복지국가를 지지하는 집단으로 포괄하는 것이며, 이를 위해 양질의 서비스와 시장에서의 소득 수준을 어느 정도 고려한 급여가 필요합니다. 결국 사회의 다수가 가지고 있는 다양한 유형과 정도의 필요를 사회 정책 프로그램이 어떻게 포괄할 것인가가 핵심 과제입니다. 경우에 따라서 급여의 수준과 형태에서 보편성(동일성) 원칙을 지나치게

---

[*] Anttonen, A., Häikiö, L. and Stefánsson, K. (Ed.). (2012). *Welfare state, universalism and diversity.* Cheltenham: Edward Elgar Publishing.

[**] 앞의 책 p.37

강조하는 것이 복지국가 차원에서는 긍정적이지 않을 수도 있습니다.

　셋째, 복지의 질 확보를 통해 중산층까지도 복지의 지지 세력이 되도록 하려면, 공적 영역의 복지에 최대한 많은 시민들을 포함시켜야 합니다. 복지 제공의 주체를 국가-시장-가족으로 볼 때 영국과 스웨덴의 차이는 중산층에 대한 핵심적 복지가 국가에 의해 이루어졌느냐 시장에 의해 이루어졌느냐에 있습니다. 평등이라는 관점에서 보면 아무리 재분배적 성격이 낮은 공적 제도도 시장이 제공하는 복지보다 낫습니다. 시장에서 제공되는 복지는 결국 구매력이 있는 사람들만의 몫이 되기 때문입니다. 국가와 가족을 비교할 때는 북유럽의 예가 시사하는 바가 큽니다. 스웨덴 같은 국가에서 여성이 복지국가의 핵심 지지층이 된 것은 사회 서비스의 발달을 통해 돌봄의 제공 주체가 가족으로부터 국가로 이동했기 때문입니다. 보편적 복지국가의 핵심은 시장이나 가족을 통한 사적 복지가 국가를 중심으로 한 공적 복지로 이동하는 것에 있습니다.

　넷째, 보편주의적 프로그램은 종종 그것만으로 취약 계층의 생활 수준을 보장하기에 충분치 않을 수 있습니다. 특히 '중산층을 포괄하는 복지 동맹'을 너무 강조하다 보면 복지 제도의 발전이 정작 빈곤한 사람은 외면하고 중산층에게만 이득이 되는 방향으로 나갈 수 있어요. 따라서 사회적 약자에 대한 복지 제공에도 관심을 기울일 필요가 있는데, 그 방법은 선별주의적일 수밖에 없어요. 사회적 약자를 어떤 식으로든 선별해야 하니까요. 다만 이때 선별을 어느 정도, 어떤 방식으로 하는지는 중요합니다. 북유럽 국가들의 경우 보편적 프로그램에 추가되는 보충 급여를 통해 낙인을 부여하는 사회 부조의 비중을 줄였지요. 이뿐만 아니라 같은 사회 부조라고 해도 그 자산 조사의 엄격성이나 운영 방식이 어느 정도 잔여적인지는 사회권의 보장이라는 측면에서 중요한 의미가 있습니다. 요컨대 보편적 복지국가라고 해도 빈곤에 대한 별도의 관심을 기울여야 하며, 그 방식은 선별적일 수밖에 없지만, 항상 좀 더 관대한 연대를 형성하기 위해 노력해야 한다는 말입니다.

역사적 보편주의의 교훈을 종합해보면, 결국 보편적 복지국가의 핵심은 더 많은 사람을 복지국가의 지지층으로 끌어들이는 데 있다는 것을 알 수 있습니다. 한마디로 요약한다면 "문제는 복지 정치다!"라고 할 수 있겠네요. 이를 위해서는 보편적 할당 원리의 기반 위에 중산층 이상의 욕구, 가난한 이들의 욕구, 여성·노인·장애인이나 그 밖의 사회적 소수자의 욕구를 반영하기 위한 선별주의가 함께 필요합니다. 보편주의 할당 원리는 기본적으로 많은 사람들이 가진 욕구의 동일성을 전제하고 있다고 아까 말씀드렸지요? 그렇기 때문에 보편주의는 광범위한 적용 범위를 가질 수 있고, 사람들이 빈곤으로 추락하는 것을 예방할 수 있습니다. 하지만 동일성에 근거하기 때문에 서로 다른 상황에 놓인 이들의 다양한 필요를 고려하는 데는 한계가 있어요. 여기에서 선별주의적 할당 원리가 필요합니다. 보편주의의 기반에 선별주의 방식을 결합함으로써 동일성에 근거한 지원만으로 빈곤에서 탈출하기 어려운 이들을 지원할 수 있고, 다양한 욕구에 적절하게 대응할 수 있습니다. 이렇게 보편적 할당 원리와 선별적 할당 원리를 결합함으로써 광범위한 사회적 연대를 실현하고, 이를 통해 평등을 증진하는 것이 체제 차원의 보편주의, 즉 보편적 복지국가입니다.

우리 현실과 보편적 복지국가

강연 초반에 지금 우리에게 필요한 질문이 "어떤 보편적 복지를. 어떻게 만들어갈 것인가?"라고 말씀드렸습니다. 지금까지는 '어떤 보편적 복지인가?'에 대해 말씀드렸습니다. 이제는 한국의 상황에 보편적 복지가 어떤 의미가 있는지, 어떻게 보편적 복지를 만들어갈 수 있는지에 대해 이야기할 차례입니다.

우선 한국의 상황을 몇 가지 통계로 살펴보겠습니다. 널리 알려진 것처럼 한국 노인의 삶은 어렵습니다. OECD에서 가장 높은 빈곤율과 자살률이 이를 극적으로 보여주지요. 노인만 힘든 것은 아닙니다. 노동할 수 있는 연령대 사람들의 상황도 어렵긴 마찬가지예요. OECD에서 두 번째로 긴 시간 일하면서도, 저임금에 시달리는 사람들의 비율은 세 번째로 높지요. 고용도 불안정합니다. OECD에서는 비정규직을 '한시적 근로'와 '시간제 근로'로 분류하는데요, 이들 중에서도 한시적 근로가 더욱 불안정한 고용을 가리키는데, 한국은 한시적 근로 비율이 OECD에서 네 번째로 높아요. 그나마도 사내 하청, 불법 파견, 비공식 고용처럼 통계에 잘 잡히지 않는 불안정 고용은 포함하지 않은 통계입니다. 고용이 불안정하다 보니 한국의 노동자들은 한 직장에 오래 머물지 못합니다. 그래서 평균 근속 기간이 OECD에서 가장 짧지요. 여기에 산재 사망률도 OECD에서 가장 높습니다. 그만큼 위험한 환경에서 일하고 있다는 것이지요.

OECD 국가들과 비교한 한국의 복지 현실

- ▶ 2014년 노인 상대 빈곤율 48.8% (OECD 1위)
- ▶ 2015년 65세 이상 노인 자살률 10만 명당 58.6명 (OECD 1위)
- ▶ 2015년 임금 근로자 대비 한시적 고용 22.4% (OECD 4위)
- ▶ 2014년 근로자 평균 근속 기간 5.6년 (OECD에서 가장 짧음)
- ▶ 2014년 저임금 근로자 비율 23.7% (OECD 3위)
- ▶ 2016년 연평균 노동 시간 2069시간 (OECD 2위)
- ▶ 2008~2013년 산재 사망률 10만 명당 8명 (OECD 3위)

몇 가지 통계만 살펴봤는데도 한국의 노인과 노동자들이 얼마나 불안한 상황인지 느낌이 오시지요? 연령대별 인구 집단 중에서는 아동만 통계가 빠졌네요? 사실 한국의 아동 빈곤율은 상대적으로 그렇게 높은 편은 아닙니다. OECD 중간보다 조금 높은 수준이에요. 하지만 그렇다고 한국의 아동들이 살기 좋다고 결론 내릴 수 있는 것은 아닙니다. IMF 이후에 청년들이 괜찮은 일자리를 잡기 어렵다 보니 결혼과 출산을 미루게 되고, 이것이 저소득 청·장년층과 아동으로 구성된 가구 숫자를 줄인 것이 아동 빈곤 감소의 원인이라도 연구 결과도 있거든요. 한국의 출산율이 전 세계에서 가장 낮다는 사실은 과연 한국이 아동들이 살기에 좋은 사회가 맞는지 의심하게 합니다.

한국은 전 세계에 유례 없는 초고속 성장으로 경제는 선진국 수준에 도달했습니다. 2차 대전 당시 식민지였던 국가 중에 한국만큼 경제가 발전한 국가가 몇 되지 않아요. 그런데 정작 그 안에서 살아가는 사람들 사이에는 '헬조선', '지옥불 반도', 'N포 세대'와 같은 자조적인 유행어가 떠

돌고 있습니다. 앞서 말씀드린 한국 사회의 상황이 반영된 것입니다.

이런 문제들을 해결하기 위해 있는 것이 사회 보장 제도입니다. 노동 시장이 불안정하고, 아동·청년·노인들이 모두 살기 어려운 상황일 때, 사회 보장 제도는 소득이 필요한 사람들에게 소득 보장을, 사회 서비스가 필요한 사람들에게 서비스 지원을 해주는 것을 목적으로 합니다. 한국도 선진국처럼 중요한 사회 보장 제도를 모두 갖추고 있습니다. 노령, 장애, 사망, 질병, 실업과 같은 사회적 위험으로부터 사람들을 보호하기 위한 사회 보험 제도, 빈곤으로 추락한 사람들을 위한 최후의 사회 안전망인 공공 부조, 그리고 상담이나 돌봄과 같은 지원을 필요로 하는 이들을 위한 사회 서비스까지요. 하지만 얼마나 내실이 있느냐는 좀 다른 이

사회 보장의 사각지대 (2015년 기준)

▶ **임금 근로자 국민연금 가입률(사업장 가입자) 67.4%**
　(정규직 82.0% / 비정규직 36.9%)
　−65세 이상 노인의 공적 연금 수급률(군인, 공무원, 사학 연금 포함) 41.1%
▶ **임금 근로자 건강 보험 가입률(직장 가입자) 71.5%**
　(정규직 83.8% / 비정규직 43.8%)
▶ **임금 근로자 고용 보험 가입률 68.6%**
　(정규직 82.4% / 비정규직 42.5%)
　−실업자의 실업 급여 수급률 39% (2014년)
▶ **임금 근로자 퇴직 급여 수혜율 69.9%**
　(정규직 84.0% / 비정규직 40.5%)
▶ **기초 생활 보장 생계 급여 수급률 3.2%** (2015년)
　−2015년 가처분 소득 기준 절대 빈곤율 7.9%, 상대 빈곤율 12.8%

야기입니다. 따지자면 여러 가지 문제가 있겠지만, 보편적 복지의 관점에서 가장 주목할 것은 사각지대 문제입니다. 앞의 표에서 보는 것처럼 대부분의 사회 보장 제도가 광범위한 사각지대를 가지고 있고요, 특히 비정규직이나 중소 영세 기업 종사자들처럼 고용이 불안정하고 임금이 낮아 사회 보장이 더 필요한 사람들일수록 사각지대에 있을 가능성이 큽니다. 생활의 불안정으로부터 시민들을 보호하기 위한 사회 보장 제도가 그 목적을 제대로 달성하고 있다고 보기 힘든 상황이지요.

나름대로 다양한 복지 제도를 마련했지만 촘촘하지가 못합니다. 임금 노동자의 불안정을 해결하기 위한 사회 보험 제도는 사각지대가 많습니다. 건강 보험은 꼭 직장 가입자가 아니라도 다른 가족의 피부양자나 지역 가입자로 보장을 받을 수는 있습니다. 하지만 국민연금 같은 경우는 지역 가입자의 절반 이상이 보험료를 납부하지 않고 있는 납부 예외자예요. 그 상태가 길어지면 노후에 연금을 받지 못하거나 낮은 수준의 연금만을 받을 가능성이 높습니다. 주로 비정규직 노동자나 소규모 기업 피용자들이 이런 상황에 처해 있어요. 이들 중에 많은 수가 퇴직 급여 수혜도 받지 못하니 노후 위험은 더 커집니다. 고용 보험은 더합니다. 아예 가입해 있지 않은 사람이 비정규직은 10명 중 6명이고, 그 결과 실업 급여를 받는 이들은 전체 실업자의 39퍼센트밖에 되지 않아요. 빈곤의 최후 안전망이라고 할 수 있는 기초 생활 보장 제도도 마찬가지입니다. 빈곤한 사람은 최저 생계비를 기준으로 봐도 7.9퍼센트인데 수급률은 절반에도 못미치는 3.2퍼센트에 머물러 있네요.

시민들을 사회적 위험으로부터 보호하기 위한 거의 모든 사회 보장 제도가 사각지대를 가지고 있습니다. 저는 한국에 보편주의 모델이 필요한 까닭을 여기에서 찾습니다. 삶의 불안정은 대부분의 시민들에게 보편적으로 존재하는데, 이를 보완하기 위한 사회 보장 제도는 광범위한 사각지대를 가지고 있어요. 그리고 그 사각지대에 우리 사회의 가장 불안정하고 취약한 이들이 놓여 있습니다. 보편주의의 가장 핵심적인 역할이 여기에 있습니다. 앞서서 보편주의 원리의 핵심이 모든 시민에게 광범위하게 복지 혜택을 적용하는 것이라고 했지요? 욕구를 가진 이들이라면 누구에게나 사회적 보호를 제공한다는 측면에서 보편적 복지는 역사적으로 검증된 가장 효과적인 모델입니다. 유연한 보편주의를 추구했던 북유럽 사민주의에서도 모든 시민을 복지에 포괄해야 한다는 것에 있어서는 예외를 두지 않았습니다. 복지 사각지대 문제가 심각한 우리에게 가장 절실한 복지 원리입니다.

역사적 보편주의의 또 한 가지 교훈은 시장에서의 복지가 아니라 공적 복지의 역할이 중요하다는 것이었습니다. 물론 북유럽에서 복지국가가 형성되고 확대되던 시절과 달리 근래에는 복지에서 공공과 민간의 역할이 모두 중요하다는 '복지 혼합'(welfare mix)이 강조되기도 합니다. 특히 사회 서비스 공급 영역에서 그렇지요. 하지만 복지 혼합을 위한 민간의 역할 강조는 국가의 복지가 이미 높은 수준으로 확대된 서구 국가들에서 나온 것이지요. 우리는 상황이 좀 다릅니다. 국가의 역할이 커서 문제가 아니라 시장에 대한 의존도나 너무 높아서 문제거든요. 건강 보험만 해도 보장성이 낮아서 많은 사람들이 민간의 실손 보험에 가입하거나 높은 병원비를 부담하지요. 보험 적용이 안 되는 병에라도 걸리면 그동안 모은 돈을 모두 쏟아부어야 합니다. 병원비의 80퍼센트 이상을 조세나 사회 보험으로 보장하는 국가에서는 일어나지 않는 문제이지요.

사회 서비스 영역도 마찬가지입니다. 우리나라의 아동, 장애인, 노인 등에 대한 사회 서비스는 대부분 민간이 서비스를 공급하고 정부에서 비용을 지원하는 형태로 되어 있어요. 그러다 보니 종종 서비스의 질 문제가 부각됩니다. 2007년에 도입된 노인 장기 요양 보험이 대표적인데요. 시장에서 민간이 경쟁하면 서비스의 질이 좋아질 거로 생각했지만, 결과는 그 반대로 나타났습니다. 영세한 민간 공급 기관들은 서비스 질 경쟁이 아닌 가격 경쟁을 했고, 그 결과는 요양 보호사와 같은 사회 서비스 일자리 종사자에게 떠넘겨졌습니다. 그렇다 보니 이분들의 근로 환경이나 처우가 형편없는 경우가 많아요. 이용자-공급자-비용 지불 기관이 따로이다 보니 체계적인 관리도 어렵습니다. 사회 서비스 영역에서는 공공 기관이 직접 제공하는 서비스 비중을 높여야 합니다. 취약 계층에 대해서는 별도의 지원이 필요하고요. 이 또한 보편적 복지의 확대로 볼 수 있습니다.

앞서서 보편적 복지가 체제 차원에서 이루어지기 위한 핵심은 중산층을 포함한 다수의 사람들이 복지국가의 수혜자로, 지지층으로 자리매김하도록 하는 데 있다고 말씀드렸지요? 사실 이것이야말로 가장 중요한 부분입니다. 그런데 이게 쉽지가 않습니다. 아까 스웨덴 이야기를 예로 들었는데, 사실 스웨덴이 복지국가를 형성하던 시기의 사회관계는 지금 우리보다 훨씬 더 단순했습니다. 노동자, 자본가, 농민과 같은 전통적인 계급 관계가 중심이 되었고, 여기에 여성, 장애인, 소수자와 같은 사회적 약자에 대한 배려가 추가된 것이 스웨덴의 경우였습니다. 하지만 지금 우리는 어떨까요? 노동자는 정규직, 비정규직으로 나뉘어 있습니다. 기업의 규모에 따라 노동 환경도 천차만별입니다. 자영업자 비중이 매우 높은 것도 한국의 특성이죠. 간접 고용, 특수 고용처럼 사용자가 누구인지, 노동자인지 자영업자인지 불분명한 이들도 있습니다. 서비스업이 중심이 된 현대 사회의 노동 시장에서는 과거처럼 균질하게 대규모로 모여 일하는, 그래서 이해관계 또한 유사한 노동자 집단을 찾기가 쉽지 않습니다. 노동이 아닌 다른 여러 측면에서도 사람들 간의 이질성은 증가했습니다. 성별, 연령, 지역을 둘러싼 갈등의 정도도 작지 않지요.

보편적 복지국가를 연구한 볼드윈이라는 학자는 보편주의에 대해 "빈곤하지는 않더라도 특정 위험에 노출되어 있는 집단의 경우, 연대적 복지에 가담할 가능성이 높아진다. 연대에서는 계급이 중요한 것이 아니라 '공통의 위험'이라는 공통된 이해가 더 중요하다"고 말했습니다.* 보편적 복지국가는 한편으로 보편주의와 선별주의 원리를 유연하게 결합하면서 다수 시민의 욕구를 반영하는 제도를 건설함과 동시에, 다른 한편으로 서로 다른 입장의 시민들이 연대할 수 있는 공통의 관심사를 찾아내야 한다는 것입니다. 그런데 이렇게 이질성이 증가한 상황에서 공통의 관심사를 찾아내는 것이 쉬운 일은 아니지요. 특히 서구 복지국가처럼 영향력이 있는 노동조합이나, 집권에 근접한 진보 정당이 있는 것도 아닌 우리 상황에서는 더욱 막막해 보이는 과제입니다.

그렇다면 어떻게 해야 할까요? 왕도는 없다고 생각합니다. 우선 서로 다른 입장의 사람들이 가지고 있는 공통의 문제를 찾아야 합니다. 그리고 그 공통의 문제를 해소할 수 있는 제안을 의제 삼아 많은 사람들의 뜻

---

* Baldwin, P. (1990). *The Politics of Social Solidarity: Class Bases of the European Welfare State, 1875-1975.* Cambridge University Press.

을 모아가야 합니다. 그 과정에서 서로 다른 이해를 반영할 수 있도록 보편주의와 선별주의를 포함한 다양한 제도 원리를 결합한 대안을 제시해야 합니다. 저희는 이것을 '의제별 연대 전략'이라고 부릅니다.

예를 들어 '고용 안정'은 우리 사회 구성원 다수의 관심사입니다. 중소 영세 기업 노동자나 비정규직 노동자는 말할 것도 없고, 대기업 정규직 노동자들까지도 광범위한 불안정을 느끼고 있지요. 여러분 "해고는 살인이다"라는 말 들어보셨지요? 이 말이 한국 사회에서 널리 퍼진 것은 쌍용차 사태 때입니다. 대기업 정규직 근로자의 대량 해고에서 시작된 문제였지요. 꼭 대량 해고만이 아니더라도 한국의 노동자들은 정규직이라 할지라도 법적으로 보장된 것과 사뭇 다른 상황에 놓여 있습니다. 명예퇴직, 희망퇴직 같은 이름으로 불리는 상시 구조 조정이 그것이지요. 여기에 실업 급여 같은 사회 보장 제도가 부실하다 보니 해고는 살인이라는 말이 나옵니다. 다른 쪽에는 고용 불안정이 일상인 비정규직 노동자들이 있습니다. 물론 비정규직 노동자와 대기업 정규직은 고용 상황도, 소득 수준도, 다르지요. 그렇다 보니 구체적인 욕구의 종류나 정도도 다를 것입니다. 그래도 불안정이라는 공통분모는 같습니다. 따라서 불안정에 대응하는 의제를 가지고 접근한다면, 서로 다른 입장에 있는 이들을 보편적 복지국가의 지지층으로 묶어낼 수 있습니다. 물론 제도적으로는 서로 다른 욕구를 보편적 복지의 틀 안에 포괄할 수 있도록 각자의 필요에 대응할 수 있는 요소들을 잘 결합해야 할 것입니다.

과연 서로 다른 입장에 있는 이들이 '공통의 이해'를 가지고 있는 의제라면 연대할 수 있을까요? 이들을 조직적으로 묶어낼 노동조합이나 정치 조직의 기반이 없어요. 쉽지 않은 이야기입니다. 하지만 우리에겐 사회적으로 그런 경험이 많습니다. 지난 촛불 집회 때 광장으로 사람들이 쏟아져 나왔지요. 다양한 사람들이 정권 퇴진을 한목소리로 외쳤습니다. 그 중엔 여당 지지자도 있었고 야당 지지자도 있었어요. 진보적인 사람은 물론 보수적인 사람도 섞여 있었습니다. 잘못된 정책과 대통령에 대한 분노가 하나로 묶을 수 있었던 거예요.

한국의 민주화 과정에서 이런 일은 흔했습니다. 민주주의 역사에 획을 그은 1987년 6월 항쟁도 그랬습니다. 당시 서구처럼 조직된 노동자나 정당이 중심에 있었을까요? 그렇지 않습니다. 사회의 다양한 계층이 국민운동 본부 같은 네트워크를 구성해서 싸웠죠. 물론 한계도 있었습니다. 군부 독재가 물러가고 대통령 직선제를 쟁취했지만, 곧바로 민주 정부가 들어서지 못했어요. 이를 두고 많은 비판이 있었습니다. 사회 운동을 조직화할 중심 주체가 없었다는 이야기가 많았지요. 그러나 6월 항쟁이 우리 민주주의의 역사를 바꾸었다는 점에는 변함이 없어요. 당시의 경험에서 교훈을 찾고 새롭게 앞으로 나아가는 게 중요합니다. 보편적 복지국가로 나아가는 방법도 마찬가지입니다. 우리가 지금의 현실을 어떻게든 바꾸어보자는 사회적 합의가 이루어졌다면 이를 묶어낼 의제를 개발하고 네트워크를 만들어야 합니다.

4차 산업 혁명과 기본 소득

강의를 마치기 전에 마지막으로 기본 소득에 대해 조금 말씀을 드리려고 합니다. 기본 소득은 '할당 원리로서의 보편주의' 측면에서 가장 보편적인 제도이기도 하고, 앞서 제가 예로 든 '불안정'이라는 한국 사회 공통의 문제에 대응하는 의제로서의 가능성을 가진 프로그램이기도 합니다. 실제로 근래에 많은 사람들이 관심을 가지고 있기도 하고요.

'기본소득 한국네트워크'에서 정의한 바에 따르면, 기본 소득은 "국가 또는 지방 자치체(정치 공동체)가 모든 구성원 개개인에게 아무 조건 없이 정기적으로 지급하는 소득"을 의미합니다. "모든 구성원"에게 "아무 조건 없이", 즉 가난하든 부자든, 노동을 하든 안 하든, 이런 것들은 고려하지 않고 무조건 준다는 것입니다. "정기적으로 지급"한다는 건 일회성이 아니라는 것입니다. 저 같은 사회 정책 연구자들조차 얼마 전까지 지나치게 이상적이라고 생각했던 기본 소득이 어느 순간 방송이나 신문에 활발하게 오르내리고 있습니다. 그 이유가 뭘까요?

첫 번째는 권리로서의 사회적 급여라는 인식이 확대된 거예요. 예전 같으면 아무 조건 없이 돈을 준다고 하면 열이면 열 낭비라고만 생각했을 텐데, 이제는 다르게 생각하는 사람들이 늘어난 것입니다. 무상 급식 논쟁을 통해 복지가 당연한 권리라는 인식이 높아졌다고 말씀드렸지요? 그런 변화를 배경으로 기본적인 삶을 보장받아야 한다는 욕구가 이 제도에 대한 관심을 높인 것입니다.

또 하나 중요한 변화는 노동 시장에서 나타났습니다. 지난 수십 년간 대부분 선진 자본주의 국가에서 노동 시장의 불안정이 증가했습니다. 한국만의 문제는 아니에요. 하지만 한국은 선진국에 비해 기본적인 노동법, 노동조합, 사회 보험과 같은 제도들이 충분히 갖춰지지 않았다는 점에서 차이가 있습니다. 한국의 사회 보장 제도의 중추를 이루는 사회 보험은 완전 고용을 전제합니다. 정도의 차이는 있지만 일정 기간 이상 고용 상태를 유지할 것을 전제로 하지요. 그리고 그 기간에 비례하여 급여가 높아지는 경우가 많습니다. 그런데 불안정이 일상이 된 노동 환경에서는 이게 잘 작동하지 않습니다. 그렇다 보니 고용이나 보험료 납입을 조건으로 하지 않고 누구나 혜택을 받을 수 있는 방식을 찾게 되는 것입니다.

기본 소득은 미래의 변화에 대처하는 의미도 있습니다. 흔히 4차 산업혁명이라고 하죠. 미래에는 인공 지능이나 자동화된 시스템이 인력을 대체할 거라는 이야기가 많습니다. 좋은 측면도 있겠지만 일자리가 사라진다는 측면에서는 재앙이 될지도 모릅니다. 새로운 일자리가 생겨나거나, 노동을 대가로 소득을 얻는 시스템이 근본적으로 바뀌지 않는다면, 기술 발전이 대량 실업과 빈곤층 확산을 초래할 수도 있습니다. 이는 자본주의 체제 자체의 위기가 될 수도 있어요. 돈이 있어야 물건을 사고, 물건을 팔아야 기업을 운영할 수 있잖아요. 물건 살 돈이 없으면 소비가 줄고 소비가 줄면 기업의 수익이 악화됩니다. 그러면 또다시 일자리가 줄어드는 악순환이 반복되겠지요. 기본 소득은 이 악순환의 고리를 끊을 수 있는 가능성이 있습니다. 노동과 그 반대급부로서의 소득이라는 자본주의 역사 내내 지속된 소득 분배 방식을 근본적으로 바꿀 수 있기 때문입니다. 그 정도까지는 아니라도 사회 구성원 전체의 구매력을 향상시켜줄 수 있습니다.

기본 소득에 대한 우려의 목소리도 있습니다. 그중 하나가 오히려 저임금 노동을 확산시킬 수 있다는 것입니다. 실업률이 높고 모두 기본 소득을 지급받는 상황이라면 낮은 임금을 받고도 일할 사람이 많아지지 않겠느냐는 거예요. 기본 소득의 금액 수준이 충분히 높아서 먹고살 만큼이면 상관없지만, 실제 생활비에 못 미친다면 어떻게든 일을 해야 합니다.

이때 기업에서는 기본 소득만큼을 제외한 수준의 낮은 임금을 제시할 수도 있습니다. 기본 소득이 100만 원이라면, 300만 원 줄 임금을 200만 원만 주는 것이죠. 그래도 사람들은 일하겠다고 하겠지요. 일자리가 부족한 데다 그 돈이면 그럭저럭 먹고살 수 있으니까요. 영국에서 실제로 그런 일이 벌어진 적이 있습니다. 1795년 스피넘랜드 지방에서 노동자들의 임금을 보충하는 법을 제정했습니다. '스피넘랜드법'이라고 하지요. 예컨대 생활비가 100만 원이 든다면 실제 받는 임금 70만 원에 지방 정부에서 30만 원을 지원하는 식이에요. 국민의 생존권을 보장한다는 취지였습니다. 그러나 결과는 달랐습니다. 정부에서 지원금이 나오자 기업들이 임금을 내린 거예요. "이 정도만 받아도 생활할 수 있잖아"가 되어버린 겁니다. 결국 노동자가 아닌 사용자에 대한 지원이 된 셈입니다. 지금도 근로 장려 세제라고 해서 가난한 노동자들의 세금을 깎아주는 제도가 있는데요. 이런 정책을 제대로 펼치려면 최저 임금을 잘 관리해야 한다고 이야기합니다. 그렇지 않으면 저임금 일자리를 만드는 사용자에 대한 보조금이 될 수도 있기 때문이지요.

아까 설명드린 영국의 역사적 경험은 가장 보편주의적인 프로그램이 가장 보편적인 복지를 담보하지 않는다는 것을 보여주었습니다. 오히려 보편주의적 급여와 선별주의적 급여를 유연하게 결합하는 것이 더 연대적이고 평등한 결과를 가져올 수 있다는 것이지요. 물론 기본 소득이 전체 분배 영역의 보편주의적 영역을 담당하고, 다른 프로그램들이 선별주의적 영역을 담당할 수도 있습니다. 하지만 이렇게 되면 좀 더 현실적인 걱정, 그러니까 재정 문제가 대두되지 않을 수 없습니다.

복지 정책에는 재원이 필요합니다. 정부가 돈이 무한정 많다면 기본 소득도 충분히 지급될 수 있겠지만, 그런 경우는 드물어요. 따라서 기본 소득이라는 돈이 많이 드는 프로그램을 운영하기 위해서는 기존의 지출을 줄이거나, 새로운 재원을 마련해야 합니다. 두 가지 모두가 될 가능성이 큽니다. 기존의 복지를 대부분 폐기하고 이를 기본 소득으로 대체하자는 아이디어가 아닌 한은 말이죠. 어쨌든 기본 소득을 실현하려면 증세를 해야 합니다. 그런데 항상 여기에서 의견이 갈립니다. 기본 소득이 좋다고 생각하는 시민들도 증세에는 반대하는 경우가 많습니다. 혹은 일부 부자들만 돈을 내면 된다고 부자 증세를 주장합니다. 하지만 기본 소득에 들어가는 재원은 그 정도로 감당하기 어렵습니다. 저는 증세에 동의합니다. 부자 증세가 아닌 보편 증세가 필요하다고 생각합니다. 세금을 많이 걷어서 복지를 확대해야 한다고 생각합니다.

2015년 기준으로 우리나라 국민 부담률*이 25.3퍼센트입니다. 스웨덴은 43.3퍼센트예요. 무려 두 배 가까이 차이가 납니다. 만약 우리나라에 어떤 용감한 정치인이 나서서 북유럽 수준으로 복지 혜택을 누릴 수 있게끔 할 테니 내년부터 세금을 두 배로 내라고 한다면 어떻게 될까요? 아무도 지지하지 않을 겁니다. 갑자기 큰 폭으로 세금을 올리겠다는데 찬성할 사람이 누가 있겠어요? 결국은 우리가 이 43.3퍼센트의 부담률을 지향한다 하더라도 실행은 단계적으로 이루어질 수밖에 없어요. 이 말은 지출도 단계적으로 늘리게 된다는 뜻입니다. 따라서 각각의 증세 단계에서는 한정된 증가분을 여러 복지 프로그램에 배분해야 한다는 것인데, 여

---

* 국민이 1년간 부담한 세금과 사회 보장 기여금이 국내 총생산(GDP)에서 차지하는 비중. 조세 부담률과 사회 보장 부담률을 더해서 계산한다.

기서 우선순위에 대한 고민이 생깁니다. 말하자면 주어진 예산을 효율적으로 운영하기 위해 선택과 집중을 해야 한다는 거예요. 예산을 건강 보험의 보장성 개선에 쓸 것인가, 노인 소득 보장 강화에 쓸 것인가, 실업자를 위한 고용 프로그램에 쓸 것인가, 돌봄 서비스의 질 개선에 쓸 것인가를 결정해야 합니다. 이 모든 것을 궁극적으로는 실행할 것이라고 해도 매 시점에서는 우선순위를 고민할 수밖에 없습니다.

기본 소득의 가장 큰 문제가 여기에 있습니다. 예산 제약을 전제로 할 때 기본 소득도 위의 프로그램들과 경합 관계에 놓입니다. 물론 일부 프로그램들은 기본 소득의 도입으로 필요성이 감소할 수 있습니다. 기초 생활 보장 제도나 실업 급여, 기초연금 같은 제도가 그럴 수 있습니다. 이것도 기본 소득의 급여 수준이 어느 정도일지에 따라 달라지기는 합니다. 하지만 의료, 돌봄, 고용 서비스처럼 기본 소득으로 대체할 수 없는 중요한 제도들도 있습니다. 그렇다면 제한된 추가 재원을 이런 제도들에 대한 지출과 기본 소득에 대한 지출 중 어디에 먼저 해야 하는지를 결정해야 합니다. 기존의 복지 제도를 강화하는 것과 기본 소득을 도입하는 것이 경쟁 관계에 놓이는 것입니다.

이와 같은 현실적인 제약 때문에 기본 소득론자들도 기본 소득에 대한 단계적 접근을 이야기합니다. 한 가지 방법은 기본 소득의 급여 수준을 낮추는 것입니다. 이를 부분 기본 소득이라고 합니다. 또 한 가지 방법은 '모두에게'를 완화시켜 기본 소득의 지급 대상을 일부 인구 집단, 그러니까 청년, 아동, 노인 등으로 한정하는 것입니다. 이를 일시적 기본 소득이라고 합니다. 기본 소득의 도입을 진지하게 고민하는 분들은 이 두 가지를 결합한 형태를 기본 소득의 첫걸음으로 봅니다. 예컨대 특정 연령대 청년을 대상으로 월 30만 원을 지급하는 형태의 급여 같은 시도입니다. 이는 원래의 기본 소득보다 낮은 금액을 더 제한된 대상에게 지급하는 것이지만, 보편적이고 적절한 수준의 기본 소득으로 가는 경과적 단계라고 말합니다.

일시적–부분 기본 소득이 현실성 있는 아이디어인 까닭은 이것이 기존의 보편적 복지 프로그램의 한 영역이었던 사회 수당과 사실상 차이가 없기 때문입니다. 한국은 그렇지 않지만 많은 복지국가가 아동 수당이나 노인 수당을 운영합니다. 이 수당들은 해당 국가의 시민권을 가졌거나 그곳에서 일정 기간 이상 거주한 아동 혹은 노인이라면 지급됩니다. 특정 인구 집단에게 지급되는 급여라는 의미에서 '데모그란트'(demogrant)라고도 하지요. 데모그란트는 특정 연령대의 인구가 갖고 있는 공통의 욕구에 대응한 프로그램이라는 점에서 매우 보편적인 프로그램입니다. 하지만 기본 소득과 달리 '필요조차 고려하지 않는 보편성'을 염두에 두고 있는 것은 아닙니다. 일시적–부분 기본 소득이 아동이나 노인에 대한 기본 소득을 경과적인 단계로 보고 있는 반면, 데모그란트는 그 자체가 완결된 프로그램입니다. 이것은 중요한 차이일 수 있지만, 적어도 현 단계에서 실질적인 차이를 가지고 있지는 않습니다.

한국에서 기본 소득론자들이 일시적–부분 기본 소득 프로그램의 대상으로 청년을 꼽는 것은 이 때문입니다. 한편으로는 노동 시장의 변화가 청년들의 상황을 과거보다 어렵게 만들었기 때문이지만, 다른 한편으로는 청년을 대상으로 하는 사회 수당은 기존의 보편적 복지국가에 없던 프로그램이라는 점을 염두에 두고 있는 것으로 보입니다. 기존의 데모그란트가 상정한 집단은 노인이나 아동처럼 스스로 경제 활동을 할 수 없는 이들입니다. 이것이 그들 공동의 '필요'인 것이지요. 반면에 청년은 어쨌든 경제 활동을 할 수 있는 대상이기 때문에 사회 수당이라는 보편주의 방식으로 접근하기보다는 실업 급여, 사회 부조, 직업 훈련 프로그램과 같이 대상자를 좀 더 선별하여 지급할 수 있는 급여나 서비스로 접근하고자 해왔습니다. 그런 의미에서 이들을 일시적-부분 기본 소득의 대상으로 삼는다는 것은 기존의 보편적 복지국가의 테두리를 일정하게 벗어나는 시도가 됩니다. 기본 소득론자들이 기대하는 완전 기본 소득으로 나가는 디딤돌이 될 수 있는 프로그램인 것이지요.

개인적으로 저는 청년을 일시적-부분 기본 소득 혹은 사회 수당의 수급 대상으로 보는 것에 대해 완전히 동의하지는 않습니다. 저는 청년 내부의 이질성이 크고, 따라서 어떤 방식으로든 선별적인 접근이 필요하다고 여기는 편입니다. 오늘 강의에서 수없이 강조한 것처럼 할당 원리로서 보편주의의 확대가 보편적 복지국가의 확대라고 보지 않기 때문입니다. 청년들이 겪는 위기에 공감하고, 이들을 지원하기 위해 고용 보험을 확대·강화하고, 실업 부조를 신설하고, 고용 서비스 및 숙련 형성 프로그램을 개선하는 것에 적극적으로 동의합니다. 하지만 이들의 욕구가 다양하기 때문에 무조건적인 보편주의 접근이 대안인지에 대해서는 회의적입니다. 그리고 같은 이유로 적어도 현 시점에서 전면적인 기본 소득이 우리가 가야 할 필연적 대안이라고 보지도 않습니다. 어쨌든 인공 지능의 대두와 일자리의 소멸은 아직 오지 않은 미래에 대한 예측일 뿐입니다. 사전에 일자리의 미래를 부정적으로 전망하고 일자리 자체를 재조직할 가능성을 포기한 대안을 제출할 필요는 없다고 여깁니다.

하지만 노동과 분배의 연결 고리를 상당 부분 약화시키는 것이 필요하다는 것에 동의합니다. 노동 시장의 불안정성 증가, 이중화, 저임금 고용의 증가는 이미 벌어진 현실이기 때문입니다. 이 때문에 사회 수당, 실업 부조, 사회 부조와 같이 기여와 상관없이 지급할 수 있는 보편적·선별적 급여의 확대에 동의하며, 보편적 사회 서비스를 통해 새로운 사회적 위험에 대한 대응력을 강화시켜야 한다는 것에 동의합니다. 그리고 여기에서 저처럼 기존의 보편적 복지국가를 지시하는 사람과 기본 소득을 지지하는 사람 간의 잠정적 합의점이 있다고 생각합니다. 사회 수당의 도입과 일시적–부분 기본 소득의 도입은 적어도 현 단계에서는 같은 아이디어이며, 제가 앞서 말씀드린 '불안정'이라는 공동의 의제에 대응할 수 있는, 그럼으로써 연대의 범위를 넓히고 보편적 복지에 대한 지지를 확보할 수 있는 방안이기 때문입니다. 물론 청년에 대한 기본 소득은 여전히 따져봐야 한다고 생각하기는 하지만요.

기본 소득에 대한 이야기를 끝으로 오늘 강의를 마치고자 합니다. 긴 강의 들어주셔서 감사합니다. 질문 있으면 해주십시오.

다양한 복지 의제와 국가의 역할

청중 >> 급여 할당의 원리로서의 잔여주의에 대해 좀 더 설명 부탁드립니다.

남재욱 >> 정확히 말하면 프로그램 차원에서는 보편주의와 선별주의로 나뉘지만 체제 차원에서는 보면 보편주의와 잔여주의로 나뉜다고 할 수 있습니다. 그러니까 잔여주의는 급여를 할당하는 방식이라기보다는, 빈곤한 사람들에게만 사후적으로 복지를 제공하는 체제라고 할 수 있겠습니다. 다만, 일부 학자들은 보편·선별·잔여라는 식으로 할당 원리를 설명하기도 합니다. 이때의 잔여주의는 선별주의 중에서도 소득을 기준으로 저소득층만을 지원하는 방식을 가리킵니다. 한국의 국민 기초 생활 보장 제도는 대상자 선정을 위한 소득 및 자산 조사가 엄격할 뿐 아니라 부양 의무도 강력하게 부과하고 있어 잔여적인 프로그램의 전형적인 예로 볼 수 있을 것 같습니다.

청중 >> 우리나라 복지에 선별주의적 시각이 필요하다고 보시는 건가요?

남재욱 >> 보편적 복지국가가 목표라면, 보편주의나 선별주의 할당 원리는 이 목표를 실현하는 수단입니다. 선별주의도 보편적 복지국가의 이상을 실현하기 위해 활용할 수 있는 도구예요. 복지 프로그램에 따라서는 선별주의가 효과적인 경우가 있습니다. 애초부터 '최후의 안전망' 기능을 맡고 있는 공공 부조가 그렇고, 중산층 이상의 소득을 보장하는 데 유리한 사회 보험도 어느 정도 그렇습니다. 보편적 복지국가는 보편주의적인 프로그램으로만 지어진 건축물이 아닙니다. 사회적 상황과 구성원의 인식에 적합한 도구를 사용해야 합니다.
한국의 경우를 말씀드리면 아직까지도 빈곤층을 위한 복지가 매우 부족합니다. 그런 상태에서 지난 십수 년간은 보편적인 보육이나 노인돌봄처럼 빈곤층뿐 아니라 중산층 이상을 지원할 수 있는 제도가 많이 확대됐지요. 이것은 분명히 좋은 일입니다만, 상대적으로 낮은 지원을 받고 있는 빈곤층을 위한 제도를 강화하는 것이 분명히 필요합니다. 여기에는 당연히 선별주의 원리가 적용되어야 할 수밖에 없고요.

청중 >>   기본 소득과 관련해서 현 시점에 추진할 수 있는 정책은 어떤 게 있을까요?

남재욱 >>   아까 말씀대로 일시적—부분 기본 소득은 대상에 따라 당장 추진할 수 있다고 생각합니다. 저는 그중에서도 기초연금, 그러니까 노인 대상의 기본 소득을 들겠습니다. 한국의 노인 빈곤 문제는 OECD에서 비교의 대상을 찾기 어려울 정도로 심각할 뿐 아니라 이들은 국민연금의 수급권이 없기 때문에 지금에 와서 국민연금을 강화하더라도 그 혜택의 대상이 되지 않습니다. 따라서 현 세대 노인 문제에 대한 대안이 될 수 없습니다. 기초연금을 좀 더 두텁게 쌓고, 필요하다면 북유럽 국가에서 했던 것처럼 저소득층 노인에게 조금 더 급여를 지급할 필요가 있습니다. 이는 기본 소득의 아이디어와 매우 비슷한 성격이면서도 현재 한국 사회의 가장 시급한 문제 중 하나를 해결할 수 있을 것입니다. 아동 수당 역시 한국에서 도입을 검토해볼 만한 제도입니다. 다만 기존의 아동 대상 프로그램들과의 관계를 고려해야겠지요. 제 생각에는 아동 양육 수당과 같은 현금 급여는 아동 수당에 포괄시키되, 보육 서비스 지원은 이와 별도로 해야 하지 않을까 합니다. 물론 실행 단계에서는 이보다 훨씬 더 세세한 부분에 대한 많은 고려가 필요할 것입니다.

청중 >> 보편적 복지국가로 가려면 선별주의적 요소도 필요하다고 하셨는데요. 우리나라의 경우 어떤 식으로 선별주의를 적용할 수 있을까요?

남재욱 >> 대상에 따라, 정책에 따라 다르게 접근해야 합니다. 예를 들어 노인에 대한 정책은 보편주의 성격의 제도인 기초연금을 강화해야 합니다. 하지만 중산층 이상 노인의 입장을 생각하면, 국민연금처럼 기여를 통한 선별 방식의 제도도 결합될 필요가 있습니다. 청년 정책의 경우도 앞서 말씀드린 것처럼 이들의 이질성을 고려한 다양한 프로그램이 필요합니다. 보편주의적 수당 지급은 이 여러 프로그램들 중 하나가 될 수 있겠지만, 우선순위인지는 잘 모르겠습니다. 제 견해로는 청년에 대한 소득 지원은 일단은 구직 지원 수당(실업 부조)과 같이 선별성을 띤 프로그램으로 시작해야 하며, 고용 서비스는 최대한 보편적으로 지원할 필요가 있다고 봅니다.

보편이냐 선별이냐보다 더 중요한 것은 어떤 방식이 보편적 복지를 위한 연대의 확산을 이룰 수 있는 의제인지에 있다고 생각합니다. 국민연금의 예를 들어볼게요. 국민연금은 원칙적으로 전 국민을 포괄해야 하지만 우리의 경우는 사각지대가 매우 큽니다. 그래서 국민연금의 보험료를 올리고 보장을 강화하자고 하면 의견이 갈립니다. 정규직이나 상대적으로 형편이 나은 사람들이 주로 혜택을 받는다고 볼 수 있으니까요. 이때는 가입률을 높여서 사각지대를 없애는 노력과 빈곤층의 직접 지원이 함께 가야 합니다. 사회 구성원의 연대를 위해 필요한 수단을 동원해야 하는 거예요. 보편적 복지국가를 만들기 위해서는 다양한 욕구의 공통분모를 찾아 포괄적 이슈를 추려내는 노력과 함께 당장 시급한 과제를 찾아 해결하는 노력이 병행되어야 합니다. 연대를 확산시키는 의제라는 측면에서 건강 보험의 보장성 강화는 잠재력이 큽니다. 건강 보험은 우리나라에서 거의 유일하게 사각지대가 매우 작은 사회 보험 제도입니다. 따라서 건강 보험 강화는 국민 대다수에게 이익이 됩니다. 심지어 건강 보험의 가입자가 아닌 빈곤층에게도 이익이 됩니다. 왜냐하면 건강 보험 보장성 강화의 핵심이 비급여의 급여 전환에 있거든요. 비급여가 급여로 전환되면 의료 급여라는 별도의 선별적 제도의 지원을 받는 빈곤층의 복지도 향상됩니다. 물론 현실에서 건강 보험 보장성 강화는 이슈가 복잡합니다. 민간 보험사의 이해관계, 의료 서비스 공급자의 이해관계, 일반 시민들의 이해관계가 복잡하게 얽혀 있습니다. 그래서 보장성 강화와 함께 많은 이들이 합의할 수 있는 제도를 고민해야 합니다. 어려움을 돌파하고 많은 사람들의 삶을 개선해가면, 다른 의제를 추진하는 데도 힘이 붙습니다. 복지 제도를 개선하면 내 삶이 나아진다는 인식이 다른 복지 개혁에 대한 지지로 돌아올 수 있기 때문입니다.

청중 >> 우리나라에서는 바우처 제도라는 게 있어서 지원 범위 내에서 개개인이 필요에 따라 민간에서 제공되는 복지 서비스를 이용하도록 하고 있습니다. 그러다 보니 서비스의 질 문제가 불거지고 있는데요. 여기에 대해서는 어떻게 생각하십니까?

남재욱 >> 국가에서 서비스를 직접 관리하고 다양한 지원 프로그램을 개발해야 합니다. 지원 대상, 서비스 항목, 지원 방법, 지원 범위, 모두 정했으니 끝, 그다음은 당사자들끼리 각자 알아서! 이런 식으로는 서비스 질 관리에 한계가 있습니다. 민간 공급 기관 간의 경쟁을 통한 서비스 질 향상이라는 시장주의적 모델이 잘 작동하지 않는 것입니다. 따라서 이 영역에서는 공공 부문의 역할 확대가 필요합니다. 보육 서비스를 보세요. 공공 보육 시설을 이용하려는 사람이 줄을 서 있습니다. 서비스의 질이 확실히 더 낮거든요. 대부분 사회 서비스 영역에서 공공의 비중이 10퍼센트에도 못 미치는 우리에게 이 문제는 매우 절실합니다. 공공 부문이 의미 있는 공급자로 자리매김하고, 이를 통해 민간 부문에도 영향을 미치려면 적어도 30퍼센트는 공공이 공급하는 체계가 만들어져야 해요. 물론 단순히 공공 부문을 확대만 하면 되는 것이 아니고 규제나 관리 체계의 개선도 함께 이루어져야 할 것입니다.

청중 >> 저는 보편적 복지국가 입장에서 아동, 노인, 장애인한테 사회 수당을 제공했듯이 청년들한테도 보편적인 사회 수당이 필요하다고 생각합니다. 경기도 성남시가 그 대상을 19~24세로 했는데요, 이때는 현금을 지급하고 이후까지 취업을 못 하면 서울시처럼 취업 지원 프로그램을 제공하는 식은 어떨까요?

남재욱 >> 저는 개인적으로 청년 대상 기본 소득에 대한 의문이 있다고 했지만, 잘못된 방향이라고 단정하는 것은 아닙니다. 다만 청년들의 욕구가 노인이나 아동보다는 균질하지 않다고 생각하고, 이들의 복잡한 욕구를 포괄하고 연대를 확대하기에 일괄적인 기본 소득 지급이 좋은 방법이 아닐 수 있다고 생각하는 것이지요. 이것저것 다 하면 좋지 않겠느냐고 볼 수도 있겠지만, 현실적인 제약을 고려해야 하니까요.

다만 청년이 사회 정책의 대상이 된 것은 비교적 최근의 일이고, 노동 시장 상황이 이렇게 열악해진 것도 비교적 최근의 일입니다. 따라서 이들에 대한 지원을 고민하고 다양한 시도를 해야 한다고 생각합니다. 그런 의미에서 지자체 단위에서 이루어지는 실험적 프로그램들도 그렇고 질문하신 분의 아이디어도 충분히 논의할 수 있다고 봅니다.

청중 >> 청년 수당, 청년 배당 등이 사회적 의제로 떠오른 배경에는 심각한 청년 실업 문제가 있는 것 같습니다. 복지적 측면에서 이를 해결할 방안이 있을까요?

남재욱 >> 복지가 잘된 유럽 쪽도 사실 청년 정책의 성과가 높다고 말하기 어렵습니다. 대부분의 국가에서 청년 실업 문제가 심각하거든요. 저성장과 산업 구조 변화, 그로 인한 노동 시장 상황의 악화는 우리만 겪는 어려움이 아닙니다. 예전에는 고등학교 졸업하면 성인이고 독립했는데 지금은 못 하는 이들이 많아요. 복지 선진국에서는 실업 급여나 실업 부조가 우리보다는 잘 되어 있어서 일자리를 찾지 못하고 소득이 일정 수준에 못 미치는 사람이 소득 지원을 받을 가능성이 큽니다. 청년을 노동 시장에 통합하기 위한 고용 서비스나 직업 훈련도 우리보다 발달해 있고요.

유럽 연합 차원에서는 2013년부터 '청년 보장 제도'(youth guarantee)

라는 걸 시행하고 있어요. 학교를 졸업하고 사회에 진출하기로 마음 먹은 청년이 4개월 이내에 취업을 못 하면 국가는 의무적으로 일자리나 직업 훈련을 제공해야 한다는 것입니다. 국가에 따라, 지역에 따라 프로그램이 다양해서 그 성과도 다르고 아직까지는 지켜봐야 합니다. 복지적인 측면에서 청년 실업 문제에 대한 기존의 해법은 이런 정도입니다. 우리도 선진국의 노력을 참고하고 우리 현실을 고려한 프로그램을 도입하고 개발해야겠지요. 하지만 솔직히 말씀드려서 복지만을 통한 청년 실업 문제 해결은 매우 제한적일 것입니다. 청년들의 소득을 지원하고 교육과 훈련을 제공한다고 좋은 일자리가 저절로 생겨나지는 않거든요. 장기적으로 좋은 일자리를 늘리려면 결국 경제적·산업적 정책의 역할이 중요합니다. 경제 정책과 사회 정책이 결합할 필요가 가장 큰 영역이 청년 정책이 아닌가 합니다.

3
강

건강 보험과
의료 복지

김
종
명

김
종
명

가정의학과 전문의로 현직에서 의사로 일하고 있다. 보건 대학원에서 보건 정책 관리학을 공부한 이후 인도주의실천 의사협의회에서 정책팀장으로 활동하였다. 2012년부터는 '내가 만드는 복지국가' 보건의료 팀장 활동에 집중하고 있으며, 건강 보험 하나로 운동에 매진하고 있다. 저서로는 민간 의료 보험의 문제점을 집중적으로 파헤친 『의료 보험 절대로 들지 마라』가 있다.

건강 보험과
의료 복지

이번 강연의 주제는 '건강 보험 하나로' 정책입니다. 보험료를 조금 더 올리더라도 모든 병원비를 국민 건강 보험으로 해결하자는 것인데요. 왜 우리에게 이 정책이 필요한지, 그 배경은 무엇인지 등을 말씀드리겠습니다.

먼저 우리의 의료 현실을 살펴보고 민간 의료 보험이 대안일 수 있는지를 짚어보겠습니다. 그런 다음 대안으로서의 국민 건강 보험 하나로 정책과 이를 위한 건강 보험료 부과 체계 개편까지 말씀을 드릴 거예요. 먼저 우리의 의료 현실이 어떤지 한번 볼까요?

우리나라 국민은 몸이 아플 때 다음 세 가지 방법으로 병원비를 냅니다. 하나는 국가가 관할하는 국민 건강 보험 급여로 충당하고요. 그런데 의료비 중 국민 건강 보험이 보장해주는 정도가 크지 않아요. 그래서 환자 본인 부담이 커요. 이게 두 번째이고요. 마지막으로, 의료비 부담이 크다 보니 실손 의료 보험이나 질병 보험과 같은 사보험으로 감당합니다. 이게 세 번째예요.

국민 생존을 위협하는 의료비

여러분 예전에 큰 사회적 반향을 불러일으킨 송파 세 모녀 사건을 아시나요? 2014년 2월 서울 송파구 석촌동에 살던 세 모녀가 생활고로 함께 자살한 사건입니다. 당시 남편은 12년 전에 이미 방광암으로 사망한 상태였습니다. 두 딸은 신용 불량자였는데 특히 큰딸은 당뇨가 있었지만 병원비가 없어서 치료를 못 받는 상황이었어요. 어머니는 식당 일을 하다가 다친 후에 실직 상태였습니다. 이분들은 생활고를 이기지 못하고 "정말 죄송합니다"라는 메모와 함께 현금 70만 원을 남기고 자살합니다. 3년 전에 동사무소에 찾아가 지원 신청을 했지만 조건이 안 맞는다는 이유로 거절당한 사실이 알려지면서 우리 사회의 복지 사각지대에 대한 관심을 불러일으켰어요.

왜 이런 일이 벌어진 걸까요? 먼저 경제적으로 어려워지기 시작한 기점인 아버지의 사망 당시로 돌아가 봅시다. 그때는 암에 걸리면 병원비 부담이 매우 컸습니다. 이로 인한 가정 경제 파탄이 비일비재했지요. 지금은 국민 건강 보험의 4대 중증 질환 보장성이 강화되어 치료비 부담이 훨씬 줄어들었습니다. 평균적으로 암 보장률이 74~75퍼센트에 이르거든요. 15년 전에는 평균 암 보장률이 45퍼센트 정도에 불과했습니다. 세 모녀의 경제 사정은 아버지의 암 치료로 인해 무척 나빠졌을 겁니다.

우리 사회의 빈곤은 질병으로 인한 의료비 부담과 관련이 깊습니다. 가계 파탄의 3대 원인은 질병, 실직, 그리고 이혼입니다. 송파 세 모녀는 사실상 이 세 가지를 모두 가지고 있었던 거예요. 남편의 암 투병으로 의료비 부담이 매우 컸고, 남편의 사망으로 이혼이나 마찬가지인 결과를 가져왔죠. 그래서 소득도 줄었고, 어머니 홀로 생계를 유지하다가 다치는 바람에 약간의 소득조차 사라진 거죠.

신문 사회면을 보면 이와 비슷한 사건들이 많습니다. 병원비 때문에 자살을 시도한 40대 이야기(연합뉴스 2014년 8월 12일자), 뇌졸중 아내를 남기고 쌍둥이 아들과 함께 목숨을 끊은 남편 이야기(2013년 4월 24일 대구 CBS), 병원비가 없어서 20세 전신마비 딸의 호흡기를 뗀 아버지(동아일보 2003년 10월 20일자) 등, 제가 잠깐 검색을 해봤는데도 끊임없이 나와요. 언론에서는 이런 사건들을 윤리나 도덕의 문제로 접근하는 경향이 있지만 직접적인 원인은 과중한 의료비였습니다.

제가 2014년에 통계청의 가계 동향 조사 자료를 이용하여 가계의 의료비 부담을 조사한 적이 있었는데요. 연간 300만 원 이상을 의료비로 지출한 가구가 240만 가구로 전체의 18퍼센트였습니다. 1000만 원 이상 지출하는 가구는 17만 가구 즉 1.7퍼센트였고요. 인구로 따지면 한 50만 명 정도가 1년에 이만한 돈을 의료비로 쓴다는 겁니다. 1000만 원 이상을 의료비로 지출한다면 가계는 휘청거릴 겁니다. 매년 그 정도의 고액의 의료비 지출 가구가 발생한다고 생각해보세요. 의료비 부담에서 자유로운 가정은 별로 없을 거예요.

재난적 의료비 지출이라는 개념이 있는데요. 가처분 소득의 40퍼센트 이상을 의료비로 쓰는 것을 말합니다. 전체 가구의 2.1퍼센트인 27만 가구가 해당합니다. 이건 평균이니까요, 소득에 따라 구분하면 하위 20퍼센트 소득의 가구는 9.1퍼센트가 재난적 의료비를 지출하고 있어요. 특히 저소득층일수록 심각한 의료비 부담에 직면하고 있는 것입니다.

의료비 부담은 국민에게 큰 걱정거리이고 삶을 불안하게 만드는 요인입니다. 그래서 나름대로 대안을 마련합니다. 바로 민간 의료 보험이에요. 암보험, 실손 의료 보험, 상해 보험, 어린이 보험 등을 말해요. 민간 보험은 가족 구성원이 개별적으로 각각 가입해야 하니 그 부담이 매우 커요. 그렇더라도 어쩔 수 없이 의료비로 인한 가계 파탄을 막아야 하니 가입할 수밖에 없어요. 국가가 이 문제를 손 놓고 있는 사이 민간 보험이 퍼져나간 겁니다.

우리나라는 법적으로만 보면 의료 복지 선진국입니다. 헌법 34조 2항에 보면 "국가는 사회 보장 사회 복지의 증진에 노력할 의무를 진다"고 되어 있어요. 또 36조 3항은 "모든 국민은 보건에 관하여 국가의 보호를 받는다"고 밝히고 있습니다. 보건 의료 기본법 10조 2항은 "모든 국민은 성별, 나이, 종교, 사회적 신분 또는 경제적 사정 등을 이유로 자신과 가족의 건강에 관한 권리를 침해받지 아니한다"고 쓰여 있습니다. 그렇다면 법대로 보장이 잘 되고 있을까요? 현실과 괴리가 있지요. 국민 건강 보험이 제 역할을 못 하기 때문입니다.

국민 건강 보험공단 자료를 보면 건강 보험 보장률은 2005년에 61.8퍼센트였어요. 그러던 것이 점점 증가해서 2007년에 65퍼센트까지 올라갔어요. 2009년까지 그랬는데 이후로 점점 떨어져서 2013년에는 62퍼센트로 줄어들었습니다. 노무현 정부 때 보장률을 끌어올렸다가 이명박, 박근혜 정부 이후 하향 곡선을 그립니다. 건강 보험 보장 확대에 정부가 미온적으로 대처한 거예요. 국민 건강 보험이 보장을 다 못 해주니까 결국 민간 보험에 의존할 수밖에 없겠죠. 민간 의료 보험을 비판하는 입장인 저로서도 할 말이 없어요. 무방비 상태에서 갑자기 큰 병에라도 걸리면 어쩝니까?

국민 건강 보험공단과 한국 보건사회 연구원이 운용하는 조사 기관인 한국 의료패널(www.khp.re.kr)의 자료는 이와 같은 사실을 잘 보여줍니다. 조사를 보면 국민들이 민간 의료 보험 가입 이유로 다음을 말하고 있습니다.

"불의의 질병 및 사고로 인한 가계의 경제적 부담을 경감하기 위해" (45.31%), "국민 건강 보험의 서비스 보장이 부족하다고 판단해서"(35.48%).

이를 뒤집어서 생각해보면, 국민 건강 보험의 보장성이 높아지면 민간 보험에 군이 들지 않겠다는 거예요. 그 말씀을 드리기 전에 우선 민간 의료 보험에 대해 살펴보도록 하겠습니다.

보험사가 말해주지 않는 것

건강 보험이 의료비로부터 우리를 지켜주지 못하니, 민간 의료 보험이라도 가입해놓으면 좀 든든한 느낌을 갖게 되죠? 네, 당장은 그래요. 그런데 여러 가지 따져보아야 할 게 있습니다. 정말로 민간 의료 보험이 우리를 지켜줄 수 있을지 말이죠.

국민 건강 보험과 달리 민간 의료 보험의 특징은 가족 구성원이 각자 따로따로 가입해야 한다는 겁니다. 암 보험 따로, 실손 의료 보험 따로, 아이 키우면 어린이 보험 따로 가입해야 하죠. 그러다 보니 민간 의료 보험으로 의료비 걱정을 덜고자 한다면, 가구당 5~6개씩 가입해야 하죠. 그럼 부담해야 할 보험료가 적지 않게 됩니다.

한국 의료패널 자료를 보면 2014년 우리나라 전체 가구의 77퍼센트가 민간 의료 보험에 가입했습니다. 10가구 중 거의 8가구에 해당해요. 이들은 평균 네 개 정도 보험에 가입해서 월 28만 원을 지출합니다. 소득의 10퍼센트 가까이 민간 의료 보험료로 쏟아붓고 있지요. 나라 전체로 보면 총 48조 원가량 됩니다. 어마어마하지요. 여기에 종신 보험, 개인연금 이런 것들까지 포함하면 그 규모는 더욱 크겠지요. 사람들이 의료에 대한 불안이 크다 보니까 이렇게 많은 돈을 쏟아붓고 있는 상황이에요. 자연히 가계 살림은 팍팍해지고요. 소득 중에서 쓸 수 있는 돈이 줄어들 수밖에 없습니다.

그런데 모든 사람들이 민간 의료 보험에 가입할 수 있는 것은 아니에요. 우선 민간 의료 보험에 가입하려면 그만한 소득이 있어야 해요. 저소득층은 아무래도 가입하기가 어렵죠. 통계에서도 드러나요. 하위 소득 20퍼센트는 1인당 0.5개 정도만 가입하고 있지만, 상위 소득 20퍼센트는 1인당 2개 정도 가입하고 있어요. 네 배 차이가 나요. 저소득층은 보험료도 1인당 2만 1000원 정도를 지출하는데 상위 소득 계층은 13만 5000원을 지출하죠. 6배가 넘는 차이예요.

또, 민간 의료 보험은 젊은 층이 많이 가입합니다. 나이가 많은 노인은 가입이 어려워요. 보험사들은 노인보다는 젊은 층에 주로 보험을 팔아요. 소득도 있고 건강하니 보험사 입장에서는 좋지요. 노인들은 소득이 없다 보니 가입을 거부당하기 일쑤고, 질병 발생 가능성이 높아서 가입하려 해도 보험료가 비싸요. 민간 의료 보험 가입률을 보면 30~40대는 80퍼센트가 넘지만 70대는 28퍼센트, 80대는 4.5퍼센트로 뚝 떨어지죠.

마지막으로 나이에 상관없이 질병이나 장애가 있으면 민간 의료 보험 가입이 어려워요. 고혈압이나 당뇨병 같은 병력이 있으면 실손 보험 가입은 거의 불가능해요. 보험사는 질병이나 장애가 없는 사람들만 골라 가입시켜요. 그래야 남는 장사를 할 수 있기 때문이죠.

그런데 곰곰이 생각해보면, 이런 사람들에게 의료비 혜택이 더 필요한 거 아닐까요? 일반적으로 소득이 적은 계층일수록 건강 상태가 나빠서 의료 이용을 더 많이 해요. 그런데 민간 의료 보험엔 보험료가 부담되어 가입이 어려워요. 젊은 사람보다는 노인이 의료비 지출이 더 많을 수밖에 없죠. 지금 건강 보험 재정 지출을 보면 전체 인구의 15퍼센트인 노인이 40퍼센트를 쓰고 있으니까요. 사정이 이런데도 노인은 민간 의료 보험 가입이 어렵습니다.

이렇듯이 민간 의료 보험은 당장 필요한 사람이 그 혜택을 받기가 어려운 구조예요. 다행히 가입할 수 있다고 하더라도 문제는 남습니다. 사고를 당했을 때 치료비와 병원비를 보존해주는 실손 의료 보험을 예로 들어 볼까요?

실손 의료 보험은 근래 자주 언론에 거론되고 있습니다. 보통 3년마다 갱신하는 상품인데요. 최근에는 1년마다 갱신되는 상품으로 팔리고 있어요. 그런데 갱신할 때마다 보험료가 대폭 오르고 있어 가입자의 원성이 큽니다. 병원에 갈 일이 없어 보험금 한번 타지 못했는데도 갱신 시점이 되면 보험료가 올라요. 3년마다 대략 40퍼센트 내외로 보험료를 더 내야 합니다. 보통 40세는 실손 의료 보험료가 대략 1만 5000원 정도예요. 50세는 3만 원 정도 하죠. 그렇다면 나중에 70세, 80세가 되면 도대체 얼마를 내야 할까요?

놀라지 마세요. 지금 실손 의료 보험에 가입하고 있는 가입자들은 80세가 되면 매달 60만 원 정도 내야 합니다. 이것은 제가 주장하는 게 아니고요. 정부 기관인 금융 위원회가 2012년에 공식적으로 발표한 겁니다. 왜 이런 일이 생기는 걸까요? 실손 의료 보험이 보험료를 부과하는 기준은 해당 연령의 질병 위험률입니다. 병에 걸릴 위험이 많으면 내줄 의료비도 늘어나니까, 그만큼 보험료를 올려 받는 거예요.

2015년 건강 보험 진료비를 연령대별로 살펴보면, 30대는 월 평균 5만 4000원 정도를 지출해요. 40대는 6만 6000원, 50대는 11만 1000원, 60대는 18만 3000원, 70대는 28만 7000원, 80대는 38만 7000원으로 증가해요. 40대에 비해서 80대는 5배 정도를 더 지출하고 있어요. 이렇게 연령이 증가할 때마다 의료비 지출은 급격히 늘고 실손 의료 보험료도 올라갑니다. 여기에 의료 기관의 도덕적 해이가 겹쳐져서 감당하지 못할 정도로 보험료가 늘어나는 거예요. 문제는 이걸 감당할 수 없다는 겁니다. 소득이 있을 때는 상관없지만 노후에는 그렇지 않잖아요. 보험료는 비싼데 낼 돈은 없습니다. 보험사들은 100세까지 의료비를 해결할 수 있다고 선전하지만, 그러려면 엄청나게 늘어나는 보험료를 감당해야 해요.

보험사는 '100세 보장'을 강조하며 '갱신 시 보험료가 인상될 수 있습니다'라고 합니다. 그러나 '갱신 시 보험료는 반드시 인상됩니다. 즉 100세 보장을 위해서는 100세까지 갱신하셔야 합니다'가 정확한 표현입니다.

결국 실손 의료 보험은 당장은 의료비 걱정을 덜 수 있지만, 노후까지 보장하기 어렵습니다. 국민 건강 보험만이 유일하게 노후 의료비 문제를 해결할 수 있어요. 민간 의료 보험이 아니라 국민 건강 보험을 강화해야 하는 이유가 여기에 있습니다.

'건강 보험 하나로'의 원리

앞서 민간 의료 보험이 가진 한계에 대해 말씀드렸습니다. 국민 건강 보험은 다릅니다. 소득이 없다고, 질병이 있다고, 나이가 많다고 차별하지 않습니다. 물론 보험료를 냅니다. 하지만, 민간 의료 보험료와는 전혀 다른 방식으로 냅니다. 민간 의료 보험은 개개인의 위험률에 따라 부과합니다. 가족이라고 해도 각자 따로 가입해야 하고요. 국민 건강 보험은 그렇지 않습니다. 원칙적으로 보험료는 소득에 정률로 부과합니다. 직장 가입자의 현재 건강 보험료율은 6.12퍼센트입니다. 그중 절반은 사업주가 부담해주므로 3.06퍼센트를 보험료로 냅니다.

건강 보험료는 소득이 있는 사람이 내고 있으므로, 주로 소득 활동을 하는 젊은 층이 부담합니다. 하지만, 그 혜택은 보험료를 낸 사람뿐 아니라 소득이 없는 노인들도, 자라나는 우리의 아이들도 동일하게 나누어 받습니다. 사회 전체가 한 가족처럼 혜택을 누리는 겁니다. 사회 연대의 전형이 바로 우리나라 건강 보험 제도입니다.

앞에서 가계의 민간 의료 보험 지출이 매우 크다고 했습니다. 민간 의료 보험에 가입한 가구는 평균적으로 소득의 8퍼센트를 지출합니다. 온 가족이 민간 의료 보험에 각자 가입한다면 훨씬 더 많이 지출해야 합니다. 하지만, 건강 보험료는 가계 소득의 3퍼센트 정도를 차지할 뿐입니다.

또, 민간 의료 보험은 가입자가 낸 보험료가 모두 혜택으로 돌아오는 것도 아닙니다. 대략 50~80퍼센트 정도만이 되돌아옵니다. 그런데 국민 건강 보험은 돌아오는 혜택이 170퍼센트 정도에 이릅니다. 낸 보험료보다 더 많은 혜택이 돌아오죠. 왜일까요? 건강 보험료는 국민만 부담하는 것은 아닙니다. 직장 가입자는 사업주가 절반을 부담해주고 있을 뿐 아니라 건강 보험 재정의 15퍼센트 정도는 국가가 보태줘요. 건강 보험이 민간 의료 보험과 비교할 수 없을 정도로 혜택이 큰 이유입니다. 그래서, 건강 보험을 지금보다 더 강화해야 하는 것입니다.

우리의 건강 보험의 보장률은 평균 63.4퍼센트(2015년)입니다. 그렇다면 다른 나라는 어떨까요? 건강 보험의 보장률을 입원 진료, 외래 진료, 약값으로 나누어서 비교한 자료가 있습니다.

2013년 OECD가 공개한 자료를 보면 가장 복지국가 수준이 높은 것으로 알려진 스웨덴의 입원 보장률이 98.3퍼센트입니다. 거의 100퍼센트에 가깝죠? 노르웨이는 94.2퍼센트, 네덜란드는 98.7퍼센트입니다. 일본도 90.5퍼센트나 돼요. OECD 평균 입원 진료 보장률은 85.8퍼센트입니다. 우리나라만 놀랍게도 59.9퍼센트예요. 외래 보장률도 낮습니다. OECD 평균은 76.7퍼센트인데 반해 우리는 57.7퍼센트예요. 그런데 특이하게도 우리나라 약제비 보장률이 60.8퍼센트로 스웨덴(58.3), 노르웨이(54.3)보다 높아요.

이건 무슨 뜻이냐 하면, 가벼운 병은 보장이 괜찮은 편이지만, 큰 병일수록 보장이 낮다는 겁니다. 입원할 정도로 큰 병에 걸렸을 때 의료비 지출이 심하잖아요. 우리나라 건강 보험은 입원 보장률이 너무 떨어집니다. 국민 의료비 부담을 줄이려면 이 부분을 강화해야 해요. 질병 방식으로 접근하는 건 맞지 않습니다.

박근혜 정부 때 4대 중증 질환 국가 지원 정책을 발표했지요? 노무현 정부 때 국민 건강 보험 재정이 좋아지면서 암에 대해서는 특별히 보장률을 대폭 올렸습니다. 여기에 심장 질환, 뇌혈관 질환, 희귀 난치성 질환 등을 포괄하면서 4대 중증 질환에 대한 건강 보험 보장성이 강화됩니다. 이로 인해 많은 사람들이 혜택을 받았지만 여전히 미진합니다.

우선 정부에서 말하는 4대 중증 질환에 들어가지 않는 중증 질환이 어마어마하게 많습니다. 간경화, 만성 폐부전 같은 일반적인 중증 질환이 빠져 있어요. 비용도 비용이지만 질병 중심으로 보장성을 강화하다 보면 분명히 중증 질환인데, 빠지는 경우가 생길 수밖에 없습니다. 그보다는 복지 선진국 수준으로 입원 보장률을 끌어올림으로써 전체 보장률을 높이는 게 좋다고 생각해요. 또, 입원 보장률을 높이더라도 고액 진료이거나 지속적으로 치료가 필요한 경우에는 본인 부담 의료비가 여전히 많이 발생할 것입니다. 그래서, 연간 본인 부담 상한제를 시행하는 것이 바람직합니다. '연간 본인 부담 100만 원 상한제'라는 말 들어보셨죠? 어떤 병에 걸리든지, 어떤 치료를 받든지 상관없이 연간 100만 원 이상은 국가가, 건강 보험이 부담해주자는 것입니다. 이처럼 보장성을 대폭 늘리려면 어느 정도의 재원이 필요할까요?

'국민 건강 보험 하나로 시민회의'의 자료에 의하면 입원 보장률을 90퍼센트로 끌어올리는 데 드는 돈을 6.9조 원으로 추정하고 있습니다. 이밖에도 본인 부담 상한제 실시, 간병 급여화, 의료 사각지대 해소 등 항목별로 추가 재정을 계산해보았더니 총 14조 원이 소요될 것으로 나왔습니다. 즉 14조 원을 추가로 투입하면 우리나라도 복지 선진국처럼 병원비를 모두 해결할 수 있어요. 국민 의료 부담이 확 줄어드는 거예요. 그렇다면 그 돈을 어떻게 모을 것이냐? 그냥 간단히 건강 보험료를 지금보다 더 인상하자는 것입니다. 건강 보험료를 인상하면 국민 부담만 늘어나는 거냐고들 하시는 분들도 있는데요. 전혀 그렇지 않습니다.

우리나라 건강 보험 재정은 국민만 부담하는 게 아니라 사업주와 국가가 함께 부담하고 있다고 하였습니다. 그러니 늘어나는 14조 원 중 실제로는 절반 정도만 국민이 부담하면 되는 거예요. 게다가 건강 보험료는 소득에 따라서 보험료를 내기 때문에 가난한 사람들은 더 유리합니다.

저희가 주장하는 것은 지금 내는 건강 보험금의 30퍼센트만 더 내면 충분하다고 봅니다. 지금 월 300만 원 소득이 있는 분은 9만 원 정도를 보험료로 냅니다. 여기에 30퍼센트를 더하면 2만 7000원이에요. 이 정도만 더 내면 국민 건강 보험 하나로 모든 병원비를 해결할 수 있으니 굳이 실손 보험 같은 민간 보험에 들 필요가 없습니다. 보험료를 더 내더라도 보장성이 훨씬 커지고 이로 인해 민간 의료 보험료를 아낄 수 있으니 이득이 더 많습니다.

'건강 보험 하나로'가 주장하는 내용의 핵심이 바로 이것입니다. 국민 건강 보험료를 조금 더 내서 의료 부담을 덜자, 민간 보험에 들어갈 돈을 아껴서 가계 살림을 나아지게 하자는 거예요. '건강 보험 하나로'는 실제적으로 의료비 부담을 덜어줍니다. 병원비로 인한 가계 파탄 위험뿐 아니라 불필요한 민간 의료 지출도 대폭 줄이기에 실질 가계 소득이 올라가요. 건강 보험이 보장 못 하는 부분을 민간 보험으로 해결하려 하지만 그러지 못합니다. 이래저래 비용만 드는 거예요. 이걸 건강 보험 보장성 강화를 통해 해결하자는 겁니다.

건강 보험료 더 공평하게

하지만, 건강 보험료를 인상하자고 하면 반발하시는 분들이 계십니다. 바로 지역 가입자분들이신데요. 지역 가입자는 직장 가입자에 비해 상대적으로 불리합니다. 직장 가입자분들도 '유리 지갑'이라며 나름대로 불만이 있고요. 그래서 앞으로 일부 개편을 예정하고 있기도 합니다. 이 부분을 좀 더 살펴보도록 할까요?

지역 가입자는 대부분 소득보다 많은 보험료를 내고 있습니다. 왜냐면 재산 가치를 따지기 때문이에요. 과표 기준으로 1억쯤 되는 집이 있다, 그러면 무조건 7만 7000원이 기본적으로 부과됩니다. 참고로 실거래가는 보통 과표 기준의 두 배쯤 됩니다. 6억 원짜리 집이 있으면 과표 기준 3억쯤 되고 거기에만 부과되는 게 13만 원이에요. 여기에 다른 부동산, 자동차, 가구원 수 등을 따져 부과합니다. 직장 가입자는 근로 소득 중심이니까 따로 상속받은 금융 자산이나 부동산, 자동차 이건 계산하지 않아요. 지역 가입자로서는 화가 날 만하죠.

이명박 전 대통령이 2000년도에 서울시장 되기 전에 낸 건강 보험료가 2만 원에 불과하여 논란이 된 적이 있었습니다. 만약 지역 가입자였으면 거의 최고치의 보험료를 냈겠지요. 당시 기준으로 하면 월 120~130만 원쯤 했을 겁니다. 편법을 쓴 거예요. 당시 소유한 빌딩이 몇 채 있었는데 이 빌딩 관리자들을 직원으로 하고 자기가 사장을 한 거예요. 회사를 만들면 사장도 봉급쟁이입니다. 사업 소득이 아니라 월급 개념으로 해서 보험료가 부과되는 거예요. 이걸 알고 있던 이명박 전 대통령이 자기 소득을 한 달에 월급 100만 원으로 신고해서 그렇게 낮은 보험료를 낼 수 있었던 거예요. 당시 부과 체계가 그랬습니다.

그러다 2012년 9월 1일 이후 월급 외 종합 소득이 7200만 원을 초과하는 직장인에게는 별도로 보험료를 내게 바뀝니다. 월평균 52만 원인가 더 내야 해요. 월급 외 소득 7200만 원이면 너무 적은 거 아니냐고 하는데요, 직장인이 그 정도 소득을 과외로 번다면 어마어마한 부자예요. 예컨대 금융 소득으로 환산해볼까요? 연이자를 2퍼센트로 했을 때 한 해동안 이자로 7200만 원을 받으려면 25억 원을 가지고 있어야 합니다. 그동안은 이런 상황이 전혀 반영이 안 된 거예요.

처음에 말씀드린 송파 세 모녀는 소득, 재산, 자동차가 없었습니다만 매달 5만 원의 건강 보험료를 내야 했습니다. 지금 소득 없이 재산만 2억원인 지역 가입자인 70대 노부부가 내는 건강 보험료는 13만 원입니다. 이에 비해 임대 소득 3000만 원에 금융 소득 3000만 원의 소득을 가진 피부양자는 한 푼도 안 내요. 굉장히 불공평하죠. 건강 보험 하나로가 확산되려면 이런 불합리한 부과 체계를 바꿔야 합니다.

그래서 직장 가입자, 지역 가입자를 따지지 말고 소득 중심으로 개편하자는 주장이 나옵니다. 직장 가입자든, 지역 가입자든 따지지 말고 소득 종류도 따지지 말고 모든 소득에 건강 보험료를 부과하자는 겁니다.

다행히 2018년부터는 건강 보험료 부과가 지금보다 더 공평해집니다. 지역 가입자는 성·연령 기준으로 부과되던 것이 폐지되고요. 재산이나 자동차 보유 여부 기준도 지금보다 완화됩니다. 지금은 지역 가입자가 평균 9만 2000원의 건강 보험료를 부담하고 있는데, 2018년 7월부터는 평균 2만 2000원가량 인하됩니다. 2022년부터는 지금보다 4만 6000원이 인하되므로 훨씬 공평해집니다. 반면, 지역 가입자의 소득 기준은 좀 더 엄격해집니다. 지역 가입자 고소득자의 건강 보험료는 올라갑니다. 상위 5퍼센트 정도가 여기에 해당해요.

직장 가입자나 피부양자도 일부는 변동이 있습니다. 물론 대다수 근로 소득이 소득의 주요 원천인 평범한 직장 가입자는 변동이 없습니다. 반면 근로 소득 외에 다른 소득이 있는 경우에는 해당되는 소득에 건강 보험료가 부과됩니다. 예를 들면 2018년부터는 근로 외 종합 과세 소득이 3400만 원 이상이면 초과 소득에 대해 건강 보험료가 부과됩니다. 5년 후부터는 2000만 원으로 그 기준이 하향되고요. '근로 외 소득'이란 금융 자산이나 부동산으로부터 발생되는 소득입니다. 금융 소득이 연간 2000만 원이라면 원금이 대략 10억 가까이 된다고 할 수 있으니, 평범한 직장인은 걱정할 것 없습니다. 전체 직장 가입자 1400만 명 중 겨우 1~2퍼센트 정도만 해당할 뿐이니까요.

이렇게 되면 보험료를 좀 더 공평하게 내게 되므로, '건강 보험 하나로'의 주장처럼 건강 보험료를 인상하더라도 대다수 가입자는 그 부담이 크지 않을 거예요.

물론 긴강 보험료가 완전히 공평하게 되려면 전적으로 '소득'만을 기준으로 건강 보험료를 부과하는 것이 바람직합니다. 지금보다 소득 기준을 강화하고, 재산·자동차 기준은 폐지하는 방향의 개편이 추가로 필요합니다.

'문재인 케어'가 성공하려면

마지막으로 '문재인 케어'에 대해 말씀드리면서 강의를 마칠까 합니다. 새 정부가 들어선 후 국민 의료비 부담을 해소하고자 '문재인 케어'를 발표합니다. '내가 만드는 복지국가'에서는 이 정책에 대해 논평하면서 환영할 만한 부분과 부족한 측면을 지적했습니다. 환영한 이유는 다음과 같아요.

'문재인 케어'의 핵심은 그간 건강 보험의 보장률 확대의 장벽인 비급여를 전면적으로 개편하여 급여화하자는 것입니다. 건강 보험 적용이 되지 않는 '비급여'는 그간 국민에 의료비 부담을 지우는 핵심 요인이었습니다. 보장을 확대해도 동시에 비급여가 증가하므로 결국 부담을 줄이는 데 실패했지요. 국민이 부담해야 하는 이 '비급여'를 전면적으로 건강 보험에 포함하자는 내용입니다.

그와 함께 재난적 의료비에 대한 지원을 강화했습니다. 기존에는 4대 중증 질환의 재난적 의료비만 지원을 해주던 것을 모든 질환으로 확대한 겁니다. 앞에서 4대 중증 질환 외에도 고액 의료비가 발생하는 질병은 무수히 많다고 했지요. 이런 현실을 적극 반영한 정책이라 할 수 있습니다. 취약 계층의 의료 보장도 강화했습니다. 어린이 입원·병원비 법정 본인 부담률도 줄였고, 노인·여성에 대한 의료 보장도 강화했습니다.

중위 소득 계층 이하의 연간 본인 부담 상한도 지금보다 더 낮췄습니다. 122~514만 원이던 것을, 하위 소득 계층은 80~514만 원으로 낮췄습니다. 이들은 모두 건강 보험 보장 범위를 늘리고 국민의 의료비 부담을 줄여주는 정책입니다. 하지만, 부족한 측면도 있습니다.

'문재인 케어'는 건강 보험의 보장률 목표를 임기 말까지 70퍼센트로 합니다. 지금 보장률이 63.4퍼센트이니 6퍼센트 조금 넘게 상승해요. 그렇더라도 OECD 평균 보장률 80퍼센트에 비하면 여전히 부족합니다.

핵심적인 이유는 '비급여' 항목을 전면적으로 건강 보험에 포함하긴 하지만 이를 '급여'가 아닌 '예비 급여'라는 형식으로 적용하기 때문입니다.

급여 항목의 본인 부담률은 20~30퍼센트 정도이지만, 예비 급여 항목은 50~90퍼센트로 높아요. 즉 환자가 부담해야 할 몫이 더 큽니다. 게다가 이 예비 급여는 연간 본인 부담 상한제에서 제외되었고요. 그러다 보니 전체적으로 보장률이 높지 않은 거예요. 문재인 케어는 왜 선진국 수준인 80퍼센트가 아니라 70퍼센트를 제시한 것일까요? 재원에 대한 부담 때문이었을 겁니다. 정부가 목표한 70퍼센트를 달성하려면 추가로 30.6조 원이 필요합니다. 그런데 80퍼센트로 올리려면 70조 원 정도를 더 가져와야 해요.

30.6조 원 수준은 어렵지 않게 조달할 수 있습니다. 이미 건강 보험 누적 흑자가 21조 원에 이르고 있기에, 그중 11조 원을 사용하고, 매번 부족하게 지원했던 국고 지원을 좀 더 높이고, 매년 건강 보험료율을 과거 평균 수준인 3퍼센트 정도로 인상하겠다는 게 정부의 생각입니다. 정치권에서 실현 가능성을 두고 논란이 있었지만, 제가 볼 때는 가능합니다. 오히려 보험료를 올리고 보장성을 80퍼센트를 목표로 하는 것이 좋다고 판단합니다. 물론 국민적 동의를 얻어야겠지요. 저는 충분히 국민들을 설득할 수 있다고 봅니다. 말씀드렸듯이 이미 민간 의료 보험에 비용을 엄청나게 많이 쓰고 있잖아요. 그러니 건강 보험료를 조금 더 내고 보장성을 확대하는 게 국민 입장에서 유리하다는 점은 앞서 말씀드렸습니다. 물론 반대하는 사람들도 있을 겁니다.

그렇기에 사회적 기구를 통해 논의하는 것도 좋은 방안입니다. 원전 건설 중단을 두고 공론화 위원회에서 논의했던 사례를 참조할 수 있습니다.

문재인 케어는 국민 건강 보험을 한 단계 도약시키는 중요한 계기입니다. 이를 기반으로 건강 보험 하나로 모든 병원비를 실현하기 위한 노력을 우리 시민 사회가 책임 있게 진행해야 할 시점이 바로 지금이라 할 수 있습니다.

보장성 강화를 위한 전략들

청중 >> 건강 보험 하나로가 실현되면 민간 의료 보험 업체들이 손해가 클 텐데요. 저항이 있지 않을까요?

김종명 >> 저항은 있겠지요. 아무래도 건강 보험의 보장이 확대되면 민간 의료 보험 상품이 덜 팔리게 될 거니까요. 하지만, 보험사의 이익과 국민적 이익을 비교해본다면, 보험사의 이익을 위해 국민의 이익을 포기할 수는 없습니다. 국민이 아닌 기업의 이익을 보고 국가 정책을 펴서는 안 될 것입니다. 어느 나라든지 의료는 국가가 보장하는 영역입니다. 의료 부문에서 과도하게 민간 의료 보험이 역할을 담당하는 것은 바람직하지 않습니다.

또한, 민간 의료 상품이 덜 팔린다고 해서, 보험사에 심각한 타격이 될 것으로 보진 않습니다. 보험사는 의료 보험 상품만 판매하는 것은 아닙니다. 종신 보험, 연금 보험, 저축 보험 등 많은 보험을 팔고 있습니다. 보험사들이 거두어들이는 보험료 총액은 1년에 200조 원이 조금 넘습니다. 그중 의료 보험 상품이 대략 40~50조 원 정도예요. 그러니 당장 보험사가 망하지 않을 겁니다. 다만 건강 보험 하나로가 실현되면, 그중 10~20조 원 정도는 줄어들 수 있을 것입니다. 그러면 새로운 상품을 개발해서 수익을 보전하겠지요. 너무 걱정하지 않으셔도 됩니다.

청중 >> 건강 보험 하나로가 실현되면 민간 의료 보험에 의지할 필요가 없다고 하셨는데, 그렇게 되면, 민간 의료 보험 가입자가 손해 보는 것은 아닌가요?

김종명 >> 그렇지 않습니다. 민간 의료 보험은 크게 두 종류가 있는데요. 정액형과 실손형입니다. 정액형 상품은 건강 보험의 보장과는 아무런 관계가 없습니다. 건강 보험의 보장이 높든, 낮든 상관없이 약정된 보험금을 지급할 뿐이지요. 예를 들어 암에 걸리면 암 보험금을 주고, 특정 수술을 하면 그에 약정된 보험금을 지급합니다. 따라서 정액형 민간 의료 보험은 건강 보험의 보장과는 아무런 관련이 없습니다.
반면, 실손형 민간 의료 보험은 그렇지 않습니다. 실손 의료 보험은 건강 보험의 보장과는 서로 풍선 효과를 가집니다. 건강 보험의 보장이 확대되면, 실손 의료 보험이 보장해주는 영역은 줄어들게 되고, 반대로 건강 보험의 보장이 줄어들면 실손 의료 보험이 보장해주는 영역은 늘어나지요. 그러면 건강 보험 보장이 늘어나면 실손 가입자가 손해 볼까요? 전혀 그렇지 않고요. 오히려 반대입니다. 건강 보험의 보장이 늘어나 실손 보장 영역이 줄어들면 실손 보험료 부담이 줄어듭니다. 반대로 건강 보험의 보장이 줄어들면 실손 보험료는 증가하게 되지요.그래서 건강 보험 보장률이 80퍼센트로 되고 건강 보험 하나로 의료비를 해결할 수 있다면 실손 의료 보험료는 자동적으로 대폭 인하됩니다. 이는 실손 가입자에게 더 유리한 결과를 가져오겠지요.

청중 >>   현재 건강 보험 보장이 안 되는 비급여 부분에 대한 질문입니다. 현재만 해도 성형이나 임플란트, 한약 이런 부분도 비급여에 해당하는데요. 이 부분도 건강 보험 보장이 되는 건가요?

김종명 >>   미용이나 성형 등은 문재인 케어의 보장 확대 대상은 아닙니다. 이는 필수 의료 서비스가 아니므로 의료 보장 대상에 포함되지 않습니다. 유립 복시국가도 미용 성형까지 보장해주는 경우는 없습니다. 단순 기능 개선을 목적으로 하는 라식 수술, 도수 치료 등도 제외됩니다. 임플란트의 경우에는 보장이 높은 다른 나라도 제외된 경우가 많습니다만, 우리는 지난 박근혜 정부부터 건강 보험 적용이 일부 되고 있습니다. 임플란트에 대한 건강 보험 보장은 좀 더 강화될 것입니다. 한약은 전부는 아니지만, 일부 비급여로 등재된 항목은 예비 급여라는 형태로 건강 보험 적용이 일부 될 것으로 보입니다. 하지만, 모든 한약이 대상이 되진 않습니다.

청중 >>   국민 건강 보험 보장 확대에 대해 의료계에서는 반대하는 것으로 알고 있는데요. 이런 상황에서 건강 보험 하나로가 실현될 수 있을까요?

김종명 >>   그간 의료계는 건강 보험 보장 확대를 반대해왔습니다. 거기에는 나름 이유가 있는데요. 흔히 저부담-저급여-저수가라는 얘기를 들어보셨을 겁니다. 국민은 건강 보험료를 적게 부담하여 건강 보험 보장도 낮고, 의료 수가가 낮게 설정되어 있다는 것인데요. 의료계에서는 보험 급여의 저수가가 심각하다 보니 비급여로 이 손실을 보전하는 구조입니다. 비급여가 비싼 이유입니다. 그런데 건강 보험의 보장을 확대하여 비급여 항목을 급여화하게 되면, 그 수가가 대체로 50퍼센트 정도 삭감됩니다. 즉 병원이나 의사들 몫이 적어지는 거예요. 그래서 반대해왔던 겁니다. 하지만, 비급여를 급여화할 때 비급여의 수가를 인하하는 만큼, 급여 수가를 인상해주어야 합니다. 의료계가 건강 보험 보장 확대로 손실을 보지 않도록 한다면, 충분히 설득이 가능할 것입니다.

청중 >> 보장성 확대도 중요하지만, 의료의 질도 국민들이 만족할 수 있도록 높이는 것도 중요하지 않을까요?

김종명 >> 그렇습니다. 지금 환자들은 의사와 진지하게 상담하기가 어려워요. 소위 '3분 진료'가 고착화되어 있고, 입원 환자는 주치의 얼굴 보기도 힘듭니다. 이런 문제를 해결하려면 의료진이 안정되게 진료할 수 있는 환경 조성과 함께 의료 인력을 확충해야 합니다. 이 밖에도 개혁해야 할 부분이 많아요. 국민 의료비 지출을 적정화하면서 양질의 의료 서비스를 제공할 방법에 대해서도 논의해야 합니다.

청중 >> 의술의 발달로 신약이나 고가의 장비가 계속 개발되고 있습니다. 이런 부분까지 급여 항목으로 포괄하려면 비용이 너무 많이 들어

가지 않을까요?

김종명 >>   새로 등장하는 신의료 기술 대부분은 비급여입니다. 하지만, 이들이 전체 비급여의 비중에서 차지하는 비중은 크지 않아요. 현재 3 대 비급여라고 해서 특진료, 상급 병실료, 간병료가 전체 비급여의 60 퍼센트로 가장 큰 비중입니다.

또한, 항상 신기술이 전체 의료비 증가를 크게 유발한다고 볼 수만은 없습니다. 긍정적 효과도 있습니다. 예를 들면 예전에는 복부에 종양이 있으면 배를 열고 수술했단 말이죠. 요즘은 복강경 수술로 합니다. 상처가 작고 수술 후유증도 덜합니다. 회복이 굉장히 빨라요. 입원 기간도 줄어듭니다. 장비 사용료는 늘지만, 다른 제반 비용은 줄어드는 효과도 있습니다. 물론 장기적으로 지속적인 신의료 기술이나 신약의 개발은 국민 의료비를 상승시키는 요인이 될 것이고, 장기적으로 우리 건강 보험 제도가 직면해야 할 과제이긴 합니다만, 그것이 우리의 건강 보험 제도를 위협할 수준은 아니라고 봅니다.

청중 >>   앞서 건강 보험 보장성 확대에 대한 논의가 제자리에 머물러 있다고 하셨는데요, 이를 관철시킬 전략이 있을까요?

김종명 >>   보다 유연한 전략이 필요합니다. 지금까지는 보건 의료 운동의 무상 의료 전략은 국고 지원율, 기업 부담률을 늘리는 데 치중해왔습니다. 국민의 보험료 인상에는 소극적이었지요. 문제는 실현 가능성입니다. 지금 국고 지원율은 14퍼센트예요. 이걸 늘리려면 법을 바꿔야 합니다. 국회의 문턱을 넘는다고 하더라도 세금 인상이라는 난제와 부딪혀야 합니다. 당장 실현하기가 어렵지요. 기업 부담률을 늘리는 것도 그렇습니다. 우리나라 직장 의료 보험은 사업주가 절반을 부담합니다. 하지만 다른 나라는 사업주가 70~80퍼센트까지 부담하는 예도 있어요. 그런데 이 역시 법을 고쳐야 해요. 저는 기업의 부담률을 더 높이는 것에는 찬성합니다만, 실현 가능성이라는 측면에서 우선은 건강 보험 하나로가 더 현실적이라 봅니다. 사회 연대적인 건강 보험료 인상은 법 개정 없이도 가능합니다. 건강정책 심의위원회라는 사회적 합의 기구에서 결정하게끔 되어 있어요. 국민들이 뜻을 모으면 얼마든지 가능하다고 봅니다. 지금은 국민들도 건강 보험료 인상에 대해 충분히 공감하고 있어요. 민간 의료 보험료 부담이 워낙 크기 때문에 차라리 건강 보험료를 인상하더라도 민간 의료 보험 부담을 줄이는 것이 훨씬 이득임을 직감적으로 알고 있다고 봅니다.

4
강

집 걱정
없는 세상

최
창
우

최
창
우

1980년대 사회민주주의 청년연맹 의장으로 민주주의와 진보를 위해 활동했고 사민청 정치학교를 여는데 역할을 했다. 1990년 상계 어머니 학교, 1993년 서울 어머니 학교 설립에 참여해서 문해 교육 활동을했다. 현재는 '집 걱정 없는 세상' 대표와 '내가 만드는 복지국가' 공동 운영 위원장을 맡고 있다. 계속 거주권 실현과 공공 임대 주택 확대, 주거 복지 향상을 비롯한 주거권 보장 활동을 벌이고 주거 강의를 하고 있다. 석사 논문으로『구로 동맹 파업에 관한 정치학적 연구』가 있고 공저로『내가 만드는 복지국가』가 있다.

집 걱정
없는 세상

안녕하세요. '내가 만드는 복지국가' 공동 운영 위원장으로 일하고 있는 최창우입니다. 저는 서울의 상계동에 사는데요. 상계동에는 빈민들이 많이 살았잖아요. 그래서 주거 문제에 대해 더 많이 생각하게 되었습니다. 과거 철거의 경험이 있는 지역인 데다가 뉴타운 예정지가 되면서 집값이 많이 오르기도 했어요.

우리나라는 뉴타운 지역으로 지정되면 증축은 물론 집을 고칠 수도 없어요. 낡아도 계속 거기에 살아야 합니다. 언제 집이 헐릴지 몰라 집 소유자도 세입자도 불안하긴 마찬가지지요. 그런데 그런 지가 벌써 10년이 넘습니다. 2005년 겨울에 지정됐다가 부동산 개발 열기가 잠잠해지면서 사업이 계속 지연되는 거예요. 그 사이에 집들은 어떻게 변했을까요? 결론부터 말씀드리면 멀쩡한 집이 많습니다. 바꾸어 말하면 멀쩡한 집을 부수고 새로 지으려 했다는 거예요. 도대체 무엇 때문에 뉴타운이 필요한 건지 다시 한 번 생각하는 계기가 되었습니다. 오늘은 서민의 주거 안정과 집에 얽힌 이야기를 하려고 합니다.

집은 돈 버는 수단이 아니다

우리나라는 부동산 문제가 심각합니다. 누구나 인정하는 사실이지요.

그런데도 오랫동안 해결이 안 되고 있습니다. 왜 그럴까요? 여러 이유가 있겠지만 저는 네 가지를 꼽고 싶습니다.

첫 번째가 정부의 의지입니다. 이명박·박근혜 정부는 그동안 경기 부양에 초점을 맞추어왔어요. 부동산 가격 상승을 억제하는 각종 규제를 풀고 부동산 부양에 돈을 쏟아부었습니다. 전셋값 폭등과 관련해서 거래 활성화와 내 집 마련을 해법으로 내놓았습니다. 당연히 집값·땅값이 올라가지요. 전셋값은 추가 인상됩니다. 표면적으로는 숨겼지만 부동산 경기 부양이라는 흐름에 동참하는 사람들도 많았습니다. 경제를 살린다는 명목하에 암묵적 동의가 있었던 거예요.

여기서 두 번째 문제가 나타납니다. 바로 '부동산에 대한 가치관'입니다. 생각이 안 바뀌면 사람이 움직이지 않습니다. 국민들이 '부동산=돈'으로 인식하는데 집값 안정 될까요? 정책 입안자들, 특히 정치인들은 국민의 생각에 민감할 수밖에 없습니다. 주거 문제도 마찬가지입니다.

세 번째로 말씀드릴 것이 극단적인 선별 주거 복지인데요. 주거권 보장이 가난한 사람들만 골라서 혜택을 주는 방향으로 진행되고 있다는 겁니다. 아시다시피 우리나라에서 집을 소유하지 않은 국민 대다수가 주거권을 위협받고 있어요. 여기에 대한 대책이 없다는 겁니다.

공공 임대 주택만 봐도, 대개는 평균 소득의 50퍼센트 이하 계층에게 우선권을 주고 있습니다. 2018년 현재 3인 가족 기준으로 월 소득 246만 원이 한도입니다. 저는 더 많은 사람들이 공공 임대 주택에 입주할 수 있어야 한다고 생각합니다. 우리나라에 집을 소유하지 않은 사람이 얼마나 많습니까? 이처럼 낮은 기준으로는 주거 문제를 해결할 수 없어요. 공공 임대 주택이 5퍼센트밖에 안 되기 때문에 생기는 문제입니다.

네 번째는 주거 교육입니다. 우리나라 학교에서는 그 어디에서도 주거 문제와 관련한 교육을 하지 않습니다. 우리는 역사 시간에 민주주의에 대해 배웁니다. 멀게는 1894년 동학 혁명이 있었고 1919년에 3·1 운동이 있었습니다. 해방 이후 4·19, 6월 항쟁 등이 있었지요. 국민의 권리, 정치적 자유가 얼마나 중요한지에 대해서는 경험으로 잘 알고 있습니다. 이처럼 자유권적 기본권에 내해서는 폭넓게 받아들이는 반면에 '사회권'에 대한 인식은 약해요. 배울 기회가 별로 없기 때문입니다.

인간의 기본권에는 자유권뿐만 아니라 사회권이 있습니다. 서양의 역사를 보면 자유권이 먼저 생기고 그다음에 사회권으로 발전해왔어요. 사회권은 다른 말로 생활권, 생존권, 생활 경제권 등이라고 할 수 있습니다. 복지권, 건강권, 주거권, 장애인 인권, 여성 인권 등 그 내용도 다양하지요. 사회가 발전하면서 다양한 욕구가 나타나고 인권에 대한 요구가 터져 나왔기 때문입니다.

우리 사회는 독재 정권이 정치를 독점하고 급격한 경제 성장이 이루어지다 보니 사회권에 대한 의식이 약합니다. 여전히 약육강식과 각자도생의 사회 분위기가 팽배해요. 어떻게든 성공하고 출세하려고 합니다. 특히 IMF 이후로 '경제'와 '생존'이 중요해집니다. 물론 먹고사는 문제는 중요합니다. 그러나 모든 가치가 '경제'로 환산되는 것은 바람직하지 못해요. 우리 교육에도 이런 경제 만능주의가 반영되어 있어요. 예컨대 학교에서 기업은 이윤 추구가 목적이라고 가르칩니다. 우리도 그렇게 알고 있지요. 그러나 여기에는 극단적인 자유주의적 사고가 반영되어 있습니다. 기업은 경제 분야에서 사회 공익을 실천하는 곳이라고 가르쳐야 합니다. 정당에 대한 교육도 잘못되어 있습니다. 정당의 목적은 정권 창출이 아니라 공공의 영역에서 국민들의 의사를 수렴하고 반영하는 곳이다, 이런 교육이 이루어져야 해요. 그래야 경제와 정치가 개인이 아닌 공공을 위해 존재하는 것이라는 인식이 생길 수 있습니다. 공공성에 대한 인식이 확산되면 주거 문제를 보는 눈도 달라질 수 있어요.

제가 서울에 온 직후 20년 동안 이사를 15번 다녔습니다. 세입자에게 이사는 고통 그 자체입니다. 4년 전에 전셋값을 50퍼센트나 올려주고 살고 있습니다. 오른 보증금은 빚으로 메웠습니다. 아직 빚이 남아 있습니다. 저만 그럴까요? 많은 사람들이 이런 고통에서 자유롭지 못해요. 그럼에도 '집'은 여전히 '투자'의 문제입니다. 사실은 대부분 투기입니다. 주거권에 대해 배운 적이 없고 서로 인식을 공유한 적이 없기 때문이라고 생각합니다.

학교에서 주거 교육을 하지 않으니까, 재개발로 인한 강제 철거나 젠트리피케이션(gentrification)에 직면해도 '돈 없으면 이사 가야지.' 하고 생각하는 분들이 많습니다. 주거를 권리라고 생각하지 않아요. 앞으로 이런 교육이 강화되어 좀 더 많은 사람들이 우리나라 집 문제를 푸는 데 발언하고 적극 참여하기 바랍니다.

그럼 이러한 문제들을 어떻게 풀어야 할지, 법률적 측면, 정책적 측면에서 살펴보도록 하겠습니다.

전셋값 올리는 임대차 보호법

2년 전에 여럿이 함께 '집 걱정 없는 세상'이라는 모임을 만들었습니다.

세입자 문제와 함께 각종 주거 정책을 연구하고 실천하려고 노력하고 있습니다. 아직도 '세입자' 하면 돈 없고 집 없는 사람이라는 이미지가 있어서 그런지 세입자들이 잘 나서지 않고 있습니다.

저는 우리나라 부동산과 집 문제가 해결되려면 주거 문제로 고통받는 사람들이 해결의 주체가 되어야 한다고 생각합니다. 국회는 어떨까요? 법과 정책을 만드는 국회에 세입자를 대표하는 사람이 없어요. 힘센 의원들이 노른자위라 불리는 국토교통위원회 같은 곳에 들어가 경기 부양, 부동산 개발 이런 쪽에 관심을 가집니다.

주거 당사자라 할 세입자들이 주거 문제에 소극적인 이유는 우리나라 주거 문제가 복잡하기 때문이기도 합니다. 정부 기관에서도 정확한 정보를 주지 않아요. 예를 들면 공공 임대 주택, 임대차 보호법, 자활 복지와 관련해서 주거와 연관된 부분, 융자 이런 것들을 종합적으로 알아볼수 있는 데가 없습니다. 각각 분리되어 있고 분야별로도 정보가 부족합니다.

만약 유권자인 국민이 관심을 가지고 요구하고 세입자들이 목소리를 내면 달라지지 않을까요? 주거 문제를 언젠가는 벗어나야 할 개인적인 문제로 생각하는 대신 나와 우리의 문제로 생각해야 합니다.

그럼 이제부터 구체적으로 우리나라의 주거 현실을 짚어보도록 하겠습니다. 법률, 주거 정책, 주거 복지, 교육, 이 네 가지로 나누어 말씀드리지요.

우리나라의 법은 집 가진 사람들, 땅 가진 사람들에게 유리하게 되어있습니다. 대표적인 게 임대차 보호법이에요. 여러분, 주택임대차보호법은 말 그대로 집을 빌린 세입자를 보호하기 위해 탄생한 법률입니다. 그런데 왜 이 법이 거꾸로 주거권을 유린한다고 말씀드리는 걸까요? (청중 : "계약 기간이 너무 짧아요.") 맞습니다. 계약 기간도 짧고 임대료도 제한이 없어요. 우리나라 주택임대차보호법 제6조의 1항은 다음과 같습니다.

"임대인이 임대차 기간이 끝나기 6개월 전부터 1개월 전까지의 기간에 임차인에게 갱신 거절(更新拒絕)의 통지를 하지 아니하거나 계약 조건을 변경하지 아니하면 갱신하지 아니한다는 뜻의 통지를 하지 아니한 경우에는 그 기간이 끝난 때에 전 임대차와 동일한 조건으로 다시 임대차한 것으로 본다. 임차인이 임내차 기간이 끝나기 1개월 전까지 통지하지 아니한 경우에도 또한 같다."

문장이 조금 복잡하지요? 간단하게 정리하면 양쪽 다 아무 소리 안 하면 자동으로 계약이 연장된다는 얘기예요. 법률적으로는 이걸 '묵시적 계약 연장'이라고 해요. 문제는 "임차인에게 갱신 거절의 통지"를 할 수 있다는 부분이에요. 이게 무슨 말입니까? 집주인이 "NO" 하면 나가야 한다는 거예요.

엄청난 주거권 파괴 조항이에요. 우리는 하도 익숙해서 그런가 보다 하지만 다른 복지 선진국에선 찾아볼 수 없는 독소 조항입니다. 독일은 2년이든 3년이든 연 단위로 임차 계약을 하거나 계약 기간을 정하지 않고 임차 계약을 하는데 특별한 경우를 제외하고는 자동 갱신됩니다. 그것도 평생, 즉 무기한이에요. 세입자는 그냥 거기서 계속 살면 돼요. 우리나라처럼 2년 지났다고 나가라고 할 수가 없어요. 집이 낡아서 재건축해야 할 때, 임대인의 가족이 살려고 들어올 때, 소란을 피워서 이웃을 곤란

하게 만들 때, 임대료를 안 낼 때 정도가 '특별한 경우'에 해당합니다. 독일에서는 임대료를 올려 받으려고 세입자를 내쫓는 일이 불가능해요. 아예 법률로 못 박아놨습니다. 독일 사람들은 아예 그럴 생각을 하지 않는다는 점이 더 중요합니다. '집=돈'이 아니라 '집=생존'이라고 생각하기 때문입니다. 주거권을 천부인권, 혹은 자연권으로 인식하기 때문에 사람을 내쫓고, 이걸로 돈을 벌려고 하지 않습니다.

우리나라 법에도 한꺼번에 임대료를 올릴 수 없다는 조항이 있긴 합니다. 주택임대차보호법 7조에는 "증액의 경우에는 대통령령으로 정하는 기준에 따른 비율을 초과하지 못한다"고 규정하고 있으며 상한은 5퍼센트입니다. 문제는 이게 계약 기간 내에만 적용된다는 거예요.

이게 무슨 말이냐면, 예를 들어 제가 어느 집에 2년 전세 계약을 했어요. 근데 1년 뒤에 경기 변동이 있어 인상 요인이 생겼다면 5퍼센트까지 추가로 올릴 수 있다는 내용이에요. 2년이 지나서 다시 계약할 때는 임대인(집주인) 맘대로 얼마든지 올릴 수가 있다는 얘기입니다. 대법원 판례(대법원 1993. 12. 7. 선고 93다30532)가 그렇습니다. 그러니 전셋값이 몇 달 사이에 몇천만 원씩 오르는 거예요.

두 번째로 살펴볼 것이 '도시 및 주거 환경 정비법'이라고 하는 일명 '도정법'입니다. 주로 재개발·재건축을 강행하는 근거로 자주 쓰이는 법률입니다. 이 법에 의하면 우리나라에서 재개발할 때 다음의 과정을 거칩니다. 먼저 전체 75퍼센트가 참여한 조합을 만들어야 하고요. 일단 조합이 만들어지고 나면 50퍼센트의 동의로 의결합니다. 문제는 개발 이권 때문에 투기 세력들이 온갖 수단을 써서 사람들을 동의하게끔 유도한다는 거예요. 그 과정에서 각종 불법이 동원됩니다. 사람을 매수하거나 투표를 조작하는 일이 방송에서도 수없이 나왔어요.

그래서 재개발할 때 주민의 동의를 95퍼센트 이상 받는 걸로 바꿔야 한다고 생각해요. 일본은 100퍼센트 합의제로 합니다. 예를 들어 '롯폰기 힐스'(Roppongi Hills)라고 도쿄 중심부에 있는 유명한 복합 시설이 있습니다. 지역 주민들은 무려 17년 동안 1000번의 회의를 통해 만장일치로 재개발을 추진했어요.

우리나라 도정법이 재개발 조건을 너무 쉽게 할 수 있게 해놓았기 때문에 각종 탈법적인 일들이 자행된다는 말씀을 드렸습니다.

다음은 토지 수용에 관한 법입니다. 이 법 때문에 멀쩡하게 농사짓고 살던 사람들이 집과 땅을 빼앗깁니다. 그것도 대개는 시세에 못 미치는 가격으로 말이죠. 예컨대 밀양 송전탑을 둘러싼 갈등이 그렇지요. '전원 개발 촉진법' 6조 2항에 보면 "전원 개발 사업자는 전원 개발 사업에 필요한 토지 등을 수용하거나 사용할 수 있다"고 되어 있습니다. 무슨 말이냐 하면 전원 개발 사업자 즉, 한국전력공사에서 송전탑을 세울 때 그 땅을 강제로 사들일 수 있다는 얘기예요. 땅 주인이 거부할 수 없습니다. 밀양만 해도 송전탑이 들어서면서 땅값은 폭락하고 대출도 안 된대요. 주민들은 건강은 물론 생존에 심각한 타격을 입은 거예요. 밀양 할매들과 주민들이 송전탑 건설에 반대하는 이유입니다. 그 출발점은 바로 잘못된 법률입니다. 우리나라 토지 수용 관련 법들은 주거권을 심각하게 침해하고 있어요.

다음으로 주거 정책을 살펴보겠습니다. 우리나라 주거 정책에는 주거권이 빠져 있어요. 정부는 집과 토지, 건물을 부동산이라 이름 짓고 경기 부양의 수단으로 봅니다. 특히 지난 이명박·박근혜 정부가 심했습니다만, 그전 정부의 관료들 생각도 마찬가지였습니다. 정책을 실행하는 사람들 생각이 그러니 현실에서 주거권이 보장될 리가 없지요. 정책 실행자들을 감시하고 압박해야 합니다.

잘못된 주거 정책이 양산되는 이유로는 두 가지를 꼽을 수 있겠는데 그중 하나가 '주체'의 문제입니다.

우리나라에서 주거에 관한 정책은 국회의원과 고급 관료가 좌우합니다. 누군가는 행정부 수반인 대통령을 왜 빼놓느냐고 말씀하시겠지만, 대통령은 단임 선출직입니다. 임기 5년 동안만 일할 수 있어요. 정권 말기가 되면 제대로 힘을 발휘할 수도 없습니다. 하지만 관료는 정년을 보장받습니다. 훨씬 더 오랫동안 영향력을 발휘할 수 있어요. 그래서 국회의원과 고위 관료 집단의 생각이 중요합니다.

일전에 SBS에서 4·13 총선에 출마한 비례 대표 158명의 재산을 조사해서 방송한 적이 있습니다. 새누리당 40억 9000만 원, 민주당 11억 7000만 원, 국민의당 23억 2000만 원 등 해서 평균 21억 4000만 원입니다. 더 중요한 건 부동산입니다. 탐사저널리즘센터 〈뉴스타파〉에서 공개한 바에 의하면 20대 국회의원 당선자들의 가진 부동산 가격이 평균 17억 원이었습니다. 물론 공시지가 기준입니다. 공개된 게 이 정도면 실제 재산은 훨씬 많겠지요.

관료는 어떨까요? 부동산 정책을 관장하는 네 개 부서의 고위직 공무원 중 절반 이상이 강남에 부동산을 소유하고 있었습니다. 우리가 청문회 같은 데서 보면 잘 알 수 있어요. 장관 후보자들은 거의 예외 없이 강남에 부동산을 소유하고 있잖아요.

과연 이들이 주거 안정에 대해 제대로 된 정책을 입안하고 집행할 수 있을까요? 재산이 많다고 비난할 일은 아닙니다. 그러나 최소한 국민의 44퍼센트 정도가 내 집이 없는 상황(국토 교통부 2016년도 일반가구 주거실태 조사)에서 이들의 이해를 대변할 사람이 없다는 것은 대의 민주주의 국가에서 커다란 문제가 아닐 수 없어요. 과연 저 사람들이 부동산을 규제하고 조정하는 법안을 만들 수 있을까요? 그래서 제가 어떤 매체와 인터뷰할 때 이렇게 말했어요. 세입자 비율처럼 국회의원 비례 대표도 44퍼센트는 되어야 한다. 그게 비례 대표 취지에 걸맞지 않느냐 하고요. 그런데 그 신문에서 이걸 제목으로 뽑았더군요.

두 번째로 말씀드릴 게 '철학의 부재'입니다. 우리나라 주거 정책은 주거 안정보다는 집값 폭등을 막는 쪽에 초점이 맞춰져 있습니다. 정책을 수립할 때 단순히 주거비 상승이 얼마고 경제적 효과가 얼마고 하는 식으로 보아서는 문제 해결이 어렵습니다. 주택 공급이 부족하니 집을 더 짓자거나 공급률은 충분하니 다주택 소유자 보유세를 늘려 집값 안정을 꾀하자는 주장도 따지고 보면 수요 공급의 시장 논리로 문제를 보는 측면이 있습니다. 저는 개인적으로 보유세 강화에 찬성합니다만.

그러나 문제의 본질은 주거권이에요. 돈이 많든 적든 집과 땅은 누구나 누려야 할 생존권이라는 관점이 필요해요. 언론도 정부의 부동산 정책을 비판할 때 항상 경제에 미칠 영향 위주로 합니다.

그러나 이렇게 접근하면 악순환이 계속될 수밖에 없어요. 부동산 가격을 억제했다가 경제가 안 좋으면 다시 부양하고, 너무 부양되어 오르면 또 규제하자 이러는 거죠. 그러다 보면 집값이 안정될 리가 없지요. 우리가 지난 수십 년간 이런 일을 반복해왔습니다. 주거가 인간의 권리라는 철학이 부재하기 때문입니다. 시민 사회에도 이런 흐름이 남아 있습니다.

국토부 발표에 따르면 우리나라 아파트 수명이 대략 30년 정도입니다. 외국은 보통 120~130년 그래요. 우리나라 아파트가 유독 약하게 지어서 그럴까요? 부실시공 탓도 있겠지만, 새로 지어서 집값을 올리려는 심리가 작용하기 때문이에요. 실제로 아파트 재개발·재건축 열풍이 전체 집값을 엄청나게 올려놓지 않았습니까? 아까 말씀드렸듯이 집과 토지 소유자의 50퍼센트만 찬성하면 멀쩡한 집도 부수고 다시 지을 수 있어요. 새로 지으면 집값이 몇억씩 올라간다고 유혹하는데 누가 거부하겠습니까? 실상을 알고 나서야 땅을 치고 통곡하는 것이죠.

우리나라에서 문제가 되고 있는 주거 정책을 살펴보겠습니다. 제일 많이 문제가 되는 것이 바로 '재개발'이지요. 이 과정에서 수많은 세입자들이 고통을 받습니다.

우리 동네 뉴타운에서 낡은 집에 홀로 사는 분이 계십니다. 일흔이 다 되신 노인인데 본인은 그냥 이대로 살고 싶다고 해요. 그러나 현행법상 그럴 수가 없습니다. 다른 분들이 찬성하면 그 집을 떠나야 해요. 도장을 위조해서 당신만 빼고 모두 동의했다고 거짓말까지 합니다.

보금자리라는 게 생존의 터전이잖아요. 집 없이 살 수 있나요? 그런데도 쫓겨날 수밖에 없는 사람이 계속 생겨요. 재개발의 취지라는 게 원래는 해당 지역 주민들의 주거 안정과 삶의 질 향상입니다. 낡은 집을 고쳐서 좀 더 쾌적하고 안락한 주거 환경을 만들자는 거예요. 그런데 대부분의 경우 재개발은 그저 투기의 일환일 뿐입니다. 핵심적인 문제는 세입자의 권리는 사실상 부정되고 있다는 점입니다.

주거의 질에 대한 정책적 접근도 부족해요. 우리나라에는 여전히 고시원, 쪽방 등에서 생활하는 분들이 많습니다. 심지어 노숙도 많지요. 얼마 전 은평주거복지센터가 진행한 은평 지역 주거 실태 조사 결과를 보면 노숙이 장기화되고 있다고 해요. 주거권 측면에서 정상적인 환경에서 거주할 수 있게 해야 하고 주거의 질을 향상시키기 위한 노력이 필요해요.

얼마 전 SH공사에서 공공 임대 주택 가운데 저렴한 전세를 없앴어요. 새로 입주하는 사람은 더 이상 전세로 들어올 수 없게 되었어요. 그런데 정작 중요한 주민의 의사는 물어보지도 않았어요. 행정 편의주의적인 발상인 거죠. 만약 공공 주택을 주민의 거주권 차원에서 접근했으면 그런 식으로 결정했을 리 없습니다. 최소한 설문 조사라도 했겠죠.

우리나라 주거 정책의 역사를 보면 주거권에 대한 재산권의 완벽한 승리였다는 사실을 알 수 있습니다.

재산권이냐 주거권이냐

여러분 주거권이란 무엇일까요? (청중 : "어디서든 살 수 있는 권리") 네, 국어사전에 보면 "법률에 의하지 않고는 주거에 대해 침입, 수색 및 압수를 당하지 않는 권리"라고 되어 있습니다. 이러한 정의는 주거를 외부나 국가에 의한 침입에 대해 보호하는 곳으로 보는 정의인데 이건 일면적인 규정입니다. 유엔 인권 규약에 따르면 주거권의 핵심 가운데 하나가 '법적 안정성'입니다. 점유권을 중시하는 것이죠. 보통 주거는 '머물 권리'로 정의하는데요. 내가 머무는 곳, 내가 사는 곳에 살 권리가 있다는 거죠. 그러나 현실은 그렇지 않지요? 심지어 주거권을 보호해야 할 바로 이 '법률'에 의해 보금자리를 빼앗기는 일이 벌어지고 있어요.

임대차 보호법도 그랬죠? 이 법을 제일 잘 알고 활용하는 사람들이 누굴까요? 바로 경매하는 사람들입니다. 싸게 집을 사서 이익을 취하려는 사람들이 이 법을 달달 외워요. 당사자인 세입자는 거의 몰라요. 무관심해서라고 할 수도 있지만, 그 법이 자신들을 위한 법이 아니라는 사실을 알고 있어서인지도 몰라요.

어떤 사람들은 자유 민주주의 국가에서 '재산권'은 보장되어야 한다고 주장합니다. 그러나 재산권은 우리의 여러 권리 중 하나일 뿐입니다. 재산권을 내세워 인간의 기본권인 주거권을 침해하는 건 인간 존엄성과 평등권을 명시하는 우리 헌법에도 위배되는 일입니다.

그동안 더불어민주당은 주택임대차보호법이 보장하는 임대 기간 2년을 4년으로 연장하자는 법을 만들자고 주장했습니다. 그러자 당시 여당인 새누리당 측에서 그렇게 하면 4년 후에 임대료가 한꺼번에 확 오를 거라면서 반대해요. 이건 거의 반협박인 거죠. 근거 없는 협박이기도 하고요. 법이 통과되자마자 시행하고 재계약 때 임대료 상승 제한선을 두면 될 일이잖아요. 노동권처럼 주거권은 당연히 보장해야 한다고 떳떳하게 말하지 못하는 당시 야당들을 보면서 참 답답했습니다. 국민의 삶을 보호해야 할 국회에서 저런 논리가 횡행한다는 게 안타깝고요.

현행법이 규정하는 임대차 기간인 2년은 고통 그 자체입니다. 계속 거주할 수 있게 바뀌어야 합니다. 임대료 상승률은 물가에 비례해서 상한선을 정해야 합니다. 독일만 해도 최근 20년 동안 물가와 임대료가 비슷하게 갑니다. 우리도 폭등하지 못하도록 법제화해야 하는 거예요. 캐나다의 온타리오 주는 '물가+1퍼센트'를 임대료 상한선으로 정하기도 했습니다. 지금 우리나라 등록금은 이런 상한제 적용을 받습니다. '3년 치 물가 평균' 곱하기 1.5퍼센트예요. 그런데 임대료는 어때요. 이런 제한이 없다 보니 물가 상승과는 비교가 안 되는 수준으로 오르고 있지요. 미친 전세라고 하잖아요? 그러다 보니 우리나라 사람들은 한군데서 오래 못 버텨요. 계속 여기저기 옮겨 다닐 수밖에 없습니다. 세입자들은 우리가 메뚜기 떼냐고 묻고 있어요.

국토부 통계에 의하면 자기 집에 사는 사람들은 같은 집에서 평균 11년 정도 살아요. 세입자라면 어떨까요? 3~4년밖에 못 삽니다. 유럽의 여러 나라와 비교해보면 확연히 차이가 납니다.

독일의 세입자는 평균 13년 정도 같은 주거지에서 살아요(독일 GEWOS 연구소 2009년 통계). 21년 이상 사는 사람도 25퍼센트나 되고요. 법적으로 평생 거주권을 보장하기 때문입니다. 1년 단위로 계약해도 만기가 될 때 세입자가 나가겠다고 하지 않으면 무기한 계약이 연장돼요. 그래서 그들은 일단 집을 빌리면 자기 취향에 맞춰 꾸밉니다. 아껴서 쓰고요. '내 집'이니까요. 당장 내년에 또는 후년에 이사 갈 집이라면 그렇게 안 하겠지요.

집이 낡으면 헐고 에너지 친화적인 건물로 바꿉니다. 아시다시피 독일은 '모든 원전 폐쇄'를 목표로 원전을 줄이고 있고 점점 에너지를 아끼는 방향으로 가고 있잖아요. 오래된 집을 허물고 새로 짓는 목적이 우리처럼

'투자'에 있지 않아요.

독일에서도 세입자와 임대인이 분쟁을 일으킬 때가 있습니다. 이때는 세입자들이 한데 뭉쳐서 자신들의 권리를 지킵니다. 인구 8000만 명인 나라에 세입자 협회 회원이 100만 명이나 돼요. 정치하는 사람들이 눈치를 보지 않을 수 없지요.

다시 우리나라 이야기를 해보죠. 임대차 보호법에 의하면 임대료를 5퍼센트 이상 못 올리는 조항이 있지만 이는 계약 기간인 2년 동안만 해당한다고 말씀드렸지요. 2년이 지나면 얼마든 임대료를 올려 받을 수 있습니다.

이런 이유로 전셋값이 오르다 보니 '깡통 전세'라는 희한한 현상까지 생깁니다. 전셋값이 집값의 70퍼센트, 심지어 90퍼센트 이상 되는 집들이 늘다 보니 나갈 때 전세금을 다 못 받아요. 임대인이 은행에 빚을 졌거나 세금을 밀려서 경매나 공매에 넘어가는 경우입니다. 그러면 낙찰된 집값이 전셋값보다 낮아서 세입자가 돈을 떼이게 되는 거예요. 수도권에서만 매년 6000세대 정도가 떼인다는 게 전문가들의 분석입니다. 집을 소유하지 않은 사람은 비싼 전셋값을 내면서도 그 돈을 보장받지 못합니다. 한국 세입자들은 그야말로 이중고를 겪고 있는 셈이죠.

지금 전세가율이 서울만 해도 80퍼센트를 넘어가는 자치구가 여럿 생겼거든요. 말하자면 해당 주택의 5분의 4가 세입자 재산인데, 나머지 5분의 1밖에 지분이 없는 임대인이 '집'에 대해 모두 결정해요. 이상하지 않습니까? 그래서 실질적으로 지분에 대한 권리를 인정하자고 저희는 주장하고 있습니다.

이와 더불어 저희는 장기 공공 임대 주택을 가장 효과적인 대안으로 보고 있습니다. 유럽을 보면 공공 임대 주택 비율이 핀란드 16퍼센트, 스웨덴 18퍼센트, 덴마크 19퍼센트, 오스트리아 23퍼센트, 프랑스 17퍼센트, 영국 18퍼센트, 체코 17퍼센트, 이래요.

서유럽과 북유럽에 공공 임대 주택이 많습니다. 굳이 집을 사지 않아도 주거권을 보장받을 수 있어요. 스페인 같은 경우는 공공 임대 주택이 매우 적습니다. 세입자 비율도 우리의 3분의 1밖에 안되는데요. 세입자 권리가 잘 보호되고 있어요. 함부로 내쫓지 못합니다. 심지어 빈집을 점거한 사람도 그냥 내쫓지 못합니다. 법적인 절차를 거쳐서 나가라고 해야 해요. 6개월 이상 그 집에 살면 주거권이 생기는 나라도 있어요. 사는 곳이 내 집이 되는 거지요. 이런 나라들은 기본적으로 '집'에 대한 생각이 다릅니다. 공기나 물처럼 누구나 누려야 할 권리라고 보는 거예요. 단지 소유권이 있다고 해서 독점적인 권한이 있다고 생각하지 않습니다. 우리와 차이가 많지요.

독일도 공공 임대 주택 비율은 낮지만 세입자의 주거권이 잘 보장되어 있고요. 앞서 말씀드렸듯이 특별한 경우를 제외하고는 임대료를 막 올릴 수 없습니다. 예컨대 가족이 들어와 살아야 하는 경우에도 무조건 내쫓을 수 없어요. 적정성 여부를 조사합니다. 왜 꼭 이 집에 들어와서 살아야 하느냐 하고 물으면 타당한 근거를 임대인이 증명해야 해요. 나이가 들어서, 혹은 갈 데가 없어서, 몸이 불편해서, 이런 이유를 대면 법원에서 판결을 통해 인정 여부를 결정합니다. 그제서야 세입자를 내보내고 가족을 들일 수 있어요. 기본적으로 돈을 올려 받기 위해 기존 세입자를 내보내는 건 법으로 금지되어 있습니다. 네덜란드는 임대 주택이 41퍼센트인데 공공 임대가 32퍼센트나 됩니다. 전체 주택이 100개라면 공공 임대가 32개라는 뜻입니다. 사회 주택 협회가 운영하는 곳이니 훨씬 안정적이죠. 우리처럼 갑자기 전셋값이 몇천만 원이나 올라가는 일도 없고 임대료를 터무니없이 올려 달라고 할 일도 없으니까요. 이처럼 공공 임대 주택은 우리가 집 걱정 없이 평화롭고 안정되게 살 수 있는 안전 장치입니다.

집 걱정 없는 세상

현재 우리나라에는 다양한 공공 임대 주택이 있습니다. 취약 계층 매입 임대라고 해서 정부가 집을 사서 그곳에 가난한 사람들을 살게 하는 것이 있고요. 영구 임대, 다가구 매입 임대, 기존 주택 전세 임대, 재개발 임대, 국민 임대, 50년 공공 임대 주택 등 그 종류가 다양합니다.

한동안 임대를 하다가 그 집을 살 수 있는 '한시적인' 공공 주택도 있습니다. 집짓기 전에 모집해서 완공되면 거기서 5년이나 10년 살다가 그 기간 또는 그 반이 지나면 우선적으로 그 집을 살 권리를 주는 거예요. 분양가와 임대료 인상 폭을 두고 분쟁이 있기는 합니다만, 어쨌든 그 기간 만큼은 마음 놓고 살 수 있으니 세입자로선 좋은 일입니다. 예전에는 이걸 공공 임대 주택으로 분류하지 않았는데, 최근 정부에서는 생색을 내기 위해 공공 임대 주택에 넣어 통계를 작성합니다. 엄밀하게 따지면 분양 주택인데 말이죠.

그럼 종류별로 한번 살펴보도록 하겠습니다.

우선 박근혜 정부에서 '하우스 푸어*'(house poor) 대책으로 본격 추진한 전세 임대 주택이 있습니다. LH공사나 지역 도시개발공사가 정부를 대표해서 임대인과 전세 계약을 하고 이걸 저소득층에게 임대하는 거예요.

노무현 정부 때만 해도 몇백 호에서 시작해서 몇천 호로 늘려가다가 최근 4만 호까지 그 수가 많아졌습니다. 박근혜 정부가 이걸 대폭 늘렸거든요. 그런데 이건 공공 임대 주택이 아니에요. 왜냐하면, 해당 주택이 국가가 아니라 민간 소유잖아요. 예컨대 수급권자나 한 부모 가정이 1순위로 신청한 뒤 당첨이 되면 전세 살 집을 각자 알아보러 다녀요. 그렇게 해서 살 집이 정해지면 들어삽니다.

한편에서는 이 제도가 기존의 영구 임대보다 낫다고 말씀하시는 분도 계십니다. 영구 임대 같은 경우는 사람들 편견이 있어서 아이들끼리도 차별한다고 하잖아요. 그럴 바에야 기존 주택에 사는 게 좋다는 겁니다. 물론 편견은 하루 빨리 깨져야 합니다. 국가가 95퍼센트를 부담하고 세입자는 5퍼센트만 부담해도 되니까 보증금 부담도 적고요. 물론 국가가 부담하는 보증금에 대해서는 이자를 냅니다. 계속 집을 짓는 것보다 기존 주택을 활용한다는 측면에서 긍정적이기도 합니다. 대기자들은 많은데 들어갈 집은 없고, 새로 지으려면 예산도 많이 들어갑니다. 이보다는 전세 임대를 활용하는 게 낫다는 거지요. 저도 그런 의견에 조금만 동의합니다. 문제가 많으니까요. 우선, 이걸 억지로 공공 임대 주택으로 분류해서 통계를 왜곡해서는 안 된다는 거예요. 또 하나는 전세 임대 주택

---

* 집을 소유하고 있어도 각종 대출금 등으로 경제 사정이 어려운 사람을 일컫는 말.

대상자로 선정되기는 상대적으로 쉽지만 마땅한 집을 찾기가 어렵다는 겁니다. 제가 실제로 만나본 분들 중에는 전세 임대 대상으로 선정됐지만 살 집을 구하지 못한 분들이 많았습니다. 임대인들이 싫어한다는 거예요. 국가 기관과 계약하는 거니까 임대 소득이 파악되어 불이익을 받지 않을까 염려합니다. 더구나 서울같이 전세 구하기가 어려운 데서는 군이 정부와 계약하려고 들지 않아요. 전세 임대 제도가 전셋값을 올리는 작용을 하는 것도 큰 문제입니다.

전세 임대 주택은 정확하게 말하면 '보증금 융자 지원 주택'입니다. 고시원, 비닐하우스, 움막 같은 곳에 사시는 분들을 대상으로 특별히 기회를 제공한다는 의미도 있습니다.

영구 임대 주택은 나라가 소유한 주택에 취약 계층이 평생 살 수 있게 하는 겁니다. 보증금이 적고 임대료가 싸다는 장점이 있어요. 한 달에 5~8만 원 정도만 내면 살 수 있습니다.

재개발 임대는 재개발할 때 일정 비율의 주택을 거주민에게 우선 공급하는 걸 말해요. 옛날에는 17퍼센트를 의무적으로 지어야 했었는데, 그 결정권을 박근혜 정부에 들어와서 지자체로 넘겼어요. 알아서 하라는 거죠. 그랬더니 인천은 '0퍼센트 조례'로 만들어버립니다. 공공 임대 주택 역사에서 대참사라 해도 과언이 아닙니다. 국가가 주거 취약 계층을 보호한다는 임대 주택의 가장 커다란 전제가 깨진 거니까요.

국민 임대 주택은 소득이 조금 있는 분들에게 좋습니다. 50제곱미터 미만 주택은 평균 소득 50퍼센트 이하가 1순위고요. 그 이상은 70퍼센트를 적용합니다. 서울 기준으로 보증금 5000만 원에 매달 50만 원 정도 내고요. 관리비 포함하면 대략 70만 원 정도 되겠지요. 지방에 가면 가격이 훨씬 낮은 곳도 있습니다. 30년 이상 살 수 있다는 점이 장점입니다.

50년 공공 임대는 청약 저축 가입을 오랫동안 한 분들에게 공급합니다. 40제곱미터 미만은 청약 저축 횟수가 많은 사람이 1순위이고 그 이상은 액수가 많은 사람이 1순위입니다. 평균 소득 70퍼센트 이하에 해당하는 분들을 대상으로 합니다. 장기 안심 주택은 서울만 해당하는데 2018년 1월 현재 보증금 30퍼센트(1억 원 이하는 50퍼센트) 이내에서 최대 4500만 원까지 지원을 받을 수 있습니다. 9000만 원 이하의 주택은 50퍼센트까지 지원합니다.

이들 공공 임대 주택에 청약하려면 필수 조건이 있어요. 당연히 가족 구성원 전체가 무주택자여야 합니다. 또한 재산 기준에 맞아야 합니다. 2017년 현재 영구, 매입, 전세 임대의 경우는 1억 6700만 원 이하, 국민 임대의 경우는 2억 2800만 원 이하여야 해요.

지금까지 우리나라 공공 임대 주택의 종류와 입주 조건에 대해 잠깐 살펴보았고요, 다음으로 이런 제도가 과연 우리의 주거권을 잘 지켜내고 있는지를 보겠습니다.

송파 세 모녀 자살 사건에서 그분들 주거 환경을 보면, 10평 지하방이었습니다. 방 2개인데 월세로 50만 원을 냈고요. 만약 그분들이 공공 임대 주택을 지원받을 수 있었다면, 경제적으로 큰 도움이 되었을 겁니다. 지하 매입 임대 같으면 매달 8~10만 원이 들어갑니다. 40만 원을 생활비에 추가할 수 있었겠지요. 문제는 이분들이 신청 대상이 안 되었다는 겁니다. 설사 신청 자격이 있었다고 하더라도 경쟁률이 만만치가 않아요. 그 이유는 공공 임대 주택의 수가 턱없이 부족하기 때문입니다. 우리나라 장기 공공 임대 주택은 약 100만 호입니다. 학자들은 대략 350만 호는

되어야 한다고 보고 있어요. 그럼에도 지금 통계에 잡히는 공공 임대 주택의 수조차 뻥튀기되어 있다고 전문가들은 보고 있습니다.

참여연대에서 정밀 분석해보니까 전세 임대 주택과 단기 임대 주택을 빼면 지난 4년간 사회적 약자에게 제공된 장기 임대 주택은 박근혜 정부 4년간 총 11만 6000호, 연평균 2만 9000호입니다. 이걸 정부에서는 매년 12만 호 공급이라고 부풀려서 발표한 거예요. 앞에서도 말했지만 전세 임대는 공공 임대라고 할 수 없어요. 그냥 재정 지원에 해당합니다.

경향신문 2017년 1월 19일자 기사에 보면 임대 주택이라고 발표한 것 중 62퍼센트가 단기 임대예요. 주택을 소유하지 않은 사람들의 주거권 보장이라는 측면에서 보면 상당히 문제가 있는 거죠.

지금까지 첫 번째로 부족한 공공 임대 주택 수, 두 번째로 통계 왜곡이 우리나라 공공 임대 주택 정책의 문제라고 말씀드렸고요. 그다음으로 해결해야 할 문제는 매입 임대입니다.

이건 빌라형 주택에 살던 사람을 내보내고 그 주택을 리모델링 또는 재건축해서 당첨된 수급권자, 한 부모 가정 같은 취약 계층에게 공급하는 거예요. 그러다 보니까 임대 주택 총량은 늘지 않아요. 세입자만 바뀝니다. 부양 의무제나 다른 사정으로 수급권자로 선정되지 못하지만 수급권자보다 더 어려운 분들이 LH, SH 등의 매입으로 집에서 쫓겨나는 사태까지 생깁니다. 게다가 당첨 조건 맞추기가 상당히 까다로워요.

전세 임대 이야길 좀 더 해보죠. 소유주가 바뀌면 나가야 하는 경우가 많습니다. 물론 다른 집을 또 찾아서 지원을 받으면 되겠지요. 그런데 그 조건에 맞는 집을 찾기가 너무 어려운 거예요. 2014년에 동대문구 장안동에서 기초 생활 보장 수급 대상이던 노인이 자살한 일이 있었습니다. 당시 이분은 보증금 300만 원에 SH공사에서 5700만 원을 지원받은 상태였습니다. 당시 전세 임대로 살고 있던 집이 팔리고 내쫓길 위험에 처하자 이를 비관해 자살한 거예요. 주거권을 보장한다는 전세 임대의 취지가 무색해지는 순간이었습니다.

네 번째는 공공 임대 주택에 대한 공약이 제대로 지켜지지 않는다는 겁니다.

새누리당은 2012년 총선에서 2018년까지 공공 임대 주택 120만 호 건설을 내걸었습니다. 야당이던 더불어민주당을 볼까요? 국민연금 기금 공공 투자로 공공 임대 주택·보육 시설 확대, 장기 공공 임대 주택 150만 호 확충, 맞춤형 임대 아파트 공급, 이게 지난 총선 1호 공약입니다. 그 덕에 성남이나 송파 같은 여당 우세 지역에서 승리한 것 같아요. 경기도에서 새누리당이 참패했습니다. 저는 주거 문제가 원인이라고 봅니다. 문제는 선거 이후예요. 그 어디에도 이 공약들이 제대로 실행되고 있다는 소식이 없습니다.

자, 그럼 이걸 어떻게 해결할 수 있을까요? 바로 국민이 직접 감시하고 나서는 수밖에 없습니다. 아까 독일 세입자 협회 회원이 100만 명이라고 말씀드렸지요? 그들의 힘은 막강해요. 지역별 세입자 협회가 임대료 결정에 참여합니다. 우리도 당장 그렇게 많은 수가 참여할 수는 없겠지만, 동네마다 골목마다 사람들이 모여 주거권에 대해 목소리를 내야 한다고 봅니다.

2015년 스페인에서는 주거 운동을 벌이고 빈집 점거 운동을 지지하는 아다 콜라우(Ada Colau)라는 사람이 시장이 되었습니다. 가까운 대만에서는 2014년에 타이베이 시민 2만 명이 쏟아져 나와 주거 불평등에 항의

했고 1200명은 밤새 텐트 시위를 했어요. 정치권에선 부랴부랴 공공 임대 주택 20만 호 건설을 약속합니다. 우리나라에도 과거 그런 일이 있었습니다. 1929년 일제 강점기 때 평양을 포함해 수십 곳에서 '차가인 동맹'이 결성됩니다. 독일의 세입자 협회 같은 거죠. 이들이 집세 인하 운동을 전국적으로 전개합니다. 그 결과 원산, 평양 등지에서는 실제로 집세를 인하하는 결과를 얻었어요.

당시에도 오늘과 같은 문제를 겪었고 저토록 적극적으로 문제 해결에 나섰다는 사실이 놀랍지 않습니까?

지금 우리는 평생을 열심히 일해도 집 한 칸 마련하기 어렵습니다. 당연히 누려야 할 권리를 찾기 위해 희생해야 할 것이 너무 많아요. 지금이라도 주거권이 우리 모두의 권리임을 외치고 집 걱정 없는 세상을 향해 한 걸음 더 나아가야 하겠습니다. 오늘 강의는 이것으로 마치겠습니다. 감사합니다.

주거권 확보를 위한 정책들

청중 >> 주거권 보장 측면에서 공공 임대 주택은 어떤 의미가 있을까요?

최창우 >> 일단은 임대료 걱정 없이 10년 이상 살 수 있습니다. 다만, 조건이 까다롭지요. 수급권자나 한 부모 가정처럼 취약 계층만 들어갈 수 있는 주택들이 있고요. 보편적 복지라는 입장에서 보면 너무나 부족함이 많은 정책이지요. 그래서 저는 입주 조건을 완화하는 한편, 더 많은 공공 임대 주택을 확보해야 한다고 봅니다. 우리나라 인구의 44퍼센트 이상이 주택을 소유하지 않은 사람입니다. 공공 임대 주택은 인구 규모에 비해 너무 적고요. 지금 수준의 세 배는 되어야 합니다. 방법은 여러 가지가 있습니다. 새로 지을 수도 있고 프랑스처럼 구역을 정해서 공공 임대 주택 지구로 지정할 수도 있어요. 마치 우리의 그린벨트처럼 말이지요. 물론 우리나라의 경우는 저항이 심할 겁니다. 프랑스처럼 주거 공공성 개념이 강하지 않으니까요. 그러나 세입자들을 비롯한 주거 당사자들이 모여서 목소리를 내고 정책적으로 연구를 하다 보면 훨씬 좋은 방안들이 나올 거라고 생각합니다.

현실을 보면 고민거리가 많습니다. 집값이 비싼 수도권 같은 경우는 아파트가 아닌 단독 주택, 다세대 주택, 이런 쪽을 사들여야 하지요. 주택값이 너무 올라서 정부에서 사들일 수가 없는 경우가 많아요. 정부가 계속 부동산 경기 부양 정책을 썼기 때문이에요. 박근혜 정부 4년 동안 18차례나 부양 정책을 발표했어요. 말은 주거 안정 정책이라고 하면서 내용을 보면 대개 규제를 푸는 거예요. 민간 건설사나 재벌들을 자꾸 공공 영역에 끌어들입니다. 만약 이런 추세대로 가서 그들이 민간 주택의 임대료까지 좌우하게 된다면 한국의 주거 현실은 암담해지는 거죠.

공공 임대 주택은 철저하게 국가가 나서서 공급하고 운영해야 합니다. 새로 땅을 사서 짓든, 기존 주택을 사들이든 국가는 할 수 있는 모든 노력을 다 기울여야 합니다. 제가 계속해서 소유권과 주거권을 말씀드렸습니다만, 독일에서 소유권과 주거권은 동등하다는 헌법재판소의 판결이 있었어요, 우리나라에서는 상상하기 힘든 판결이지요.

법도 그렇지만 정부 정책까지 소유권 중심이다 보니 대다수 국민의 주거권이 흔들리고 있는 거예요. 앞으로는 달라져야 합니다.

청중 >> 인구가 줄면 집도 남아돌아서 결국 주택 문제가 해결되지 않을까요?

최창우 >> 부동산을 돈으로 보고 정부가 이를 묵인, 방조하거나 암묵적으로 지원하는 한 주택 문제는 해결이 안 될 겁니다. 전체 인구는 줄수도 있겠지만 수도권 인구는 줄지 않을 수도 있고요. 현재 해외에서 유입되는 인구도 무시 못 합니다.

또 하나 생각해볼 문제가, 1인 가구의 증가입니다. 지금 우리나라 1인 가구 비율이 27퍼센트를 넘었다고 해요. 1, 2인 가구를 다 합치면 절반이 넘습니다. 예전에 다섯, 여섯 명이 한 집에서 살았다면 지금은 한두 사람이 한 집에 산다는 거예요. 그만큼 집이 더 필요하다는 얘기입니다. 이와 함께 주택의 질도 봐야 합니다. 지하방, 옥탑방, 고시원, 쪽방, 달방, 시설 등 거주 환경이 제대로 갖춰지지 않은 곳들이 많이 있어요. 절대 인구수가 감소해도 여전히 해결해야 할 문제는 남습니다. 절대 인구가 감소한다는 주장도 검증해 보아야 합니다.

청중 >> 요즘 집을 나누어 쓰는 사람들이 있는데요. 새로 짓는 거 말고 기존 주택의 공유는 어떨까요?

최창우 >> 최근의 흐름을 보면 젊은 층들을 중심으로 '공유'에 대한 관심이 높아지는 것 같습니다. 다만, 국민 정서상 집을 독립된 주거 공간으로 보는 경우가 훨씬 더 많아요. 그래서 집을 나눠 쓰느니 차라리 고시원에 들어가서 혼자 살자고 하는 분들도 많습니다. 제가 사는 노원구에서는 독거 노인들과 청년층을 연결시키려는 노력을 하고 있습니다. 외롭게 혼자 사시는 분들과 집을 구할 수 없는 청년들 모두에게 도움이 된다고 본 거예요. 그런데 신청자가 그리 많지 않습니다. 아직까지는 '내 집', '내 공간'에 대한 욕구가 크다고 봅니다.

청중 >> 현실적으로 공공 임대 주택을 확대하기에는 재정적 부담이 크다고 생각합니다. 다른 식의 해결책은 없을까요?

최창우 >> 주거 안정은 매우 중요한 문제입니다. 국민의 생존권과도 밀접해요. 저는 이 부분은 재정보다는 정부의 의지가 중요하다고 생각합니다. 지금까지 추진해온 정책들을 조금 더 강화하면 되는 거예요. 정부가 내세운 공약만 실천해도 됩니다. 한꺼번에 하자는 얘기가 아니에요. 장기적인 계획을 가지고 공공 임대 주택을 늘려서 민간 주택과 균형을 맞추는 거예요. 임대 주택 세 채 중 적어도 한 채는 공공 임대 주택으로 해서 주택을 소유하지 않은 사람들이 임대료 폭등 걱정 없이 오래 살 수 있도록 하자는 겁니다.

지금도 국가 또는 지자체 소유의 공공 부지가 꽤 있습니다. 그런데 박근혜 정부는 여기다가 뉴스테이*라 불리는 기업형 임대 주택을 지었어요. 중산층을 대상으로 해서 평수에 제한 없이 짓는다고 하는데 실제는 소득 7분위 이상 계층이 들어갈 수 있고요. 주택 소유자도 신청할 수 있게 했습니다. 한 집에서 여러 명이 신청할 수도 있게 했고요. 기업 입장에서는 의무 임대 기간이 끝나면 시세 차익을 노리고 있을 겁니다. 결국 대기업, 건설사들의 배만 불리게 되는 거예요. 문재인 정부는 시민단체의 폐지 요구를 외면하고 뉴스테이라는 이름을 '공적지원 임대 주택'으로 바꿔 부르고 있는데요. '무주택자에게 우선 지원'하고 시세보다 5~10퍼센트 낮게 공급하겠다고 하지만 고가 월세 문제와 공적 자원을 대기업 건설사에게 퍼주는 문제 등 뉴스테이가 태생적으로 가지고 있는 문제는 그대로 남아 있습니다.

공공임대주택을 공급하기 시작한 노태우 정부 때부터 공공 임대 주택 정책을 잘 세워 일관성 있게 추진했더라면 지금 장기 공공 임대 주택을 200만 호 가까이 확보할 수 있었을 거예요. 그런데도 이명박, 박근혜 정부는 자꾸 본질에서 벗어난 부양책에만 매달리다가 결국 내실을 다지지 못하고 민간 건설사들만 이익을 보게 만들었습니다. 반성은커녕 통계 수치에만 매달렸고요. 그러니 자꾸 조작하고 왜곡하는 일이 벌어졌지요. 문재인 정부에서 얼마나 바뀔지는 지켜보아야 합니다.

지금도 늦지 않았습니다. 각종 연기금 같은 재원의 사회적 투자를 활용하고 LH(한국토지주택공사)나 SH(서울주택도시공사) 같은 공공 기관이 공적 기준에 따라 공공 임대 주택을 짓는다면 지금보다 훨씬 많은 사람들의 주거권을 보장할 수 있습니다.

---

* 주택 규모와 입주 자격에 제한이 없는 장기 임대 주택. 임대로 상승은 연 5퍼센트로 제한되며 입주자가 원하면 8년간 살 수 있다. 민간 건설사가 시공하며 사업자는 저리 융자 등 각종 지원을 받는다.

저희 단체에 자문 위원으로 계시는 전문가가 한 분 계세요. 그분 말씀이, 지금 5년 임대, 10년 임대 방식의 분양용 임대 아파트를 영구 임대로 통일하자고 합니다. 사실 예전에는 기간 제한 없는 영구 임대 주택이었거든요. 노태우 정부 때만 해도 그랬고 김대중·노무현 정부 때 지은 국민 임대 주택은 임대 기간이 장기였고요. 게다가 장기 공공 임대 주택을 늘이는 추세였지요. 그러다 이명박·박근혜 정부가 들어서면서 바뀝니다. 이름만 '보금자리 주택', '행복 주택'으로 바뀌었을 뿐 전체 임대 주택 건설 규모는 계속해서 줄어듭니다. 이러다가 예전에 지은 공공 임대 주택이 낡아서 더 이상 쓰지 못하게 되면 어쩌나 걱정이 됩니다. 취약 계층 무주택자들이 갈 곳이 없어지는 사태가 올 수도 있어요.

독일도 공공 임대 주택 비율이 우리와 비슷한 5퍼센트입니다. 세입자 비율이 우리보다 조금 높고요. 그래도 독일 사람들은 걱정 안 합니다. 기간도 한정 없으니 2년마다 이사 갈 필요도 없고 임대료 폭등이 원천적으로 불가능합니다. 그냥 내 집처럼 편하게 생활하는 거예요. 독일에는 '셋방살이'라는 말이 없습니다. 제가 아는 분이 스위스에서 한 10년 살다 오셨어요. 제가 그쪽 주택 사정을 물었습니다. 그랬더니 한국처럼 이사 다닐 일이 없고 세입자 가구의 아이들도 전혀 차별받지 않고 사는 게 부러웠답니다. 또 공공 주택이 많아서 그곳에서 한평생 임대료 걱정 없이 산답니다. 재개발한다고 한꺼번에 쫓겨날 일도 없고 임대인이 집세 올려달라고 독촉할 일도 없다고 해요. 가톨릭 재단 쪽에서 공공 주택을 어마어마하게 소유하고 있대요. 세입자는 거기서 맘 편히 사는 거예요. 집이 튼튼하고 수명도 기니까 원하면 한평생 살 수도 있어요. 한편 부러웠지만, 우리도 못 할 게 뭐냐는 생각이 들었습니다. 작은 실천이 모여 큰 변화를 불러온 일들을 우리는 역사를 통해 잘 알고 있잖아요. 1년 전 촛불 항쟁도 그렇고요. 우리는 주권자로서, 유권자로서 지자체장이나 국회의원들에게 계속해서 압력을 넣을 수 있어요. 청와대 홈페이지에 글도 올려보고, 불합리한 일을 개선하자고 청원도 하고요. 스스로 뭉치는 게 중요합니다. 헌법에 주거권을 명시하자고 주장해야 합니다. 내가 참여하면 세상은 어떻게든 변합니다.

청중 >> 국가 주도가 아닌 민간의 공공 사업으로 임대 주택을 짓는 건 어떨까요?

최창우 >> 비영리 단체에서 사회 주택 같은 걸 지어서 장기 임대를 할 수도 있겠지요. 재정이 상대적으로 풍부한 종교 재단이 이런 일을 할 수도 있고요.

청중 >> 주거권 보장을 위한 다른 형태의 정책 예컨대, 주거 급여, 주거 수당 등은 어떤지요?

최창우 >> 지금도 주거 급여가 있습니다. 중위 소득의 43퍼센트 이하에 해당하고 부양 의무제에 안 걸리는 분들에게 매달 얼마씩 줍니다. 2017년 현재 3인 가족 기준으로 소득 한도는 158만 원쯤 돼요. 1인 가구면 71만 원이고요. 지원받는 세대가 전국에 80만 세대 정도됩니다. 대상도 적을뿐더러 월 지원금도 10만 원 내외예요. 주거 안정을 꾀하기에는 어림없는 액수입니다. 이런 정책을 정부에서 계속 이름을 바꿔가면서 내놓고 있어요. 지원 대상과 지원 액수를 현실화해야 합니다. 그나마 다행인 점은 문재인 정부에서 주거 급여 대상을 선정할 때 부양 의무제를 폐지하기로 했다는 점인데요. 정부는 대략 50만 세대가 더 지원받을 수 있을 것으로 예상하고 있습니다. 2018년 10월부터 시행합니다.

청중 >> 결국은 재정의 문제 아닐까요?

최창우 >> 맞습니다. 국가에서 돈을 안 들이는 게 문제예요. 각종 연기금 투자도 필요하고 새어나가는 국가 예산을 잡아내는 것도 중요합니다. 이걸 주거 안정에 쓰라고 계속해서 압력을 넣어야 해요. 국민에게 거둔 세금을 공동체를 위해 쓰는 건 국가의 의무입니다. 그 돈으로 부동산 경기를 부양하면 결과적으로 땅이나 집을 소유한 사람들만 이익이잖아요. 그래선 안 됩니다. 스웨덴이나 덴마크 같은 복지 선진국들처럼 공동체의 이익이라는 측면에서 바라봐야 해요. 증세도 필요하고요. 복지에만 쓰는 사회 복지세를 걷어야 합니다. 중산층 이상 계층은 공동체를 위해 책임을 가지고 증세를 해야 한다고 생각합니다.

5
강

누구를 위한
공적 연금
인가?

오
건
호

누구를 위한
공적 연금
인가?

반갑습니다. 오늘 말씀드릴 주제는 연금입니다.

연금은 크게 보면 두 종류가 있어요. 공적 연금과 민간 연금. 이 강의에서는 국가에서 주관하는 공적 연금을 다룹니다. 근래 공적 연금에 대한 관심이 큽니다. 이는 시간이 갈수록 더 높아질 듯합니다. 갈수록 수명이 길어지기 때문이에요. 옛날에는 60세만 되어도 오래 살았다며 환갑잔치를 했습니다. 지금은 60세면 한창나이라고 합니다. 문제는 이 시기 노동 시장에서 은퇴를 한다는 거예요. 현대 사회에서 장수는 축복이면서도 한편으론 소득이 없는 기간이 늘어나기에 불안을 불러옵니다. 현재 65세 남성 노인의 기대 수명이 대략 83세 정도입니다. 2060년 즈음엔 89세까지 늘어나고요. 여성은 현재 노인은 87세, 미래엔 95세로 남성보다 4~6세 더 삽니다. 60세에 은퇴한다고 치면 현재 노인도 여성의 경우 무려 30년가량 소득 없이 살아가야 해요. 이는 어느 한 사람만의 문제가 아닙니다. 우리 모두 앞으로 맞닥뜨리게 될 중요한 사회 문제예요.

연금을 아시나요?

앞으로 100세 시대가 도래한다고 합니다. 그러면 30세까지 사회 진출을 준비하고 30년 동안 일하고 나머지 30~40년을 노년기로 살아야 합니다. 은퇴 후 우리는 어떻게 먹고살아야 할까요?

첫 번째 방안은 가족에게 의지하는 것입니다. 전통적인 방식이지요. 자식이 부모를 부양합니다. 지금은 이런 방식이 어려워졌어요. 노후 기간이 예전에 비해 훨씬 길어졌습니다. 자식도 힘들지만, 부모도 자식에게 짐이 되고 싶지 않아하는 게 요즘 추세입니다.

두 번째는 무엇일까요? 민간 연금에 가입하는 겁니다. 텔레비전을 틀면 보험 광고가 많이 나오지요. 인기 연예인이 등장해서 젊었을 때 서두르라고 조언합니다. 이렇게 해서 개인적으로 대응책을 마련할 수도 있습니다. 문제는 누구나 그럴 수는 없다는 거에요. 돈이 없는 사람들은 민간 연금 보험에 들기 어렵습니다. 그래서 우리는 세 번째 방법에 주목합니다. 바로 국가가 운용하는 공적 연금이에요.

공적 연금은 민간 보험에 비해 다른 특징을 지니고 있습니다. 우선 전체 국민을 대상으로 의무 가입입니다. 그다음으로는 재정을 사회적 연대로 마련합니다. 본인도 대고 기업도 대고 국가도 대지요. 그렇게 해서 소득이 단절된 은퇴 이후의 노후를 공적으로 함께 대비하자는 거지요. 그래야 모든 사회 구성원이 보다 안정된 삶을 살 수 있어요. 수많은 나라에서 공적 연금을 운영하는 이유입니다.

우리나라는 2017년에 고령 사회로 진입했습니다. 전체 인구 중 14퍼센트 이상이 노인인 사회이지요. 앞으로 40퍼센트까지 늘 거로 예측합니다. 그러면 대략 100명 중에 미성년자를 제외하면 경제 활동 인구 1명이 노인 인구 1명을 부양하는 사회가 됩니다. 갈수록 공적 연금이 중요할 수밖에 없지요.

공적 연금 제도의 목표는 두 개로 요약됩니다. 하나는 모든 사람의 노후를 국가가 책임지자는 것이고요. 두 번째는 그 과정에서 부의 재분배, 복지 효과를 내자는 것입니다. 2007년까지 우리나라에서 일반 국민을 대상으로 한 공적 연금은 국민연금 하나밖에 없었습니다. 그러다가 2008년부터 기초연금이 도입되었습니다. 현재 우리나라 공적 연금은 국민연금, 기초연금 두 개로 구성돼 있지요.

기초연금 들여다보기

현재 우리나라의 공적 연금의 주축은 국민연금이지만 근래 기초연금에 대한 관심이 큽니다. 대통령 선거를 한 번 거칠 때마다 10만 원씩 오르고 있거든요. 우선 공적 연금 중에서 기초연금에 대해 살펴보지요.

기초연금은 국민연금과 달리 매달 보험료를 내지 않아도 됩니다. 만 65세 이상이 되면 국가에서 지급해요. 단, 소득과 재산을 따져서 하위 70퍼센트에 속해야 받을 수 있어요. 공무원 연금, 군인 연금, 사학 교직원 연금 적용자들은 기초연금을 받을 수 없고요.

2018년 정부에서 지급하는 기초연금은 20만 9960원입니다. 9월부터 25만 원으로 오르고, 2021년에는 30만 원까지 인상될 예정입니다. 노후에 괜찮은 공적 연금이지요. 그런데 여기에는 보완해야 할 취약점이 있어요.

첫 번째는 물가 연동 부분입니다. 매년 기초연금액이 오르는데요, 그기준이 물가입니다. 기초연금 수령액을 물가만큼 올려주고 5년마다 다시 재조정하는 방식이에요. 기초연금법이 시행되기 전에는 기초 노령 연금이었는데요, 이때는 매년 금액이 국민연금 가입자들의 평균 소득 증가율만큼 올랐어요. 그런데 박근혜 정부가 기초연금으로 이름을 바꾸고 금액을 10만 원에서 20만 원으로 올리면서 애초에 있던 소득 연동 조항 대신 물가 연동 조항을 넣었습니다.

이게 무슨 차이냐 하면, 쉽게 말씀드리면 앞으로 인상 폭을 낮추겠다는 것이지요. 일반적으로 소득 증가율이 물가 증가율보다 높습니다. 근래 물가 상승률은 해마다 0.7~1.3퍼센트쯤 됩니다. 그래서 2014년에 20만 원을 받던 분들이 2017년에 20만 6050원을 받게 됩니다. 이에 비해 소득 상승률은 3~3.4퍼센트 정도 돼요. 이게 연금액이 매년 소득과 연동되었다면 2017년 기초연금은 21만 8000원이어야 했지요. 처음엔 별것 아닌 것 같지만 시간이 지나면 그 차이가 눈에 띄게 커집니다. 당장은 문재인 정부에서 기초연금이 30만 원으로 오를 예정이어서 크게 논란이 되지 않겠지만, 시간이 흐를수록 물가 연동 방식의 효과가 커질 거에요.

두 번째는 '줬다 뺏는 기초연금'입니다. 이건 기초 생활 수급 대상인 노인들에 대한 얘기입니다. 매달 25일이 되면 수급 대상 노인들에게 기초연금 20만 원이 입금됩니다. 여기까지는 아무 문제가 없어요. 그런데 이분들이 매달 20일 생계 급여를 받는데요. 이때 기초연금만큼 금액이 공제하는 거지요.

해당 노인의 입장에서는 20만 원이 들어왔다가 다시 20만 원이 나가니 받으나 마나 한 상황이 되는 거예요. 그 수가 무려 40만 명입니다. 2016년 총선 때 더불어민주당은 '줬다 뺏는 기초연금' 해결하겠다고 공약을 내걸었어요. 그런데 문재인 정부가 들어서자 이 약속이 사라집니다. 보건복지부는 그 근거로 공공 부조의 보충성 원리를 내세워요. 이는 정부가 정한 기준액(과거에는 최저 생계비)보다 소득이 적을 때 부족분만큼을 생계 급여로 보충해주는 원리에요. 그래서 기초연금만큼 소득이 늘었으니 생계 급여를 그만큼 삭감해버려요. 하지만 이러면 형평성 문제가 발생해요. 기초연금은 기초 생활 보장 제도가 정착된 이후 도입되었어요. 그러다 보니 기초 생활 보장 수급 노인은 기초연금이 시행되어도 가처분 소득에 아무런 변화가 없고 그 이상 노인만 소득이 늘었어요. 이제 그 격차가 25만 원, 30만 원으로 커질 예정이고요. '형평성' 문제가 더 커지는 거지요. 특히 불이익 대상이 우리 사회 가장 가난한 노인이라는 점에서 무척 심각한 문제이지요. 기초연금은 보충성 원리를 적용하지 않는 게 맞다고 봐요. 지금도 양육 수당, 장애인 연금, 국가 유공자의 생활 조정 수당, 참전 유공자의 참전 명예 수당 등은 소득 인정액 산정에서 빼고 있듯이 말이죠.

세 번째는 '국민연금 연계 감액'이라는 건데요. 이건 국민연금 가입 기간에 따라 기초연금액을 삭감하는 거예요. 오래 가입한 사람은 국민연금 많이 받으니까 기초연금을 덜 주겠다는 겁니다. 현행 국민연금에서는 가입 기간이 길수록 순혜택이 큽니다. 그러니 기초연금은 가입 기간과 연동해 일부 감액하는 게 공평하다는 논리에 따라 박근혜 정부에서 도입되었지요. 이런 입장에서 보면 '국민연금 연계 감액'이 타당하다 주장할 수는 있어요. 하지만 저는 이로 인해 가입자들이 국민연금에 대한 불신이 커지고 결국 국민연금 개혁에 장벽이 될 수 있다고 판단해요. 국민연금 장기 가입자들이 얻는 순혜택은 보험료율 인상을 통해 조정하는 게 정공법이지요.

이번에는 우리나라 공적 연금의 대표 주자인 국민연금을 살펴보지요.

국민연금은 1988년에 도입되었습니다. 매달 일정액을 내고 나중에 급여를 받아요. 국민연금 급여에는 노령 연금, 장애 연금, 유족 연금 등 종류가 다양해요. 그리고 가장 기본 유형은 일정 기간을 채우고 받는 '노령연금'이지요. 최소 가입 기간이 10년이고요. 지금은 만 61세 이후부터 지급됩니다(점차 65세까지 수급 개시 연령이 높아질 예정).

국민연금 가입 대상은 누구일까요? 국민연금 가입자는 다음 세 종류가 있습니다. 첫째는 사업장 가입자입니다. 직장인들을 말하는 거예요. 18세 이상~60세 미만 근로자를 대상으로 합니다. 의무 가입이지요.

두 번째는 지역 가입자입니다. 사업자 가입자가 아닌 사람들로 역시 의무 가입입니다. 대신 소득이 없으면 보험료 납부를 면제하고 급여도 주지 않지요. 이런 사람을 '납부 예외자'라고 부릅니다. 세 번째는 임의 가입자입니다. 가입 의무가 없는데 자발적으로 가입한 사람들입니다. 대표적으로 전업주부가 여기에 해당합니다. 또한 임의 계속 가입도 가능해요. 60세가 됐지만 65세까지 가입 기간을 연장해서 계속 보험료를 낼 수 있어요. 가입 기간이 길수록 나중에 받는 연금액도 커지니까요.

보험료율은 소득의 9퍼센트입니다. 직장인의 경우 절반은 사업주가 부담합니다. 지역 가입자는 전액을 본인이 내야 하고요. 국민연금 보험료율 9퍼센트는 다른 보험인 건강 보험(약 6%), 고용 보험(1.3%)에 비하면 높은 편입니다. 그만큼 국민연금 보험료에 대한 부담이 크게 다가오지요.

다음으로 국민연금을 통해 받을 수 있는 금액을 알아보겠습니다. 잠시 표를 보겠습니다.

노령 연금의 가입 기간별 금액

(단위 : 만 원, 2016년 12월 기준)

가입 기간	20년 이상	10~19년	5~9년	평균(특례 포함)
평균 연금액	88	40	21	49 (37)

· 출처 : 국민연금공단(2017), 〈국민연금 공표 통계〉 2016년 12월 말 기준.

2016년 국민연금 수령자들이 받은 연금액이 평균 49만 원입니다. 20년 이상 보험료를 내신 분들은 평균 88만 원을 받고요.

아까 10년을 가입해야 나중에 연금을 받을 수 있다고 말씀드렸지요. 그러면 10년이 안 되는 분들은 어떻게 하느냐, 예컨대 보험료를 9년 치만 냈다고 하면 노인이 되었을 때 연금 공단에서 지금까지 낸 돈에 이자를 더해서 일시금으로 줍니다. 이걸 반환 일시금이라고 해요.

1988년도에 국민연금이 처음 시행될 때는 최소 납입 기간이 15년이었어요. 60세 될 때까지 15년 동안 매달 보험료를 내면 연금 수급권이 발생하지요. 그런데 당시 15년을 낼 수 없는 사람들, 예컨대 46세 이상 되는 사람들은 지금부터 열심히 부어도 어차피 연금을 못 받게 되잖아요. 그래서 특례 조항을 만들었어요. 여기에 해당되는 사람은 5년만 가입하면 수급권을 부여했지요. 지금 현재 국민연금에서 노령 연금을 받는 336만 명 중 무려 43퍼센트인 146만 명이 특례에 해당해요. 즉, 10년 가입 기간 안 채우고 5년에서 9년 가입해서 받으시는 분들이에요. 그러니 당연히 금액이 적죠. 특례 수급자들을 포함해 계산하면 연금 평균액은 37만 원으로 낮아져요. 그래도 납부한 보험료를 기준으로 보면 결코 낮은 금액은 아니에요. 이에 대해서 뒤에서 다시 살펴보겠습니다.

사각지대에 있는 사람들

자, 여기까지 우리나라 국민연금의 개요를 말씀드렸고요. 그렇다면 문제점이 뭔가? 이걸 따져보겠습니다.

우선 연금 액수를 다시 볼게요. 우리가 나중에 받는 연금액 수준을 급여율 혹은 대체율로 표현합니다. 젊었을 때 번 소득의 몇 퍼센트를 연금으로 대체하느냐를 나타내는 수치예요. 국민연금은 40년 가입 기준으로 40퍼센트예요(미래 2028년 가입자 기준 모형). 40년 동안 매달 보험료를 꼬박꼬박 낸다면 은퇴했을 때 소득 대비 40퍼센트를 연금으로 주겠다는 겁니다.

젊었을 때 소득이 평균 200만 원이었다면 80만 원을 연금으로 받아요. 괜찮은 조건인가요? 맹점은 '40년'을 빼먹지 않고 부어야 한다는 겁니다. 20살에 직장에 들어가서 국민연금에 가입했다면 60세까지 계속 보험료를 내야 그 돈을 받습니다. 이게 가능할까요? 전문가들은 국민연금 가입 기간이 평균 20에서 24년 정도 될 걸로 예상합니다. 40년 가입해서 40퍼센트 받는데, 20년이라면 얼마나 받겠어요? 20퍼센트입니다. 제가 200만 원 소득자라면 은퇴 후 40만 원을 받게 되는 겁니다. 여기서 40퍼센트는 법정 명목 급여율이라고 하고, 20퍼센트는 가입 기간을 반영해서 실제로 받을 급여이기 때문에 실질 급여율이라고 합니다.

명목 급여율이 높아도 실제 가입 기간이 짧으면 연금액은 적습니다. 특히 요즘처럼 고용이 불안정한 상태에서 직장 생활을 40년간 꾸준히 하기란 정말 어렵습니다. 가입 기간이 짧은 사람들, 불안정한 노동 시장에서 살아가는 사람들에게 국민연금이 실질적인 노후 보장 수단으로 제 역할을 할 수 있을까요?

국민연금의 문제는 자연스럽게 '사각지대'로 집중됩니다. 우선 지역 가입자의 사각지대가 심각합니다. 국민연금에서 직장 가입자는 보험료의 절반만 내요. 나머지는 사업장에서 내줍니다. 월 100만 원 버는 소득자라면 한 달에 4만 5000원을 내요. 반면 똑같이 버는 지역 가입자는 9만 원을 내야 하고요. 지역 가입자는 특별한 부자들을 빼고 나면 영세 자영업자가 대부분입니다. 이 돈도 부담이지요. 심지어 보험료를 낼 능력이 없어 보험료를 내지 않는 납부 예외자가 지역 가입자의 절반에 달해요. 보험료를 안 내면 당연히 나중에 연금 혜택도 못 받아요. 이렇게 지역 가입자 중에 광범위한 사각지대가 생깁니다.

또한 보험료를 기업이 절반을 내주는 노동자들에게도 사각지대가 넓게 발생합니다. 현재 비정규 노동자 3분의 2가 국민연금 바깥에 있습니다. 그만큼 보험료를 낼 여력이 없는 노동자가 많고, 보험 설계사, 학습지 교사 등은 아예 노동자로 인정받지 못하고 있지요.

거꾸로 국민연금 가입 의무 대상자가 아니면서도 자발적으로 보험료를 내는 사람들이 있어요. 이를 '임의 가입자'라고 하는데 50만 명 가까이 됩니다. 이 중엔 가정주부가 많고요. 국민연금의 장점을 눈치챈 사람들이죠.

국민연금은 다른 은행 저축이나 민간 보험보다 월등하게 조건이 좋습니다. 평균 소득 가입자를 기준으로 분석하면, 낸 돈에 비해 두 배 정도 돌려받습니다. 민간 보험은 이론적으로 낸 것만큼만 받아요. 관리 운영 비로 떼가는 게 있으니 사실은 그만큼도 못 받지요.

이러니 국민연금을 둘러싸고 역설적인 상황이 생깁니다. 상대적으로 여유가 있는 사람들은 오래 가입하는데, 진짜 어려운 사람들은 당장 보험료 내기 어려워 사각지대에 머무는 거지요.

지금 상황에서 국민연금의 보장 금액을 높이는 방법은 두 가지입니다. 하나는 대체율을 높이는 겁니다. 현재의 40퍼센트에서 50~60퍼센트로 올리면 받는 금액이 커집니다. 그만큼 보험료도 더 내야겠지요. 또 하나는 개인적으로 가입 기간 연장입니다. 갑자기 가입 기간을 어떻게 늘리느냐고요?

먼저 '반납'이 있어요. 과거 IMF 금융 위기 때 국민연금을 반환금으로 되돌려준 적이 있습니다. 지금은 이게 허용되지 않습니다만, 그때는 생계 자금으로 쓰라고 그동안 부은 돈을 일시금으로 반환해주었어요. 이런 분들은 지금이라도 그때 받은 돈을 반납하면 돼요. 그때 연금에서 500만 원을 빼서 썼으면 매년 이자를 계산해서 그 돈만큼 다시 내는 거예요.

또 하나는 추납(추후 납부)입니다. 과거에 여러 사정으로 내지 못한 보험료를 나중에 내는 거예요. 예컨대 직장 생활을 하다가 결혼하고 전업주부가 된 분이 있다고 합시다. 지금이라도 전업주부 기간에 해당하는 보험료를 내면 그동안 못 낸 기간을 채울 수 있어요. 결과적으로 가입 기간이 늘어나고 그러면 당연히 연금 액수가 늘어나겠지요.

근래 반납, 추납이 늘고 있습니다. 그만큼 현금 여력을 지녀야 하니 아무래도 중상위 계층이 이런 제도를 적극 활용하겠지요. 이 역시 저소득 계층에게 높은 장벽인 셈이지요. 결국 국민연금으로는 불안정한 계층의 노후가 해결되기 어렵다는 게 제 생각입니다. 더 넓은 시야의 해법이 요청되지요.

계층 간 세대 간 형평성 문제

국민연금은 보통 소득 재분배 제도라 소개됩니다. 하위 계층일수록 높은 급여율을 적용받기 때문이지요. 그러면 실제 소득 재분배 효과가 나고 있을까요? 그렇지 않습니다. 현실에서는 거꾸로입니다.

국민연금 급여 구조를 꼼꼼히 살펴봐야 합니다. 국민연금은 자기가 받는 급여를 100이라면 50은 비례 급여, 즉 자기가 낸 보험료에 비례해서 받아가고요. 나머지 절반은 균등 급여입니다. 이건 자기가 낸 보험료가 아니고 모든 가입자들의 평균 소득, 평균 보험료 기준으로 정해져요. 표 하나를 보겠습니다.

가입자의 계층별 급여 구성과 급여율				
소득	균등 급여	비례 급여	총액	급여율
100만 원	40만 원	20만 원	60만 원	60%
200만 원	40만 원	40만 원	80만 원	40%
300만 원	40만 원	80만 원	120만 원	30%

지금 월 200만 원 소득자가 국민연금 가입자의 딱 평균이에요. 이분이 40년 동안 보험료를 납부하면 나중에 80만 원을 매달 연금으로 받게 됩니다. 절반인 40만 원은 비례 급여로 나머지 40만 원은 균등 급여로 받아요. 그 이상, 이하 계층은 소득에 따라서 다음과 같이 받게 됩니다.

가입 기간이 40년이라면 100만 원 버는 사람이나 400만 원 버는 사람이나 균등 급여는 똑같이 40만 원입니다. 근데 비례 급여에서 각각 20만 원, 40만 원, 80만 원으로 두 배씩 차이가 나요. 평균 소득자(200만 원)는 비례 급여나 균등 급여가 같습니다. 저소득자인 100만 원 소득자는 비례 급여보다 균등 급여가 많아요. 400만 원 소득자는 비례 급여가 더 많습니다. 그래서 자기 소득 대비 연금액 비율, 즉 급여율을 보면 하위 소득자일수록 높게 나오지요.

그런데 실제로 누가 국민연금 가입으로 가장 혜택을 많이 얻을까요? 현행 국민연금 제도에서 가입자들은 비례 급여를 통해 자신이 낸 보험료를 돌려받습니다. 여기에 또 균등 급여가 있지요. 바로 균등 급여 몫이 국민연금 가입에 따른 순혜택이라 볼 수 있습니다. 균등 급여는 누구에게 많이 돌아갈까요? 균등 급여는 가입자 평균 소득을 기준으로 계산되니 모든 가입자에게 동일한 값이 부여됩니다. 결국 오래 가입할수록 균등 급여액도 많아지겠지요. 이에 장기 가입자, 즉 고용이 안정된 사람들, 한 직장에서 오래 있을 수 있는 사람일수록 국민연금이 유리합니다. 현재 국민연금 가입자의 예상 가입 기간을 추정해보면 하위 20퍼센트는 13년밖에 안 되고 상위는 28년입니다. 비정규 노동자의 3분의 2는 아예 직장 국민연금에 가입해 있지도 못해요. 가입 기간이 없으니 균등 급여 혜택을 받지 못합니다.

국민연금은 보험이자 복지 제도입니다. 국민 모두의 안정된 삶을 추구하면서 부의 재분배 효과를 목표로 하고 있어요. 젊었을 때는 자본주의 시장 경쟁에 의한 격차가 벌어지더라도 은퇴 후에는 고르게 보장받아야 해요. 그런데 현행 국민연금 구조에서는 젊었을 때의 격차가 그대로 이어집니다. 오히려 심화되지요. 젊었을 때 고생한 사람들이 늙어서 더 고생합니다.

게다가 국민연금은 세대 간 형평성 문제도 지니고 있어요. 현재 세대는 보험료로 100을 내면 은퇴해서 약 200을 받아요. 나머지 100은 미래 세대가 떠안게 되는 거예요. 그렇다면 이걸 해결할 방법은 무엇일까요? 지금부터 그 이야기를 해보려고 합니다.

지속 가능한 연금 만들기

제가 그래프를 하나 보여드릴 텐데요. 현행 국민연금의 미래 재정 곡선입니다.

2017년 국민연금 기금이 약 600조 원에 달합니다. 현재도 상승 지점에 위치합니다. 2043년까지 계속 늘어날 전망이지요. 이때까진 보험료와 기금 수익이 연금 지출액보다 많기 때문입니다.

우리나라 국민연금의 역사가 30년밖에 안 돼요. 지금은 가입자가 2000만 명인데 수급자는 400만 명뿐이에요. 받는 사람은 적고 내는 사람만 많다 보니 결국 기금은 쌓여요. 낸 거에 비해 두 배를 지급하지만 재정적으로 버틸 만합니다. 축구로 치자면 이제 전반전인 거예요. 팔팔합니

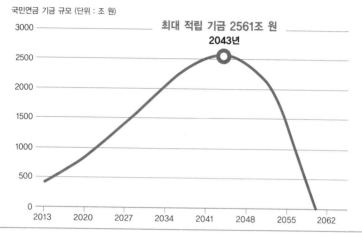

국민연금 기금 규모 (단위 : 조 원)

최대 적립 기금 2561조 원
2043년

· 출처 : 2013년 국민연금 장기 재정 추계

다. 앞으로 30년까지 기금은 계속 쌓입니다. 문제는 후반전이에요. 가입자가 수급자로 전환하면서 슬슬 재정이 적자로 돌아섭니다.

정부가 2013년에 발표한 재정 계산을 보면 2060년에는 기금이 모두 소진됩니다. 현재의 급여율에 상응하는 필요 보험료율이 약 14~16퍼센트는 되어야 한다는 게 전문가들의 의견입니다. 결국 미래 세대의 부담이 늘어날 겁니다. 미래 세대들이 받을 연금은 지금과 똑같을 거고요. 지금 세대는 소득의 9퍼센트만 내고 그만큼 받는데 미래 세대는 두 배 이상 내야 그만큼 받습니다. 이걸 방치한다면 우리 세대는 두고두고 비판을 받을 거예요.

문재인 정부는 국민연금 대체율 인상을 말합니다. 대선 토론에서는 문재인 후보가 현행 40퍼센트에서 50퍼센트로 올리겠다고 제안했지요. 노후에 받을 돈이 늘어나니 좋습니다. 그런데 받을 돈에 대해서는 얘기하면서 매달 내야 할 보험료는 얼마로 할 건지 말이 없어요.

그 정도 받으려면 얼마를 내야 하는지, 외국의 사례를 보면 짐작할 수 있습니다. OECD 국가에도 우리나라의 국민연금 같은 공적 연금 제도가 있습니다. 납부 방식을 우리처럼 국민 건강 보험료 따로, 고용 보험료 따로, 국민연금 따로 하는 나라가 있고 다 합쳐서 사회 보험료로 내는 나라가 있어요. 그중 우리처럼 별도로 내는 18개 나라만 모아서 통계를 내 보았습니다. 그랬더니 받는 돈은 거의 비슷해요. 우리처럼 평균 소득의 40퍼센트쯤 됩니다. 그런데 내는 돈, 즉 보험료율은 우리가 9퍼센트인데 그쪽은 15퍼센트예요. 왜 그럴까요? 그 정도는 내야 미래 세대에게 짐 안 지우고 유지가 된다는 의미이지요.

우리나라 국민연금은 내는 것과 받는 것의 차이가 큽니다. 우리는 통상 국민연금 하면 다음과 같이 생각합니다. '국민연금 가입하면 얼마 받을 수 있어?', '앞으로 재정이 고갈된다는데 제대로 받을 수는 있는 거야?', '그 돈 받아서 노후가 보장되겠어?'

이런 마음을 읽은 정치인들은 연금 수령액을 올리겠다고 공언합니다. 지금 국민연금을 둘러싼 논의도 여기에 치우쳐 있고요. 저는 시각을 달리해야 한다고 생각해요. 어떻게 하면 좀 더 많은 사람들이 더 오래 가입해서 연금을 받을 수 있게 할 것인가? 또한 미래 세대에 부담을 경감하면서 지속 가능한 연금 제도를 세울 것인가?

지금 국민연금에 대한 평가는 누구의 눈으로 보느냐에 따라 달라집니다. 세대별로 계층별로 입장이 달라질 수밖에 없지요. 당신이 안정된 직장의 정규직 노동자냐 비정규직 노동자냐에 따라, 은퇴를 앞둔 계층인지, 아직 태어나지 않은 미래 세대인지에 따라 국민연금은 다르게 보입니다.

계층 간 갈등을 말하려는 게 아닙니다. 국민연금이 지닌 형평성 문제를 직시하자는 겁니다. 그리고 물어야 합니다. 누구의 눈으로 보는 게 더 정의로울까요?

예컨대 보험료율(내는 금액)을 올리지 않고 대체율(받는 금액)만 올렸을 때의 결과는 어느 한쪽에만 유리합니다. 그것은 과연 정의일까요?

지금 양극화된 사회 구조 속에서 현행 국민연금이 부의 재분배와 노후 안정이라는 목적을 달성할 수 있을까요? 누구의 눈으로 어떤 계층의 시각으로 연금의 보장성을 확보할까 하는 게 우리에게 남겨진 과제라고 할 수 있어요.

정치권에서도 이 문제를 두고 논란이 계속되고 있습니다. 그 핵심에는 대체율 즉, 노후에 얼마를 받을 것이냐에 있어요. 노후를 보장하려면 지금 받는 액수로는 부족하다는 데 많은 사람들이 동의합니다. 다만, 그 해법을 두고 이견이 있습니다.

현재 정치권에서는 50퍼센트로 대체율을 올리자고 합니다. 그렇다면 보험료도 올려야 할 텐데요, 이 부분이 애매합니다. 2015년 국회 국민연금 개혁 논의에서는 현행 9퍼센트 보험료율을 10퍼센트로 1퍼센트만 올리면 충분하다는 주장까지 나왔지요. 이건 적절한 제안이 아닙니다. 이렇게 되면 국민연금 중심권 가입자, 가입 기간이 긴 사람들만 더 혜택을 많이 얻습니다. 가입 기간이 짧은 사람이나 사각지대에 있는 사람들은 여전히 혜택이 적거나 없고요. 또 그만큼 미래 세대 부담도 더 늘어나고요.

이제는 불안정한 노동자, 국민연금의 접근성이 취약한 계층을 대상으로 연금 정책을 펴야 합니다. 그리고 미래 세대와 재정 책임을 공유하는 방식을 찾아야 합니다.

기초연금 중심으로 개혁하자

국민연금 안에서 모든 문제를 해결할 수 없다면 시야를 전체 법적 의무 연금으로 넓혀야 합니다.

지금 우리나라는 연금이 세 개에요. 10년 전에는 국민연금밖에 없었습니다. 그러다 두 개가 더 생겼어요. 우선 65세 노인이면서 하위 70퍼센트에 속하면 지급받는 기초연금이 있고요. 1년 이상 고용된 상시 노동자에게 적용되는 퇴직 연금도 있습니다. 퇴직 연금은 민간이 운용 주체이지만 법정 연금이므로 준공적 연금으로 볼 수 있습니다. 우리나라 퇴직 연금 보험료율이 얼마인지 아세요? 소득의 8.3퍼센트입니다. 국민연금 보험료율 9퍼센트에 근접합니다. 이제는 이 세 연금을 종합적으로 봐야 합니다.

우선 저는 기초연금을 공적 연금 체계의 중심에 두고자 합니다. 기초연금은 현재의 노인 빈곤에 대응하는 강점이 있어요. 30만 원으로 올리면 당장 현재 노인이 혜택을 받습니다. 또한 하위 계층 노인들한테만 누진적으로 더 주는 방안도 도입할 수 있습니다.

기초연금의 재정 구조도 강점입니다. 기초연금은 필요한 돈을 그때그때 세금으로 걷습니다. 국민연금처럼 미래 세대로 넘길 위험이 없어요. 우리 세대가 기초연금 액수를 정하고 재정까지 조달해요. 깔끔합니다. 우리 세대에 책임성을 보여주는 거죠. 또한 기초연금은 적립금이 없습니다. 필요한 만큼 걷어서 그해 사용하니 기금 운용의 부담에서 자유롭습니다.

퇴직 연금은 제2의 국민연금으로 만들 수 있습니다. 지금처럼 민간 금융사가 그 돈을 가져가는 게 아니라, 국민연금처럼 공단을 설립해서 따로 관리하는 거예요. 나라에서 관리하면 민간 기업이 가져갈 몫의 돈을 아낄 수가 있잖아요. 그러면 우리나라 공적 연금의 법정 명목 급여율을 70퍼센트까지 올릴 수 있습니다. 국민연금 40퍼센트, 기초연금 10퍼센트에다 퇴직 연금이 약 20퍼센트의 급여율을 지니기 때문이지요. 이렇게 퇴직 연금을 공적 연금으로 전환해서 국민연금의 낮은 대체율을 보완하자는 겁니다.

과거에 우리나라 공적 연금은 국민연금 단일 체계였습니다. 지금은 국민연금 중심의 이원 체계에요. 주축은 국민연금이고 기초연금이 옆에 붙어 있는 격이에요. 국민연금 급여율 인상이 어려운 상황이라면 기초연금 혜택을 30만 원에서 40만 원, 이런 식으로 키워나가야 합니다. 그러면 앞으로 우리나라 공적 연금의 체계가 바뀝니다. 기초연금이 중심축이 되고 그 옆에 국민연금이 조연을 하는 방식이지요. 여기에 퇴직 연금이 들어와서 중상위 계층들의 대체율을 높여 줍니다. 이게 제가 생각하는 공적 연금 개혁의 큰 틀입니다.

물론 여기서도 어려운 숙제가 등장합니다. 바로 세금입니다. 아까 말씀드렸듯이 기초연금은 매달 개인이 내는 돈을 적립하여 운용되지 않습니다. 세금을 걷어서 쓰지요.

위의 단계적 개혁이 성공하려면 증세가 필요합니다. 빚내서 기초연금 주면 국민연금과 마찬가지로 후대에 빚을 떠넘기는 결과를 낳게 돼요. 증세가 뒷받침되어야 온전히 효과를 발휘할 수 있습니다.

더 근본적으로는 노후의 재구성도 요청됩니다. 미래 사회는 초고령 사회입니다. 지금은 100명 중 노인이 14명입니다. 2060년 무렵엔 100명 중 40명이 노인이 된다고 합니다. 이런 사회가 지속 가능할까요?

저는 근본적으로 노인 개념 자체에 대한 재구성이 필요하다고 봅니다. 국제적으로 복지의 대상으로서의 '노인' 개념이 생긴 게 1950년대 이후입니다. 인간의 수명이 늘어나니 유엔(UN)에서 각 국가에 노인을 사회 정책의 대상으로 삼으라고 권고합니다. 그때 '노인'의 기준 나이가 65세였어요. 지금도 우리는 그때의 기준을 사용합니다. 앞으로 노인 개념에 대한 시야 확대가 필요합니다.

65세 이후에도 사회적 활동을 계속할 수 있도록 유도하고 나라가 책임지는 연령은 그 뒤로 늦춰야 해요. 물론 68세, 70세 노인에게 노동 시장에서 젊은이들과 똑같이 경쟁하라고 말할 수는 없습니다. 대신 협동과 협력이 기반이 되는 그런 역할 공간을 마련해야 해요. 정글 같은 노동 시장이 아니고 지역 공동체 관계망으로 그분들을 끌어들여야 합니다. 자신들의 사회적 경험을 나누고 일부 경제적 기반을 마련할 수 있는 여건을 만드는 겁니다. 이런 체계가 구축되면 전체 연금의 수급 기간을 줄일 수 있고 기존의 연금 체계가 지속 가능하게 갈 수 있다고 봅니다.

정리하지요. 지금까지 제가 기초연금 중심의 공적 연금 개혁을 얘기했습니다. 이게 가능하려면 증세와 지역 공동체를 중심으로 한 노후의 재구성이라는 과제를 풀어야 합니다.

기초연금을 조달할 수 있는 증세를 이루고, 노인이 활동할 수 있는 생활 공동체를 만들어가야 합니다. 이 과제는 미래 아이들의 몫이 아닙니다. 현재를 사는 우리들의 손에 달려 있습니다. 그래서 제가 낸 책 제목도 『내가 만드는 공적 연금』입니다.

청중 >> 제가 현재 57세입니다. 65세까지 일을 할 수 있습니다. 중간에 미납 기간이 있어서 실제 납입 기간이 10년이 조금 안 되거든요? 앞으로 연금을 받을 수 있을까요?

오건호 >> 가입 기간이 10년이 넘으면 수급권이 발생하니까 앞으로 계속 보험료를 내시면 수급 기간 10년을 채우시겠네요. 가능한 한 가입 기간을 늘리는 게 좋으니 추가 납입이 가능한지 문의를 해보세요. 국민연금공단 지사에 전화하면 안내를 해드릴 거예요. 일괄 납입 대신 분할하는 방법도 있습니다. 어쨌든 추가 납부를 해서 납입 기간을 늘리는 게 유리해요.

청중 >> 저는 예전에 국민연금에 가입했었는데, 납입했던 보험료를 모두 반환해 사용했었어요. 그땐 신청하니 돌려주더라고요. 이후 다시 취직해 국민연금에 가입했지만 나중에 은퇴해도 가입 기간이 그리 길 것 같지 않네요. 과거에 타 써버린 게 안타깝긴 하지만 그땐 어쩔 수 없었어요.

오건호 >> 선생님처럼 과거에 국민연금을 반환받아간 사람을 위해 국민연금에 '반납' 제도가 있습니다. 이전에 반환받은 금액을 다시 납부하면 그만큼 가입 기간을 복원해줍니다. 특히 반납은 과거 납부했던 시기의 급여율을 적용해주니 지금보다 높은 급여율을 얻을 수 있습니다. 과거 반납금에 이자를 더해 내야 하기에 현금 부담이 생기지만, 여력만 있다면 꼭 하시길 권합니다.

6
강

노동과
복지

남
재
욱

노동과
복지

이번 시간에 다룰 주제는 노동과 복지입니다. 한국의 사회 복지계에서는 '노동 복지'라는 말을 잘 쓰지 않습니다. '노동'이라는 말 자체가 한국에서 공식적인 용어로 잘 안 쓰이는 경향이 있지요. 대신에 '근로'라는 표현을 많이 씁니다. 복지도 마찬가지입니다. 노동 복지라는 말은 잘 안 쓰는데 근로자 복지 혹은 근로 복지라는 말은 흔히 씁니다. 산업 복지라는 표현도 씁니다. 교과서에 나오는 정의를 옮겨보면 근로자 복지는 "지방 공공 관청, 기업, 노동조합, 협동조합이 주체가 되어 근로자와 가족의 생활 안정, 생활 수준의 향상과 복지 증진을 목적으로 하는 활동"이라는 의미로, 산업 복지는 "근로자와 가족의 물질적·정신적 만족과 삶의 질을 향상시키기 위한 각종 시책이나 활동" 정도가 됩니다. 약간 차이는 있지만 근로자와 그 가족의 복지 문제를 다루는 것임을 알 수 있지요. 산업 복지나 근로자 복지라고 할 때는, 정의에서 알 수 있는 것처럼 꼭 국가 혹은 공공의 복지뿐 아니라 노동조합 활동이나 기업 안에서 이루어지는 근로자 지원 프로그램(employee assistance program, EAP) 같은 제도들도 포함됩니다. 하지만 오늘 강의는 공적 복지 영역에 초점을 맞추어서 이야기하고자 합니다.

한국에서는 노동 복지라는 표현을 잘 쓰지 않는다고 했는데, 역사적으로 보면 임금 노동과 복지는 대단히 밀접한 관계를 가지고 있습니다. 이를 가리켜 짐머만(Zimmermann, B.)이라는 학자는 서구 복지국가가 '임금 노동자 문제'를 해결하기 위해 생겨났다고 설명했어요.[*]

임금 노동자 문제라는 게 뭘까요? 자본주의의 시작은 많은 변화를 가져왔지만, 그중에서도 한 가지를 꼽자면 노동의 변화입니다. 자본주의 성립 이전에 경제 활동은 노예를 제외하면 나름의 생산 수단을 가진 자영농이나 수공업자들 위주로 이루어졌습니다. 그런데 자본주의 성립 이후에는 오로지 자신의 노동력을 파는 것만으로 생계를 이어나가는 사람들이 생겨납니다. 아니, 그냥 생겨나는 것이 아니라 경제 활동 인구의 대부분을 차지할 만큼 불어나지요. 이를 '노동력의 상품화'라고 합니다. 폴라니는 노동이 상품이 된 것이 인간을 상품화한 것과 다름없다는 의미에서 '허구적 상품화'라고 했지요.[**] 상품화할 수 없는 것을 상품화했다는 의미입니다. 폴라니의 설명을 고스란히 받아들이지는 않더라도 노동을 팔아 생계를 이어가는 프롤레타리아, 즉 노동자가 자본주의와 함께 등장한 계급인 것은 분명합니다. 그리고 그로 인해 당시로서는 새로운 사회적 문제가 발생한 것도요.

---

[*] Zimmermann, Benedicte(2006), "Changes in work and social protection: France, Germany and Europe," *International Social Security Review* 59(4), 29-45.

[**] 칼 폴라니. (2009). 『거대한 전환』. 홍기빈 역. 도서출판 길. (원문 출판 1944).

일체의 생산 수단 없이 노동력을 팔아 생계를 잇는다는 것은, 일시적인 혹은 영구적인 노동력의 중단이 곧바로 생명을 위협한다는 것을 의미합니다. 농경 사회의 농가를 가정해보죠. 가족 구성원 중 한 명이 사고로 노동할 수 없게 된다면 어려운 상황에 직면하겠지만, 그렇다고 생계 수단이 전부 없어지는 것은 아닙니다. 가족이 경작하던 농장은 그대로 있거든요. 게다가 농업은 마을 단위, 혹은 적어도 가족 단위로 이루어지기 때문에 모자란 노동력을 나누어 보충할 수 있습니다. 조금 더 고되기는 하겠지만요. 하지만 산업화와 도시화, 그리고 임금 노동의 등장은 이런 상황을 많이 바꾸었습니다. 가족 구성원 중 한 명이 사고로 노동할 수 없으면 그 사람 몫의 소득이 완전히 사라집니다. 게다가 산업 사회의 핵가족 구조는 과거와 달리 가족 중 한 사람만이 임금 노동에 종사하여 가족의 생계를 부양하는 가족 제도를 일반화시켰어요. 그러니까 가장이 노동할 수 없게 됐을 때, 그 가족 전체의 생계가 끊어지는 상황이 된 겁니다.

이것이 '임금 노동자 문제'가 가리키는 것입니다. 사회 복지학에서는 이것을 흔히 '사회적 위험'이라고 불러요. 사회적 위험은 학자에 따라 다양하게 정의하지만, 어떤 정의에서나 개인에게 발생한 불가피한 상황으로 소득을 위한 활동을 할 수 없는 것을 가리킵니다. 여기에 하나 더하자면 갑작스럽게 큰 지출이 필요해지는 상황이 포함돼요. 노령, 장애, 사망, 질병, 분만, 산업 재해, 실업 같은 위험들입니다. 그래서 복지국가는 여기에 대응하는 제도들을 발전시켜왔습니다. 노령, 장애, 사망에 대응하는 연금 제도, 질병에 대응하는 건강 보장 제도, 산업 재해에 대응하는 산재 보험 제도, 실업에 대응하는 실업 보험 제도 같은 사회 보험이 가장 전형적인 방식입니다. 여기에 양육에 드는 비용을 지원하는 아동 수당과 빈곤에 대한 최후의 안전망인 공공 부조가 뒤를 받침으로써 전통적 복지국가의 핵심적인 구조는 모두 갖춰집니다.

복지국가가 임금 노동자 문제에 대한 대응이기 때문에 그 형성에 있어서도 임금 노동자가 중요한 역할을 합니다. 19세기 후반, 최초의 사회 보험을 도입한 독일의 비스마르크의 목적이 노동자 계급이 사회주의에 물드는 것을 막고, 국가의 산업 발전을 위해 이들을 포섭하고자 한 것이었음은 잘 알려져 있습니다. 그뿐이 아닙니다. 코르피(Korpi, W.)라는 스웨덴 학자는 노동조합과 노동자 정당의 역할이 복지국가, 특히 보편적 복지국가의 형성에 중요한 역할을 했음을 설명한 바 있지요. 사회 복지학에서는 이를 '권력 자원 동원 이론'(power resource theory)이라고 합니다.* 복지국가의 발달에 대해서는 이후에 여러 가지 다른 이론들도 나왔습니다만, 권력 자원 동원 이론은 여전히 그 설명력을 인정받고 있는 이론 중하나입니다.

노동 시장과 복지국가

너무 거친 단순화긴 하지만 어쨌든 복지국가의 등장에 이런 배경이 있었기 때문에, 복지국가 제도들은 노동 시장과 밀접한 관계를 맺고 있습니다. 특히 사회 보험 중심의 전통적 복지국가 제도는 특정한 노동 시장

---

* Korpi, W. (1983). *The democratic class struggle*. Routledge.

에 대한 가정에 기초하여 발달했습니다. 2차 대전 종전 이후부터 적어도 1970년대 중반까지 이른바 '자본주의의 황금기'라고 불렸던 시절의 노동 시장이 그것입니다. 이 시절에 선진 복지국가들은 정도의 차이는 있지만, 거시적으로는 '완전 고용'이, 미시적으로는 '표준적 고용 관계'(SER : Standard Employment Relationship)가 노동 시장의 지배적인 경향이었습니다. 대부분의 경제 활동 인구가 고용되어 있어 '실업'은 예외적으로만 나타나는 현상이었고, 대규모의 생산성 높은 제조업이 제공하는 일자리는 지금과 달리 안정적이고, 지속적이며, 단체 교섭을 통해 보호되고, 가족을 부양할 수 있는 수준의 임금을 보장했어요. 물론 그때라고 해도 모든 일자리가 그랬다는 것은 아닙니다. 다만 고용의 중심이 제조업에 있었고, 제조업은 기술 수준이 그리 높지 않은 노동자에게도 이와 같은 일자리를 제공했다는 것이지요.

그런데 이런 상황은 1970년대 이후에 크게 변화합니다. 경제적 세계화로 인한 국제적 교역 증대와 자본의 이동성 증가, 숙련 편향적 기술 변화와 제조업의 고용 능력 약화, 제조업에서 서비스업으로 고용의 중심 전환 등의 거시적 변화가 이루어졌어요. 말은 복잡하지만 고용 측면에서 보면 지금 우리가 겪고 있는 문제들이 발생한 것입니다. 고용 불안정성 증가, 저임금 노동자 증가, 비정규직 증가, 실업률과 실업 기간의 증가와 같은 것들이요. 지금이야 정도 차이는 있을지 몰라도 대부분의 선진국에서 나타나는 문제지만, 당시로써는 새로운 현상이었습니다. 완전 고용과 표준적 고용 관계라는 전통적 복지국가의 기반을 이루었던 노동 시장의 두 조건이 모두 무너진 것이거든요. 변화된 노동 시장은 기존의 복지국가와 잘 맞지 않았어요. 잘 아시는 것처럼 사회 보험은 일정 기간 이상 안정적으로 고용되어 보험료라는 기여(contribution)를 납부하는 것을 전제로 합니다. 연금 제도 같은 경우는 꽤 긴 기간을 요구하지요. 지금 한국의 국민연금만 해도 최소한 10년을 기여해야 최소 수준의 연금이라도 받을 수 있지요? 게다가 국민연금의 소득 대체율이 몇 퍼센트라고 이야기할 때는 40년간 기여하는 사례를 가정합니다. 40년이면 20살에 일하기 시작해서 60살까지 쉬지 않고 일하는 것입니다. 지금의 우리 노동 시장 상황에서는 쉽지 않은 일이지요.

노동 시장이 변화했으니까 복지국가도 변해야 합니다. 1990년대 이래 많은 국가에서 사회 보장 제도의 개혁이 이루어진 것에는, 물론 재정 절감 필요성이 가장 컸지만, 변화된 노동 시장에서 사회적 보호의 불완전성이 나타난다는 것도 중요한 배경이 되었어요. 그런데 그 변화의 정도는 국가마다 많이 달랐습니다. 그리고 그 정도 차이에는 해당 국가들의 기존 노동 시장 및 사회 보장 제도가 어떤 구조였는지가 영향을 미쳤습니다. 노동 시장의 분절 정도가 클수록, 기존 사회 보장 제도가 전통적인 비스마르크적 사회 보험에 의존하는 정도가 클수록 더 어려움을 겪습니다. 상대적으로 보편적인 사회 수당이나 사회 서비스가 발달하고, 노동 시장의 분절이 덜했던 북유럽 국가에 비해, 노동 시장이 이중화되고 사회 보험 의존도가 큰 대륙 유럽 국가들이 더 힘들어졌지요. 그보다 더 상황이 나빴던 건 남부 유럽 국가들입니다. 상대적으로 복지 제도가 덜 발달되어 주로 정규직 위주로만 보장이 이루어지고 있었고, 노동 시장은 대륙 유럽 국가들보다 더 심하게 이중화됐거든요. 노동 시장 제도나 복지 제도 양면에서 가장 안 좋은 상황이었던 것입니다.

남부 유럽 이야기에서 눈치채신 분들도 있겠지만, 이제 한국 이야기로 들어갈 차례입니다. 사실 한국도 앞에서 설명드린 남부 유럽과 비슷한 상황이거든요. 물론 세부적으로 들어가면 경제 구조라든지 역사라든지 각종 제도라든지 다른 부분이 아주 많지만, 이중화된 노동 시장과 덜 발달된 복지 제도라는 측면, 그리고 그로 인한 어려움이라는 측면에서는 비슷한 부분이 많습니다.

이제 본격적으로 한국 이야기를 해볼까요? 한국에서 노동 시장 문제라고 하면 제일 먼저 떠올리는 것은 보통 비정규직 문제입니다. 한국은 국제적으로 비교했을 때 비정규직의 비중이 아주 높은 국가입니다. 잘 알려진 사실이지요. OECD에서 비정규직을 구분할 때 보통 두 가지 형태로 구분합니다. 한시적 고용(temporary employment)과 시간제 고용(part-time employment)입니다. 국내에서 비정규직을 분류하는 방식과는 좀 다른데요, 여기에서는 국제적인 비교를 위해 OECD 기준으로 먼저 말씀드리겠습니다.

다음 그림은 2015년 기준으로 OECD 국가들의 한시적 고용 비중을 나타냅니다. 한국은 칠레, 폴란드, 스페인을 제외하면 가장 높은 비율(22.3%)을 나타내고 있습니다. OECD 평균(11.3%)보다 두 배 정도 되지요? 그만큼 불안정한 고용 상태에 있는 이들이 많다는 것입니다. 상대적으로 시간제 고용 비중은 한국이 높은 편은 아닙니다. 하지만 고용의 불안정성은 한시적 고용의 경우가 시간제 고용보다 더 심각하다는 것이 일반적인 견해입니다. 고용이 불안정하다는 것은 일정한 고용을 전제로 하

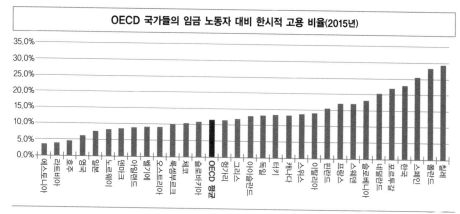

OECD 국가들의 임금 노동자 대비 한시적 고용 비율(2015년)

※ 미국과 멕시코는 자료 결측으로 제외
· 출처 : OECD stats.

는 사회 보험의 사각지대에 놓일 가능성이 높다는 것을 의미합니다. 이 부분은 뒤에 좀 더 말씀드릴게요.

비정규직 문제를 조금 더 들여다볼까요? 2003년에 노사정 위원회에서 분류하고 현재까지 사용되고 있는 한국의 비정규직 유형은 크게 세 가지가 있습니다. 첫 번째 유형은 '한시적 근로자'입니다. 그런데 한국에서의 한시적 근로자는 OECD 기준과는 좀 달라요. 여기에는 우선 계약 기간이 정해져 있는 '기간제 근로자'가 포함되고요, 기간제 근로자가 아니라도 계약의 반복·갱신을 통해 근무하고 있거나 비자발적 사유로 계속 근무할 수 없는 근로자들이 포함됩니다. 두 번째 유형은 '시간제 근로자'입니다. 동일한 사업장에서 동일한 종류의 일을 하는 근로자보다 1시간이라도 적게 근무하는 경우 시간제 근로자로 분류합니다. 세 번째 유형은 '비전형 근로자'입니다. 비전형 근로자는 계약의 형태가 아닌 근로 제공의 형태에 따라 분류된 비정규직인데요, 임금을 지급하는 고용주와 업무를 지시하는 사용자가 일치하지 않는 '파견 근로자', 용역 업체에 고용되어 용역 업체와 거래 관계를 맺은 다른 업체에서 근무하는 '용역 근로자', 독립적으로 업무를 수행하는 것은 아니지만 근로 제공의 방법이나 근로 시간은 독자적으로 결정하는 '특수 형태 근로자', 공동 작업장이 아닌 가정 내에서 근무하는 '가정 내 근로자', 근로 계약을 정하지 않고 일거리가 생겼을 때 며칠 혹은 몇 주씩 일하는 '일일(호출) 근로자'가 여기에 포함됩니다. 복잡하지요? 그만큼 한국 노동 시장에서 사람들이 일하는 방식이 다양해진 것입니다. 전형적인 근로 기간의 정함이 없는, 전일제의, 직접 고용된 관계, 즉 '표준적 고용 관계'에서 벗어난 일자리가 많은 것입니다.

비정규직 유형별 규모 : 경제 활동 인구 조사 기준(2015년 8월)

취업자 2614만	임금 근로자 1931만	정규직 1304만	
		비정규직 627만	한시적 364만
			시간제 224만
			비전형(1) : 호출+가내 93만
			비전형(2) : 파견+용역 87만
			비전형(3) : 특수 고용 49만
	비임금 근로자 683만		

이 그림은 2015년 8월을 기준으로 각각의 고용 형태에 해당하는 사람이 얼마나 많은지를 나타내고 있습니다. 전체 취업자 중 74퍼센트는 임금 근로자고 나머지는 비임금 근로자입니다. 임금 근로자의 32.5퍼센트

는 비정규직이며, 비정규직 내에서는 한시적 근로자가 가장 많고, 시간제 근로자와 비정형 근로자는 비슷한 숫자를 차지합니다. 대략 임금 노동자 3명 중 1명은 비정규직인 셈입니다. 아까 비정규직을 비표준적(non-standard) 고용이라 한다고 말씀드렸는데요, 표준에서 벗어나 있다고 하기에는 꽤 많은 것 같습니다.

그런데 한국의 경우 세 명 중 한 명이라는 기준 역시 지나치게 적게 잡은 것이라는 이야기가 많습니다. 노동계에서는 2015년을 기준으로 비정규직이 45퍼센트 정도 된다고 추정합니다.[*] 정부의 통계는 실제로 근로 환경이 불안정한 임시·일용직의 상당수를 정규직으로 분류하고 있다는 것이지요. 다른 문제도 있습니다. 비전형 근로 중 한 형태인 특수 형태 근로자는 노동자와 근로자 사이에 있는 이들을 가리킵니다. 마치 자영업자처럼 독립적인 계약에 근거해서 일을 하지만, 실질적으로는 특정한 기업에 경제적으로 종속되어 있지요. 택배 기사, 트럭 운전사, 골프장 캐디, 보험 설계사, 학습지 교사 같은 업종들이 대표적인데요, 이런 형태의 계약은 점점 늘어나고 있다고 합니다. 그런데 이들은 조금만 다른 기준으로 분류해도 근로자나 자영업자, 그리고 특수 형태 근로자로 분류될 수도 있습니다. 본질적으로 분류가 애매하다는 것이지요. 그래서 정부에서는 특수 형태 근로자를 49만으로 보지만, 국가인권위원회의 연구에서는 227만까지로 추정하기도 했습니다.[**] 물론 확정된 통계가 있는 것이 아니니

[*] 김유선. (2016). 비정규직 규모와 실태. KLI Issue Paper, 제9호.
[**] 박종식. (2016). 특수 고용 노동자 규모 추정. 「노동자로 불리지 못하는 노동자 : 특수 고용 비정규직 실태와 대안」, 조돈문 외, 매일노동뉴스. 34~68.

까 특정할 수는 없지만 적어도 정부 통계보다 많은 수의 특수 형태 근로자가 있는 것은 분명한 것 같습니다.

여기에 정규직 노동자로 분류되지만 사실은 간접 고용 비정규직의 한 유형으로 볼 수 있는 사람들이 있습니다. 여러분 사내 하청이라고 들어 보셨죠? 조선업이나 자동차 산업의 대기업 공장에서 대기업 직원들과 함께 일하지만, 하청 업체 직원인 경우입니다. 현대자동차의 경우처럼 이미 소송을 통해 위장 도급으로 판결이 나서 직접 고용 명령이 나온 경우도 있지만, 아직도 이런 사례들이 많습니다. 정부에서는 사내 하청의 규모를 파악하기 위해 300인 이상 대기업에게 1년에 한 번씩 고용 상황을 공개해야 한다는 '고용 형태 공시제'를 도입했습니다. 이에 따라 공개된 것에 의하면 2015년을 기준으로 93만 명이 통계상으로는 정규직으로 분류되지

비정규직 유형별 규모 : 특수 고용과 사내 하청 고려(2015년 8월)[***]				
취업자 2614만	임금 근로자 1931만	정규직 1211만		
		비정규직 897만	한시적 364만	
			시간제 224만	
			비전형(1) : 호출+가내 93만	
			비전형(2) : 파견+용역 87만	간접 고용 180만
			사내 하청(고용공시) 93만	
			비전형(3) : 특수 고용 49만	특수 고용 226만
			특수 고용(인권위) : 177만	
	비임금 700만	자영업자		

*** 장지연. (2017). 고용 형태 다양화와 노동 시장 불평등. 고용 · 노동브리프 제69호(2017-02).

만, 사실은 불법 파견 상태로 추정할 수 있습니다. 이 경우도 숨겨진 비정규직이라고 할 수 있지요.

앞의 그림은 방금 말씀드린 특수 고용과 간접 고용의 사례를 추가한 그림입니다. 비정규직 비율이 43퍼센트 가까이 높아졌습니다. 물론 이 그림도 완전히 정확한 것은 아닙니다. 어느 정도의 중복이나 누락이 있는지 정확하게 파악되지 않기 때문입니다. 비정규직 문제가 중요하다고 십수 년 째 이야기하고 있지만, 정작 비정규직의 숫자가 얼마나 되는지조차 정확하게 파악하지 못하고 있는 것이 우리의 현실입니다.

한국의 노동 시장 문제로 비정규직 문제가 워낙 널리 알려져 있긴 하지만, 그것이 전부는 아닙니다. 기업 규모에 따른 격차도 아주 심하다는 것이 한국 노동 시장의 중요한 특성이지요. 물론 어느 나라나 규모가 큰 기업은 작은 기업에 비해 더 높은 임금과 더 좋은 노동 조건을 제공하고

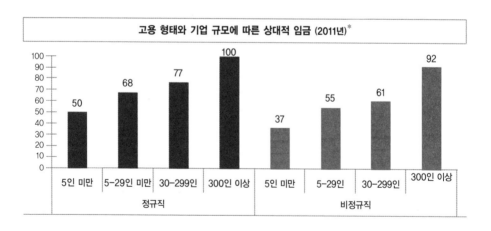

고용 형태와 기업 규모에 따른 상대적 임금 (2011년)[*]

* OECD. (2013). *Strengthening Social Cohesion in Korea*. OECD Publishing, Paris.
  http://dx.doi.org/10.1787/9789264188945-en.

있습니다. 하지만 한국의 경우 유독 그 격차가 심합니다. 앞의 그림은 OECD에서 한국 노동 시장의 임금 격차를 분석한 것입니다. 그림에 나타난 것처럼 정규직이냐 비정규직이냐에 따라서도, 기업 규모에 따라서도 임금 격차는 나타나지만, 기업 규모에 따른 임금 격차가 더욱 심각합니다.

한국의 기업 규모별 격차가 크다는 것은 다른 국가들과 비교할 때도 드러납니다. 아래 그래프는 앞서 그림과 달리 임금이 아닌 평균 근속 기간과 3년간 직장 유지율을 보여줍니다. 고용이 얼마나 안정적인지를 나타내는 지표들이죠. 아래 그래프는 각국에서 대기업의 평균 근속 기간과 직장 유지율을 100이라고 했을 때 중규모, 소규모, 영세 규모 기업의 고용 안정성이 얼마나 차이 나는지를 보여줍니다.** 한국은 다른 국가들에 비해 기업 규모에 따른 고용 안정성의 격차가 훨씬 더 두드러진다는 것을

기업 규모에 따른 평균 근속 기간(좌)과 3년 직장 유지율(우) 격차*

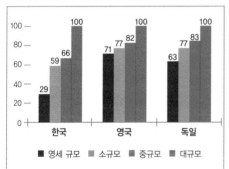 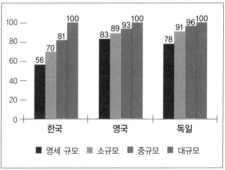

※ 대기업을 100으로 했을 때 기업 규모에 따른 차이를 비교.

알 수 있습니다.

문제는 고용의 대부분을 담당하는 것이 중소기업이라는 점입니다. 우리나라 취업자의 90퍼센트가 중소기업에, 40퍼센트가 5인 미만의 영세 사업장에 고용되어 있습니다. 그런데 이 일자리들이 좋은 일자리가 아니라는 거예요. 그 말은 정규직·비정규직을 떠나서 우리나라 노동자의 다수가 불안정하고, 임금도 낮은 상태에서 일하고 있다는 뜻입니다. 그렇다면 불안정한 노동자를 보호해야 하는 사회 보장 제도는 어떨까요? 아까 사회 보험 제도의 목적은 사회적 위험이 도래했을 때 노동자들을 보호하는 것이라고 했습니다. 오늘 주제가 노동 복지니까, 여기에서는 복지에 집중해서 이 문제를 좀 더 살펴보겠습니다.

낮은 실업률, 그러나 만만찮은 고용 · 실업 문제

지금부터는 구체적으로 노동 관련 복지 제도의 문제를 살펴보려고 합니다. 앞에서 사회 보장 제도가 '임금 노동자 문제'를 해결하기 위한 것이라고 말씀드렸지요? 이런 관점에서 보면 모든 제도를 다 이야기해야 합니다. 오늘은 노동자들과 가장 직접적으로 관련된 몇 가지 제도에 대해

**　단, 각국에서 영세, 소, 중, 대규모를 가르는 기준은 조금씩 다르다. 한국의 경우 한국은 사업체 규모 기준으로 29인 이하, 30~99인, 100~299인, 300인 이상을, 영국은 사업체 규모 기준으로 24인 이하, 25~49인, 50~499인, 500인 이상, 독일은 사업체 규모 기준으로 19인 이하, 20~99인, 100~199인, 200인 이상을 가리킨다. 분석에 관한 상세한 내용은 아래 정이환의 글 참조.

***　정이환. (2014). 국제 비교를 통해서 본 한국의 고용 불안정. 경제와 사회, 103, 103~128.에 제시된 수치를 바탕으로 그래프화.

서만 말씀드릴게요. 그 첫 번째는 노동자들이 경험할 수 있는 가장 흔한 위험인 실업을 해결하기 위한 고용 보험입니다.

한국의 실업률은 다른 나라에 비해 낮습니다. IMF 때를 제외하면 쭉 3퍼센트대를 유지해왔습니다. 어떤 책에서 이런 이야기를 읽은 적이 있습니다. 그 책의 저자가 독일에 가서 독일 사람이랑 대화를 하다가 실업률 얘기가 나왔대요. 한국은 어느 정도냐고 묻기에 3퍼센트 대라고 했더니 대뜸, 그럼 인력 부족 문제를 어떻게 해결하고 있느냐고 묻더랍니다. 이분이 당황했지요. 우리 현실은 인력 부족이 아니라 일자리 부족이잖아요. 정치인들마다 선거에서 단골 공약으로 내세우는 것이 일자리 문제 해결인 것만 봐도 실업률 통계에 문제가 있다는 것을 알 수 있습니다. 최근에는 특히 청년 실업 문제가 이슈지요? 그런데 수치만 보면 한국은 청년 실업도 다른 선진국들보다 상당히 양호한 수준입니다. 그렇다면 우리가 체감하는 실업률과 정부 통계는 왜 이렇게 차이가 나는 걸까요? 실업률 통계 내는 방식이 다른 나라와 달라서일까요? 그렇지 않습니다. 우리나라나 다른 대부분의 선진국이나 실업률을 구하는 방식은 똑같습니다. 그럼 뭐가 원인일까요? 이유는 우리나라에는 실업자는 아니지만 일하지 않고, 혹은 일하지 못하고 있는 사람이 많기 때문입니다.

이게 무슨 소리인지 그림을 보면서 설명드릴게요. 다음 그림은 경제 활동과 관련해서 15세 이상 인구를 통계상 어떻게 분류하는지를 보여줍니다. 우선 15세 이상 인구는 둘로 구분됩니다. "15세 인구 중 수입이 있는 일에 종사하고 있거나 취업을 하기 위하여 구직 활동 중에 있는 사람"을 경제 활동 인구라고 합니다. 경제 활동 인구는 다시 둘로 구분됩니다. "수입이 있는 일에 종사하고 있는 사람"은 취업자입니다. "구직 활동 중

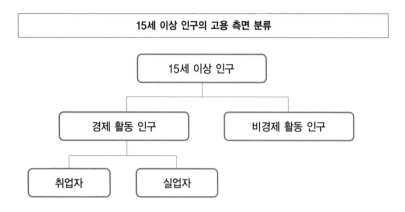

15세 이상 인구의 고용 측면 분류

15세 이상 인구

경제 활동 인구 / 비경제 활동 인구

취업자 / 실업자

에 있는 사람"은 실업자고요. 실업률은 실업자의 수를 경제 활동 인구의 수로 나누어 구합니다.

실업자를 좀 더 정확하게 정의하면 "지난 1주간 수입을 목적으로 일을 하지 않았고, 지난 4주간 적극적으로 일자리를 찾아보았으며, 일이 주어 졌을 경우 즉시 일할 수 있는 능력과 여건이 구비된 사람"을 말합니다. 일을 하지 않았더라도 지난 4주간 '적극적으로' 일자리를 찾아보지 않았거나, 당장 일할 수 없거나, 일을 할 만한 능력이나 여건이 안 되면 실업자가 아닙니다. 이들은 비경제 활동 인구로 분류됩니다. 전업주부가 대표적이지요. 설사 이들이 이른바 '경력 단절 여성'으로 취업하고 싶지만 마땅한 자리가 없어서 취업 활동을 포기했어도 비경제 활동 인구지 실업자가 아닙니다. 한국은 이런 경우가 특히 많은 국가입니다. 일단 경력이 단절된 여성이 재취업하기 아주 어렵죠. 노량진 고시촌에서 공무원 시험에 열을 올리고 있는 '취업 준비생'들도 실업자가 아닙니다. 당장 취업할 생각이 없다고 보거든요. 사실은 청년층의 취업 시장 상황이 아주 열악하기 때문에 생기는 문제임에도 말이죠. 이 밖에 취업 활동을 열심히 하다가 도저히 취업이 안 돼서 포기했거나, 도저히 자신에게 맞는 진로를 찾지 못해 다른 길을 모색하고 있는 청년도 실업자는 아닙니다. 요즘 이런 청년들에 대한 문제가 많이 알려지고 있는데요. 이들을 니트(Not in Employment, Education or Training, NEET)라고 합니다. 고용도 안 되어 있고, 학교를 다니는 것도 아니고, 직업 훈련을 받고 있지도 않는 사람들이지요. 한국의 청년층 니트 비율은 OECD에서 상위권입니다. 평균보다 상당히 높아요. 청년 실업률이 체감보다 낮은 것은 이런 취업 준비생과 니트 문제에서 원인을 찾을 수 있습니다.

한국의 비경제 활동 인구 문제가 상대적으로 심각하다는 것은 통계로도 확인됩니다. 아래 그림은 OECD 주요 국가들의 경제 활동 참가율을 보여줍니다. 15세 이상 인구 중에 경제 활동 인구로 구분된 사람들의 비

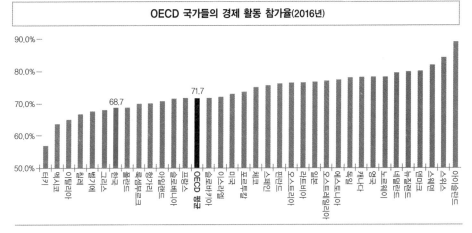

· 출처 : OECD (2017), Labour force participation rate (indicator). doi : 10.1787/8a801325-en
(Accessed on 04 December 2017)

율이지요. 한국의 경제 활동 참가율은 OECD 국가들 중 7번째로 낮습니다. 물론 실업률이 낮기 때문에 상대적으로 고용률(15세 이상 인구 대비 취업자 비율)은 더 높습니다. 하지만 2016년 기준 고용률은 66퍼센트로 OECD 평균인 67퍼센트보다 낮고 OECD 국가들의 중간에도 미치지 못합니다. '그래도 평균은 되네'라고 생각하시는 분도 있을까요? 하지만 같은 해에 실업률이 3.7퍼센트로 OECD 평균인 6.3퍼센트의 60퍼센트도 안 된다는 점을 고려하면 숨어 있는 실업 문제가 심각하다는 것을 알 수 있습니다.

고용 보험 실업 급여

한국의 실업 문제가 실업률로부터 확인되는 것보다 훨씬 더 심각하다는 것을 보여드렸습니다. 특히 비경제 활동 인구로 분류되는 실질적인 실업 문제가 큽니다. 그렇다면 어떤 제도로 여기에 대응할 수 있을까요?

한국의 사회 보장 제도 중 실업에 대응하는 것을 목적으로 하는 제도는 고용 보험입니다. 고용 보험은 크게 두 가지 유형의 프로그램으로 이루어져 있습니다. 첫 번째는 실업자의 소득을 보장하는 것입니다. 자본주의 사회에서 실업은 소득의 단절을 의미합니다. 따라서 일정 기간의 실업이 지속되면 빈곤에 빠집니다. 게다가 실업 기간이 길어지게 되면 점점 취업이 어려워집니다. 장기 실업자 본인이 정신적·육체적으로 취약해질 뿐 아니라 기업에서도 장기간 경력 공백이 있는 사람을 꺼리기 때문이죠. 따라서 실업자가 이런 상황에 놓이지 않도록 하는 제도가 필요합니다. 실업 급여는 이들에게 소득을 지원해서 빈곤을 예방하는 기능을 합니다. 그런데 사람들이 그냥 급여만 받으면서 집에 있을 수도 있지요? 그래서 실업 급여는 기간이 제한되어 있을 뿐 아니라, 수급 기간에는 적극적으로 취업을 위한 활동을 해야 한다는 조건이 붙습니다. 그뿐 아니라 두 번째 유형의 프로그램이 함께 운영됩니다. 흔히 적극적 노동 시장 정책이라고 부르는 정책이 그것입니다. 취업 취약 계층의 고용을 지원하고, 실업자의 고용을 지원하며, 직업 훈련을 통해 이들의 직업 능력을 높입니다. 한국의 고용 보험 제도에는 이와 같은 유형의 정책들이 모두 포함되어 있습니다.[*] 하지만 제대로 작동하지 않아요. 왜 그럴까요?

우선 실업 급여를 볼게요. 고용 보험 실업 급여를 받기 위해서는 고용 보험에 가입해서 일정 기간 기여해야 하며, 실업 상태여야 하고, 수급 기간 동안 적극적 재취업 활동을 해야 합니다. 그리고 실직 사유가 자발적이지 않아야 하지요. 그런데 이 조건들에서 많은 문제가 생깁니다.

첫째, 고용 보험 실업 급여는 고용 보험에 가입할 수 있는 임금 노동자만을 대상으로 합니다. 여기에는 법적으로 제외된 이들이 있어요. 자영업자, 자영업자의 가족 종사자, 특수 형태 근로 종사자, 초단시간 근로자(주당 15시간 미만), 고령(65세 이후 신규 고용) 근로자들은 고용 보험의 적용 대상이 아닙니다.

둘째, 고용 보험에 가입해야 합니다.[**] 하지만 이제 막 경제 활동을 시

---

[*] 한국의 고용 보험에는 세 번째 유형의 정책으로 산전후 휴가 급여와 육아 휴직 수당이 포함되어 있다. 그러나 여기에서는 직접적으로 실업과 관련된 두 가지 유형의 정책만을 대상으로 논의할 것이다.

[**] 제도상으로 볼 때는 고용 보험에 가입하지 않았다고 하더라도 피보험 자격 확인을 통해 고용 사실이 증명될 경우 사용자의 의무 불이행이 되기 때문에 실업 급여를 수급할 수 있다. 그러나 실제로 이 제도를 이용하는 이들의 비중은 매우 낮은 것으로 알려져 있다.

작하는 청년층이나 오랫동안 경력이 단절된 여성의 경우 고용 보험에 가입했을 리 없습니다. 그뿐이 아닙니다. 사용자의 의무 불이행, 행정 당국의 관리 미비, 그리고 저소득 근로자의 기여 회피 등의 사유로 가입하지 않은 사람의 비율이 높습니다. 그리고 이들은 주로 앞서 고용이 불안정하고 소득이 낮다고 설명한 비정규직과 중소 영세 기업 근로자들입니다. 2017년 8월 기준 고용 보험 가입률은 정규직이 84.1퍼센트인데 반해 비정규직은 42.8퍼센트에 불과합니다. 기업 규모별로도 격차가 큽니다. 2014년 기준으로 볼 때 300인 이상 사업장의 고용 보험 가입률은 95.7퍼센트이지만 300인 미만 기업은 65.5퍼센트입니다. 300인 미만 기업에서도 소규모 기업으로 갈수록 그 정도가 심각한 것은 물론이고요. 가장 실업 급여를 필요로 하는 이들은 고용 보험 수급 자격이 없는 것입니다.

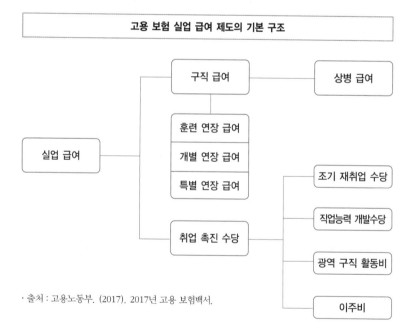

고용 보험 실업 급여 제도의 기본 구조

· 출처 : 고용노동부. (2017). 2017년 고용 보험백서.

셋째, 실업 급여 수급을 위해서는 고용 보험 적용 사업장에서 실직 전 18개월간 피보험 단위 기간 180일 이상 고용된 이력이 있어야 합니다. 이는 국제적으로 비교할 때 까다로운 편은 아닙니다. 하지만 한국 노동 시장이 워낙 불안정하기 때문에 문제가 됩니다. 이 조건을 충족하지 못할 정도로 불안정한 고용 상태에 있는 이들이 많다는 것입니다.

넷째, 실업이 자발적으로 이루어진 경우 실업 급여가 지급되지 않습니다. 실업 급여 제도를 가진 국가 중 자발적 실업에 대한 제재를 가진 국가가 한국뿐인 것은 아닙니다. 하지만 실업 급여 자격을 아주 박탈하는 것은 매우 엄격한 사례입니다. 게다가 자발적 이직으로 취급하는 사유 중 '기타 개인 사정'이라는 사유에는 비권고적 명예퇴직, 본인의 업무 과실이나 능력 부족으로 인한 사직, 학업 또는 취업 준비로 인한 사직, 병역과 관련한 사직, 본인 사망 등이 포함되며, 이외의 사례에 있어서도 구체적 개인 사유를 기재한 경우가 포함됩니다. 기타 개인 사정 항목의 자발적 이직의 범위가 이처럼 넓기 때문에 여기에는 사실상 비자발적 성격의 사직이 포함될 우려가 있지요.

고용 보험 적용 사각지대와 엄격한 수급 자격 조건은 실제로 실업한 이들 중 상당수가 실업 급여를 수급하지 못하는 문제를 낳고 있습니다. 2014년 기준으로 실업 급여 수급률은 40퍼센트에 미치지 못해요.* 비경제 활동 인구로 분류되어 아예 실업으로 취급되지 않는 이들은 별도로 하고, 실질적으로 실업했다고 평가된 이들 중에서도 10명 중 6명 이상이 실

---

* 방하남·남재욱. (2016). "고용 보험의 사각지대와 정책과제에 관한 연구: 실업 급여를 중심으로." 사회
복지정책 43(1), 51~79.

업 급여를 받지 못하고 있다는 것입니다.

일단 급여 수급 자격을 얻었다고 해서 문제가 없는 것도 아닙니다. 한국의 실업 급여는 실직 전 소득의 50퍼센트를 보장하는 것으로 규정되어 있습니다. 그런데 여기에 상·하한선이 적용됩니다. 상한액은 정액으로 정해져 있는 반면, 하한액은 최저 임금의 90퍼센트로 설정되어 있습니다. 그런데 2017년 기준으로 이 금액을 비교해보면 상한액은 1일 5만 원, 하한액은 1일 4만 6584원입니다. 상한과 하한의 차이가 거의 안 나지요? 이렇게 되면 이전 소득의 50퍼센트라는 규정은 거의 의미가 없습니다. 실질적으로는 최저 수준의 정액 급여를 지급하고 있는 것이지요. 실업 급여의 목적을 빈곤 방지로만 본다면 그래도 괜찮은 수준일 수 있습니다. 하지만 사회 보험의 목적은 빈곤 방지만은 아닙니다. 사회적 위험 발생 이전의 소득을 유지한다는 목적도 있지요. 이 두 번째 목적에서 보면 모두에게 동일한 정액 급여를 지급하는 것은 충분치 않을 수도 있습니다.

그래도 실업 급여를 받으면 일단 최저 임금의 90퍼센트가 보장되는 데다가 최근에 최저 임금도 많이 올랐으니 괜찮지 않느냐고 생각할 수도 있습니다. 하지만 여기에 또 한 가지 문제가 있어요. 바로 짧은 급여 수급 기간입니다. 한국의 실업 급여는 수급자의 연령과 실업 전의 고용 보험 가입 기간에 따라 최소 90일에서 최대 240일의 급여를 지급합니다. 조금 지난 통계이긴 하지만 2013년 기준으로 수급자 평균 114.6일 정도 급여를 받았다고 해요.[*] 제도 자체가 바뀌지 않았으니 지금도 크게 달라지지는 않았을 것으로 봅니다. 선진국의 경우 웬만하면 1년 이상은 급여를 지급합

---

[*] 앞의 글.

니다. 이에 비해 한국은 수급 기간이 아주 짧지요. 이 점이 실질적인 실업 급여 수준을 낮추는 효과를 결과를 가져오게 됩니다. 실업 급여의 수준이라는 게 결국 급여 수준과 급여 수급 기간의 곱이라고 보면 말이지요.

정리하면 이렇습니다. 한국의 고용 보험이 제공하는 실업 급여는 자영업자나 특수 형태 근로자와 같이 임금 노동자가 아닌 이들의 고용 불안정을 보장하지 못할 뿐 아니라, 비정규직이나 영세 기업 노동자와 같이 고용이 불안정한 이들을 보호의 사각지대에 두고 있습니다. 여기에 수급 자격마저 까다로워서 고용 이력이 지나치게 단속적이거나, 실업이 자발적으로 이루어졌다고 판단되면 급여를 받을 수 없습니다. 천신만고 끝에 급여를 받게 되면 이번에는 급여 수준과 기간에 문제가 있습니다. 급여 수준은 역시 원래의 제도 취지와 달리 실업 이전 소득의 일정 비율을 보장하는 것이 아니라 낮은 수준의 정액 급여만을 지급하고 있으며, 급여 수급 기간은 길어야 8개월이고 대부분 수급자는 3~4개월에 불과합니다. 실업 급여가 원래의 목적을 달성하고 있다고 보기 어려운 이유입니다.

적극적 노동 시장 정책의 효과성 문제

이번에는 실업자를 노동 시장으로 재통합시키기 위한 적극적 노동 시장 정책을 살펴보겠습니다. 선진국과 달리 한국의 고용 보험은 처음부터 적극적 노동 시장 정책을 통합해서 만들어졌습니다. 제도 구성으로만 보면 선진적이라고 말할 수 있겠지요. 구체적으로는 고용 보험의 '고용 안정 및 직업 능력 개발 사업'이 이런 역할을 합니다.

고용 안정 지원 사업은 일자리 창출과 실업 예방의 기능을 수행합니다. 현재의 고용 안정 지원 사업은 민간 기업의 고용 창출을 지원하기 위한 보조금 사업 등으로 구성된 고용 창출 지원, 경영이 어려워진 기업이 해고를 선택하지 않도록 무급 휴업·휴직 등을 지원하는 고용 유지 지원, 취업 취약 계층을 채용하는 기업을 지원하는 고용 촉진 지원을 축으로 하고 있어요. 이 제도들은 실업을 예방하는 성격을 가지고 있다는 점에서 효과적인 운영이 이루어진다면 매우 긍정적인 성과를 가져올 수 있습니다. 하지만 이 제도가 아니었어도 창출될 일자리, 예방될 실업에 지원하고 있다는 사중 손실 문제가 지적되기도 해요. 취업 취약 계층 고용의 경우 고용의 지속성이 낮다는 문제도 지적되고 있습니다. 사업의 취지는 좋으나 실효성을 가질 수 있도록 개편이 필요하다는 지적이 많습니다.*

직업 능력 개발 사업은 좀 더 전형적인 적극적 노동 시장 정책이라고 할 수 있는 직업 훈련 프로그램에 가깝습니다. 크게 보면 사업주를 지원하는 프로그램, 실업자 혹은 재직자를 지원하는 프로그램, 그리고 직업 훈련 인프라를 지원하는 프로그램으로 나뉘어 있습니다. 사업주 지원 프로그램은 흔히 회사에서 '고용 보험 환급 과정'이라고 부르는 사업주가 실시한 직업 훈련의 비용을 지원하는 프로그램이 대표적이고요, 그밖에 중소기업의 교육 훈련에 대해서는 여러 가지 추가적인 지원 프로그램을 가지고 있습니다. 실업자 혹은 재직자의 교육을 지원하는 프로그램은 '내일 배움 카드제'가 대표적입니다. 훈련을 필요로 하는 실업자나 중소기업 근

---

* 노용환. (2017). 고용 장려금 사업의 사중 손실 효과 추정. 한국경제연구, 35(3), 73~101.이규용. (2016). 고용 안정 사업의 역사와 발전 방향. 월간 노동리뷰, 2016년 11월호, 52~66.

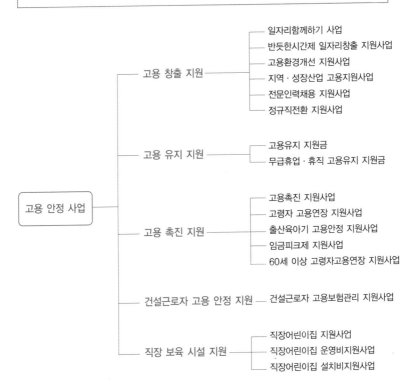

2015년 기준 고용 안정 사업 체계도

고용 안정 사업

- 고용 창출 지원
  - 일자리함께하기 사업
  - 반듯한시간제 일자리창출 지원사업
  - 고용환경개선 지원사업
  - 지역 · 성장산업 고용지원사업
  - 전문인력채용 지원사업
  - 정규직전환 지원사업
- 고용 유지 지원
  - 고용유지 지원금
  - 무급휴업 · 휴직 고용유지 지원금
- 고용 촉진 지원
  - 고용촉진 지원사업
  - 고령자 고용연장 지원사업
  - 출산육아기 고용안정 지원사업
  - 임금피크제 지원사업
  - 60세 이상 고령자고용연장 지원사업
- 건설근로자 고용 안정 지원 ― 건설근로자 고용보험관리 지원사업
- 직장 보육 시설 지원
  - 직장어린이집 지원사업
  - 직장어린이집 운영비지원사업
  - 직장어린이집 설치비지원사업

· 출처 : 이규용. (2016). 고용 안정 사업의 역사와 발전 방향. 월간 노동리뷰, 2016년 11월호, 52~66.

로자, 비정규직 근로자들에게 가상 계좌를 통해 훈련비를 지원하는 방식입니다. 근래에는 고용 보험 가입 여부와 무관하게 고용 서비스와 직업 훈련을 통합적으로 지원하는 '취업 성공 패키지'가 한국의 새로운 적극적 노동 시장 정책으로 주목받고 있습니다. 하지만 직업 훈련 프로그램들 역시 좋은 평가를 받고 있지는 못합니다. 취업 성공 패키지의 경우 취업 성공률이 대상자에 따라 70~80퍼센트에 이르지만 1년 이상 고용을 유지한 이들은 절반에도 미치지 못하고요, 실제로 참가자를 대상으로 한 설문에서도 도움이 됐다는 평가가 40퍼센트도 되지 않았습니다. 주로 교육 과정이 비효율적이고, 훈련 기관 선택에 제약이 있으며, 민간 위탁 방식으로 이루어지는 직업 소개의 효율성도 낮다는 평가가 많았습니다.*

　적극적 노동 시장 정책은 개별 프로그램마다 내용이 다양하고 문제점도 복잡합니다. 그래서 좀 거시적인 차원에서 문제점을 짚어볼까 합니다. 가장 쉽게 접할 수 있는 자료는 적극적 노동 시장 정책에 대한 지출이 어느 정도 이루어지고 있는가에 관한 것입니다. 지출 수준이 높다고 해서 프로그램이 효율적이라고 볼 수는 없지만, 지출 수준이 낮으면 소기의 성과를 거두기 힘든 것은 분명하니까요. 여기에 어떤 유형의 프로그램에 지출이 많이 이루어졌는지까지 고려하면 어느 정도 그림이 나올 것입니다. 이것도 OECD 국가들과 한번 비교해보겠습니다.

　다음 그림은 OECD 국가들의 GDP 대비 적극적 노동 시장 정책 지출 수준을 보여줍니다. 한국은 0.36퍼센트로 중간보다 좀 더 낮은 수준입니다. 흔히 '유연 안정성' 국가라고 불리는 북유럽 국가들이나 네덜란드, 오스트리아와 같은 국가들과 비교하면 그 차이가 큽니다. 박근혜 정부에서 노동 시장의 유연 안정성을 정책 목표로 이야기한 적이 있었는데요, 유연 안정성의 핵심 요소 중 하나가 적극적 노동 시장 정책임을 감안하면

---

* 취업 도움 안 되는 취업 성공 패키지… "차라리 직접 알아보는 게 낫다", 〈조선비즈〉 2017년 3월 31일자.

OECD 국가들의 GDP 대비 적극적 노동 시장 정책 지출(2015년)

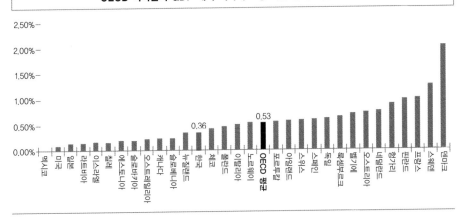

· 출처 : OECD Labor Market Database (Data extracted on 04 Dec 2017 16:35)
※ 에스토니아와 뉴질랜드는 2014년 자료

밀어도 한참 먼 수준입니다. 지출 구성에서도 한국은 유연 안정성 국가
들과는 크게 다릅니다. 0.36퍼센트의 절반이 넘는 0.2퍼센트가 직접 일
자리 창출(direct job creation) 프로그램에 투입됐습니다. 주로 공공 근로
일자리, 복지 일자리, 봉사형 일자리처럼 노동 시장 취약 계층에게 국가
가 직접 일자리를 만들어 제공하는 데 쓰이는 것입니다. 이와 같은 유형
의 프로그램은 장기적으로 실업자 혹은 비경제 활동 인구를 노동 시장에
통합시키는 효과가 낮은 것으로 알려져 있습니다. 그 때문에 덴마크나
스웨덴 같은 국가는 이 영역의 프로그램에 투입하는 예산이 거의 없고, 네
덜란드가 0.02퍼센트, 오스트리아가 0.05퍼센트 정도에 불과합니다. 이
국가들의 적극적 노동 시장 정책 예산의 극히 일부분이지요? 단순히 지출
수준만 아니라 지출 구성에서도 우리와는 차이가 큽니다.

사실 적극적 노동 시장 정책의 효과성은 선진국에서도 그 평가가 갈립니다. 고용 효과가 꽤 높다는 연구가 있는가 하면 그렇지 않다는 연구도 있습니다. 하지만 성공하기 위해 어떤 요인이 필요한지에 대해서는 꽤 정리된 견해들이 있습니다. 우선 앞에 말씀드린 것처럼 직업 일자리 창출 유형의 프로그램은 장기적인 활성화 효과가 낮습니다. 고용 서비스는 매우 중요한데, 특히 실업자 개개인의 사례 관리를 통해 개인화된 서비스를 제공할 수 있는 통합된 전달 체계가 필요합니다. 고용 서비스나 직업 훈련 모두 수급자를 직접 채용할 민간 기업과의 연계가 필요합니다. 모두 우리가 잘 안 되고 있는 형태의 프로그램들입니다. 지출의 대부분은 직접 일자리 창출에 쓰이고 있고요, 고용 서비스 전달 체계는 양적·질적으로 부족합니다. 고용 서비스 종사자 1인당 구직자 수가 독일은 44.8명, 영국은 22.3명, 덴마크는 32.0명, 일본도 90.4명은 되는데, 한국은 무려 605.5명입니다.* 제대로 된 개인별 서비스가 이루어질 리 없는 환경입니다. 게다가 앞서 말씀드린 것처럼 기존의 주요 고용 안정 사업 및 직업 개발 능력 사업의 효과에 대해서도 비판적 평가가 우세합니다.

근로 빈곤과 최저 임금

결국 한국은 실업자가 되면 소득 지원도 제대로 못 받을 뿐 아니라 직

---

* "미래 고용 서비스 혁신, 고용 서비스 종사자 역량 강화부터", e고용노동뉴스 2016년 10월 28일자.

업 훈련이나 재취업을 위한 고용 서비스 같은 다른 지원도 기대하기 힘듭니다. 물론 대부분의 근로자가 그렇겠지만 고용이 불안정하고 실업의 위험이 높은 비정규직, 중소 영세 기업 종사자일수록 문제는 심각합니다. 그렇다면 어떻게든 고용이 되어 있는 상태를 유지해야겠네요. 그런데 이것도 문제입니다. 아까 임금 수준이나 고용 안정성에서 정규직과 비정규직, 대기업과 중소 영세 기업 사이의 격차가 크다고 말씀드렸지요? 그렇다 보니 나타나는 문제가 있습니다. 바로 근로 빈곤 문제입니다.

강의 초반부에 전통적 복지국가는 완전 고용과 표준적 고용 관계를 배경으로 각종 사회적 위험으로 인해 소득이 단절된 사람을 지원하는 것을 임무로 했다고 말씀드렸습니다. 그런데 산업 구조도 변하고, 경제 구조도 변하면서 이런 유형과는 다른 새로운 사회적 위험이 생겨났습니다. 이 새로운 사회적 위험 중 가장 대표적인 사례가 근로 빈곤(working poor)입니다. 근로 빈곤은 말 그대로 근로하고 있는데 빈곤하다는 것입니다. 일은 하고 있는데 받는 돈이 너무 적어서 가난을 벗어나기 힘들다는 것이지요. 물론 이게 완전히 새로운 현상은 아닙니다. 예나 지금이나 가난한 사람은 나름대로 뼈 빠지게 일해도 가난한 경우가 적지 않았어요. 하지만 이른바 '탈산업화'가 일어났다고 이야기하는 1970년대 이후로 이런 사례가 더욱 증가합니다. 상대적으로 안정적인 임금을 보장하던 제조업의 고용 비중이 줄어들고, 저임금의 불안정 고용 비중이 높은 서비스 부문의 고용 비중이 증가했기 때문입니다. 물론 서비스업의 모든 부분이 이렇다는 것은 아닙니다. 서비스업은 범위가 아주 넓거든요. 하지만 이렇게 저임금을 제공하는 서비스 부문의 고용이 증가한 것도 사실이에요.

근로 빈곤의 일반적인 문제는 잠깐 접어두고 한국의 근로 빈곤 문제를 보겠습니다. OECD에서는 저임금 근로자를 중위 임금의 3분의 2 이하의 임금을 받고 있는 사람으로 정의합니다. 2014년 기준으로 보면 한국의 저임금 근로자는 전체 근로자의 약 4명 중 1명(23.7%)입니다. 통계가 제시된 OECD 국가 중 네 번째로 높지요. 한국의 임금 불평등이 상당히 크다는 것을 알 수 있습니다. 물론 중위 임금의 3분의 2 이하를 받는다고 모두 가난하다고 단정할 수는 없습니다만, 근로 빈곤층이 많을 가능성이 높은 환경이라고 할 수 있습니다.

실제로 근로 빈곤층은 여러 가지 정의로 산출됩니다. 근로 빈곤을 연구한 한국고용정보원의 연구는[*] 근로 빈곤을 근로 연령대 인구(18세 이상)의 빈곤, 근로 가능 인구(근로 연령대 인구 중 장애, 노령, 만성 질환, 학업, 군 복무 중이 아닌 경우)의 빈곤, 그리고 근로 기간 인구(근로 가능 인구 중 지난해 6개월 이상 근로한 경우)의 빈곤으로 나누어 각각의 가처분 소득 빈곤율이 2014년 6.3퍼센트, 5.3퍼센트, 2.1퍼센트 정도가 된다고 평가했어요.[**] 기준에 따라 다르지만 대략 5~6퍼센트의 인구가 근로 빈곤층이라는 것이지요. 연령대별로는 고령층(55~64세)이, 종사하는 사업장 규모로는 10인 미만 영세 사업장 종사자가, 상용직보다는 임시·일용직 근로자가 더 많이 근로 빈곤층에 포함됩니다. 그리고 기준에 따라 다르지만 대략적으로 근로 빈곤층 5~7명 중 1명 정도는 5년 이상 장기적으로 근로 빈곤 상태에 머무릅니다. 빈곤이 장기화된다는 것이지요.

---

[*] 천영민·김태완·김문길·강금봉·박소희. (2016). 『근로 빈곤층 실태 파악 및 지원방안』, 한국고용정보원 기본연구 2016-45.
[**] 균등화된 중위 소득 50퍼센트 기준의 상대 빈곤선을 활용하였다.

이들이 실업자가 아니라 적어도 잠재적으로는 근로자라는 점을 고려할 때 근로 빈곤에 대응하는 일차적인 방안은 임금을 높이는 것입니다. 하지만 시장 경제에서 임금은 민간에서 결정된다는 점을 고려하면 정부가 정책적으로 대응할 방법은 많지 않습니다. 그 많지 않은 수단의 대표적인 것이 최저 임금입니다.

최저 임금은 현 정부가 들어선 이래 가장 과감한 개혁을 시도한 정책이기도 합니다. 선거 때부터 최저 임금 1만 원을 약속했고, 실제로 2018년 최저 임금을 16.4퍼센트 올려 7530원으로 결정했습니다. 최저 임금 제도가 도입된 1988년 이래 세 번째로 높은 인상률이지요. 당장 소상공인 연합회와 보수 언론에서는 난리가 났습니다. 급격한 최저 임금 인상이 소규모 자영업자를 중심으로 사업을 지속하기 어렵게 할 것이고, 그로 인해 저소득층을 위한 일자리는 오히려 감소할 것이라는 최저 임금에 대한 익숙한 비판이 강하게 제기됐습니다. 정부는 여기에 대응하기 위해 소상공인·자영업 지원 정책을 내놨지요. 여러모로 2018년 한국의 노동 시장이, 그리고 자영업 시장이 어떻게 변할지 관심이 집중됩니다.

사실 최저 임금 인상과 고용 간 관계가 완전히 검증된 방향을 가지고 있는 것은 아닙니다. 지나치게 급격하지 않은 인상은 고용에 부정적이지 않다고 이야기하는 전문가들도 많지요. 물론 16.4퍼센트가 '지나치게 급격한' 것인지에 대해서는 판단이 필요합니다. 앞으로 1만 원까지 올린다고 생각하면 우려하는 결과가 나타날 위험도 없다고는 말 못 합니다. 그래도 당장 최저 임금의 인상은 저임금 노동자의 상황을 개선할 수 있는 단초가 될 수 있습니다. 말씀드린 대로 근로 빈곤은 일하고 있음에도 빈곤한 것이기에 최저 임금이 근로 빈곤층에게 미치는 영향은 직접적입니다.

일자리가 줄어들어 오히려 부정적일 것이라고 예상하는 효과는 간접적이에요. 하지만 이 직접적인 효과가 작동하려면 일단 최저 임금이 적용되어야 합니다.

한국노동연구원의 조사에 따르면 2015년 기준 한국에서 최저 임금 미만의 시급을 받고 일하는 근로자는 전체 근로자의 11.5퍼센트인 222만 명에 이릅니다. 최저 임금이 시간당 5580원일 때 이야기죠. 최저 임금 미만은 주로 중소기업, 그중에서도 5인 미만 영세 사업장에서 많이 나타나서 거의 30퍼센트에 육박합니다. 그리고 예측할 수 있는 것처럼 고용 형태로 봐서는 비정규직이 22.5퍼센트로 높지요.[*] 이런 상태에서 다른 조건의 변화 없이 최저 임금이 7530원까지 오른다고 합니다. 그 효과가 노동자들 전체로 퍼질 수 있을까요? 의심스럽지요?

최저 임금이 법으로 정해져 있음에도 이에 미달하는 근로자가 많은 원인은 한국에 영세 사업장이 너무 많은 것도 있지만, 감독 체계가 제대로 작동하지 않기 때문이기도 합니다. 최저 임금 미준수 시 적발률이 너무 낮고, 적발해도 처벌이 가볍다는 문제는 오래전부터 지적되어 왔습니다. 미준수 사업장을 감독해야 할 근로 감독관의 수가 업무에 비해 너무 적다는 문제도 있지요. 새 정부에서 이 문제를 개선할 수 있을까요? 일단 문제는 인식하고 있다고 보입니다. 최저 임금 미준수 사업장을 집중적으로 점검하고 처벌하겠다는 지침이 나오긴 했어요. 물론 그 실질적인 성과는 지켜볼 문제입니다. 한 가지 분명한 것은 이 문제가 해결되지 않으면 최저 임

[*] 김복순. (2016). "최저 임금 미만 근로자의 실태(2006~15년)". 월간 노동리뷰, 2016년 7월호, 79~82.

금 인상이 근로 빈곤 문제의 해결로 이어지기가 쉽지 않다는 것입니다.

근로 장려금과 일을 통한 빈곤 탈출

최저 임금이 근로 빈곤 문제에 대응하는 유일한 정책은 아닙니다. 저소득 근로자의 소득 지원을 위한 또 다른 정책으로 근로 장려금이 있어요. 근로 장려금은 미국의 근로 장려 세제(EITC : Earned Income Tax Credit)를 모델로 하여 '일을 통한 빈곤 탈출'을 목적으로 도입됐습니다. 기존의 공공 부조 방식의 제도는 일정 소득 이하의 가구에 해당 가구 소득과 기준 소득 사이의 차액을 지급하는 방식이었기 때문에 일하면 일할수록 불리하다는 문제가 있었습니다. 예를 들어 공공 부조 소득 기준이 월 100만 원이라면 월 30만 원을 버는 가구에게는 70만 원을 지급하는데, 70만 원을 버는 가구에는 30만 원을 지급해요. 이렇게 되면 더 열심히 일한 가구가 더 불리해진다는 것이었습니다. 실제로 이런 문제가 빈곤층의 근로 의욕에 얼마나 영향을 줬는지는 알 수 없습니다. 어쨌든 사람들이 그렇게 믿었고, 미국, 영국, 그리고 한국에서도 이 제도가 도입됐습니다.

한국에서는 2005년 노무현 정부에서 도입을 결정하고 2008년 이명박 정부 때 도입됐어요. 이후 계속해서 대상자나 급여를 확대한 끝에 현재에 이르렀습니다. 현재는 근로 장려금과 자녀 장려금으로 나뉘어서 지급되고 있는데요, 연소득이 1300만 원 미만인 가구의 경우 최대 230만 원까지 급여를 받을 수 있습니다. 하지만 조건이 무척 까다롭습니다. 가구 구성 요건(배우자가 있거나, 부양 자녀가 있거나, 신청인이 만 40세 이상이거나), 총

소득 요건(단독 가구 연 1300만 원, 맞벌이 가구 2500만 원), 재산 요건(재산 합계액 일정 수준 이하)까지 만족해야 합니다. 대부분의 청년들은 아예 배제되어 있지요. 향후 30세까지 낮출 계획이 있기는 합니다만 현재까지는 그렇습니다. 2016년 기준으로 볼 때 한국에서 근로 장려금을 수급하는 가구는 3.6퍼센트입니다. 아까 근로 빈곤층이 5~6퍼센트는 된다고 했으니까 그에 비하면 상당히 적지요? 게다가 빈곤의 기준을 어떻게 잡느냐에 비해서 지원이 필요한 사람들은 더 많을 수도 있습니다. 저소득 근로자 비중은 네 명에 한 명이었으니까요. 근로 장려금과 유사한 제도를 가지고 있는 미국이 8.3퍼센트, 영국이 6.9퍼센트인 것에 비하면 차이가 큽니다. 급여 수준은 더합니다. 가구당 평균 지급액이 영국은 1131만 원, 미국은 298만 원인데, 우리나라는 87만 원입니다. 한 달에 87만 원이 아니에요. 여러분, 1년에 87만 원입니다. 그것도 1년에 한 번 작년 소득을 기준으로 지급합니다. 실제로 빈곤한 가구에 얼마나 도움이 될까 의심스러운 상황입니다.

최저 임금도 그렇고 근로 장려금도 현재까지는 열심히 일하는 빈곤 가구가 빈곤에서 탈출하도록 지원하는 데 부족한 상황입니다. 한국에서 비정규직, 중소 영세 기업 근로자는 취업을 해도, 실업을 해도 불안정하고 가난하며, 사회 보장의 지원도 제대로 못 받고 있기는 매한가지인 것입니다.

통계에 숨은 산업 재해의 진실

너무 돈 이야기만 한 것 같습니다. 돈이 그만큼 중요하기 때문이기도 하지요. 이번에는 돈만큼, 아니 돈보다 더 중요한 안전에 관한 이야기를 해보려고 합니다. 바로 산업 재해 보상 보험, 줄여서 산재 보험입니다.

산재 보험은 우리나라에서 가장 먼저 도입된(1964년) 사회 보험입니다. 일을 하다가 다치거나 병에 걸리면 사업주가 이를 보상해야 합니다. 안전하게 일할 수 있도록 보장하는 것은 사업주의 의무니까요. 그런데 매번 소송을 거쳐서 누구 책임인지 따지고, 그 결과로 보상을 받는 것은 다치거나 병든 근로자에게 너무 힘든 일입니다. 사업주 입장에서도 그리 좋을 것이 없습니다. 노동자에게 마구잡이로 폭력을 휘둘러도 되는 아주 전근대적인 사회가 아닌 한 안전사고에 대한 법적인 책임이 있거든요. 만약 큰 사고라도 나면 꽤 큰 보상을 해야 할 수도 있는데, 소규모 사업주에게는 꽤 무거운 부담입니다. 그래서 업무상 재해나 직업병에 대한 사용자의 책임을 보험 형태로 제도화한 것이 산재 보험입니다. 따라서 보험료는 전액 사용자가 부담합니다. 보통 반반씩 부담하는 건강 보험이나 국민연금과 다르지요. 앞서 말씀드린 고용 보험 같은 제도에 비하면 사각지대 문제도 덜합니다. 설사 사용자가 가입을 안 했다고 해도 일단 산재가 나면 보상을 받을 수 있기 때문에 그렇기도 합니다. 물론 이런 경우에 비용은 사용자가 물어야 하지요. 급여 같은 경우도 요양 급여, 휴업 급여, 재활 급여, 장해 급여, 유족 급여, 간병 급여 등 꼭 필요한 급여들이 포함되어 있습니다. 급여 수준이 어떤지, 재활 서비스가 실질적인 효과가 있는지, 연금 지급과 일시금 지급 같은 급여 형태는 잘 짜여 있는지 따져야 할

부분이 꽤 있긴 합니다만 그래도 기본 틀은 갖췄습니다.

그렇다고 산재 보험이 문제가 없느냐 하면, 그건 아닙니다. 제도 문제를 말씀드리기 전에 먼저 산재 통계에 대해서 좀 말씀드릴게요. 한국의 산재 발생률 통계를 보면 굉장히 신기한 점이 있어요. 좀 지난 자료긴 하지만, 2011년 기준으로 한국의 산재 발생률은 0.65퍼센트입니다. 이게 어느 정도인고 하니, 산업 선진국인 독일의 산재율이 2.65퍼센트예요. 우리보다 훨씬 높지요? 그런데 사망 만인율(근로자 1만 명당 산재 사망자 비율)은 좀 다릅니다. 한국은 1만명당 0.7명인데, 독일은 0.17명이에요. 사고는 독일이 한국보다 네 배 정도 많이 나는데, 사고로 죽는 사람은 오히려 한국이 다섯 배나 많아요.* 이상하죠? 사고는 적은데 죽는 사람은 많다는 얘기잖아요. 물론 경중의 사고나 사망을 초래하지 않는 질병 같은 것을 얼마나 산재로 인정하느냐에 따라 차이는 있을 수 있지요. 그래도 보통은 사고 건수와 사람 수가 어느 정도 엇비슷하게 나오는 게 상식적인데 여기서는 그렇지 않습니다. 왜 그럴까요?

답은 간단합니다. 산재를 은폐하기 때문이에요. 산재로 사람이 다치면 사용자가 "치료비 줄 테니 산재 신고하지 마라." 하는 겁니다. 사람이 죽었을 때는 그러기 힘들겠지요? 그래서 사망 만인율은 높게 나오는 것입니다. 이런 식의 은폐가 심각해요. 통계도 없어서 얼마나 많은지 짐작하기도 어렵습니다. 왜 이런 일이 생길까요?

우리나라는 산재 보험의 보험료율을 두 가지 기준으로 결정합니다.

---

* "'죽기 전까지는'…산재를 숨겨라", 〈한겨레〉 2016년 6월 26일자 기사.

해당 업종의 산재가 얼마나 발생하는지에 따라 요율을 달리합니다. 이걸 업종별 요율제라고 하지요. 그런데 업종별 요율이 결정되고 나면 다시 해당 사업장의 산재 발생 실적을 고려해서 요율을 차등화합니다. 이걸 개별 실적 요율제라고 합니다. 개별 실적 요율제의 원래 취지는 산재 예방을 열심히 하라는 것이죠. 하지만 이게 규모가 너무 크지 않은 산재를 은폐하도록 만드는 유인을 줄 수 있습니다. 왜 우리도 길에서 자잘한 자동차 접촉 사고가 나면 그냥 현찰로 해결할 때가 있잖아요. 보험 처리하면 보험료 올라가니까요.

산재 은폐에 이보다 좀 더 심각하게 영향을 미치는 제도로 입찰 참가 자격 사전 심사(Pre-Qualification)라는 제도가 있습니다. 줄여서 흔히 PQ 제도라고 하지요. 주로 건설업과 관련이 있는데요, 국가 사업에 입찰하려면 일정한 자격이 있어야 하는 것입니다. 이때 산재 발생율이 높으면 감점을 받습니다. 그런데 이게 업체 입장에서는 아주 결정적이에요. 다른 부문에서 점수 차이가 별로 크지 않거든요. 결과적으로 산재율이 높으면 정부 사업의 수주는 어렵다고 봐야 합니다. 그리고 정부의 건축·토목 사업을 수주 못 하는 건설 회사는 사업이 많이 힘들어지지요. 그러니 건설 현장에서 산재를 감춥니다. 사업주가 산재를 감추려는 데에는 이런 배경이 있습니다.

산재 은폐와 관련해서 주목해야 할 또 다른 요인은 흔히 '위험의 외주화'라고 부르는 하청 업체의 산재가 높아지는 현상입니다. 지금 산업 현장에 가면 사내 하청이다 뭐다 해서 본인이 일하는 사업장에 고용된 것이 아니라 다른 소규모 업체에 고용되어서 일종의 파견 노동처럼 다른 사업장에서 일하는 사람이 많습니다. 불법 파견의 소지가 많지만 실제로 광범위하게 나타나는 현상이지요. 건설업이나 조선업 같은 분야에서는 하청에 재하청을 거듭합니다. 이런 구조에서는 아래로 갈수록 일하는 조건이 열악할 수밖에 없어요. 원청 업체는 하청 업체에 일을 맡길 때 높은 단가를 쳐주지 않고, 하청 업체는 그 와중에도 어떻게든 이윤을 남겨야 하니까요. 노동자를 쥐어짜게 되는 겁니다.

그런데 원-하청 관계에서도 산재율의 상식 파괴가 나타납니다. 최근에 보도된 산업안전 보건공단 통계를 보면 원청 기업 재해율이 0.7퍼센트인데 사망 만인율은 0.05퍼센트고요, 사내 하청은 재해율이 0.2퍼센트인데, 사망 만인율은 0.39퍼센트입니다.* 한국과 독일을 비교한 결과와 똑같은 현상입니다. 원청 회사는 산재 신고가 하청보다는 많은데 죽진 않고, 하청은 신고는 많이 안 됐는데 죽은 사람은 많아요. 사내 하청의 산재를 감추고 있는 것입니다. 그렇다면 원청 회사에서는 왜 못 감출까요? 이유는 노동조합 때문입니다. 공단 통계 대상이 조선, 철강, 자동차, 화학 업체였거든요. 노동조합이 있는 대기업들이라 감추기가 어려울 것이라는 점을 추측할 수 있지요. 그리고 또 한 가지 같은 공간에서 작업이 이루어지는데 원청보다 사내 하청의 재해 사망이 여덟 배 가까이 된다는 것은 주로 위험한 일을, 적절한 안전 조치 없이 사내 하청을 수행하고 있다는 것입니다. 업무만 외주화한 게 아니라 산재 위험도 외주화하고 있는 것이지요.**

산재 은폐와 위험의 외주화는 탈법적인 현상입니다. 최저 임금 미만과

---

* "하청 업체 산재 사망률, 원청보다 8배 높다", 〈한겨레〉 2017년 4월 11일자.
** 같은 기사.

마찬가지로, 그리고 사안의 심각성을 고려하면 그보다 더 엄격하게 정부에 의한 관리가 필요한 영역이지요. 그런데 이 영역에서도 관리는 잘 이루어지지 않고 있습니다. 산재 예방 활동을 관리하고 산재 은폐와 같은 문제가 발생했을 경우 이를 일차적으로 관리해야 하는 역할도 근로 감독관에게 있습니다. 아까 말씀드린 최저 임금법 위반과 마찬가지요. 그런데 오랫동안 한국의 근로 감독관은 그 숫자에 비해 업무가 과중해서 본인의 근로를 감독해야 할 판이라는 이야기가 나돌 지경이었지요. 여기에 비하면 일부 근로 감독관이 지나치게 사용자 편의적인 태도를 취하거나, 전문성이 부족하다는 지적은 차라리 부차적인 문제 같기도 합니다. 다행히 현 정부에서 이 문제를 인지하고 숫자를 늘려가겠다고 하니, 앞으로 지켜볼 문제입니다.

산재 은폐 말고도 문제가 많습니다. 여러분 혹시 '또 하나의 약속'이라는 영화 보셨어요? 국내 최대 기업의 반도체 공장에서 일하던 근로자들이 각종 희귀병이나 암에 걸립니다. 전후 사정을 따져보면 직업병인 것으로 보이는데, 좀처럼 직업병 인정이 잘 안 됩니다. 근로자 측이 업무 관련성에 대한 입증 책임을 가지고 있거든요. 그런데 전문가가 나서도 입증이 쉽지 않습니다. 사용자 측에서 본인들에게 유리한 의견을 낼 수 있는 전문가를 많이 섭외할 수 있는 것도 사실이고요. 반도체 공장 직업병이 유명한 사례지만 비슷한 경우가 많습니다. 근로자의 질병이 업무 관련성이 있는지 판정하는 기관이 '업무상 질병 판정 위원회'입니다. 이전에는 근로복지공단에서 정한 자문의사 협의회의 자문에 따라 결정하던 것을 공정성을 높이기 위해 의사, 법률가, 제도 전문가를 포함하는 위원회를 만든 것이지요. 이를 놓고 노동계에서는 '개악이다'라고 말하기도 합니다만,

제도상으로 보면 공단 일방의 자문위원회 선정보다 진일보한 측면이 있습니다. 그럼에도 불구하고 업무상 질병을 실제로 인정받기가 쉽지 않다는 항변이 나오는 것도 사실입니다.

다르지만 비슷한 문제가 나오는 경우가 이른바 '출퇴근 재해' 문제입니다. 근로자가 회사에 가는 길이나 오는 길에 당한 재해가 산재냐 아니냐 하는 것인데요. 우리나라의 경우는 출퇴근 재해의 범위를 통근 버스처럼 사업주가 제공하는 차량 이용 시의 사고만 포함하고 있었습니다. 이 문제는 최근에 법 개정이 결정되어 2018년부터 통근 버스 형태가 아니라도 통상적인 대중교통이나 자가용을 이용한 출퇴근을 포함하게 되었습니다. 다만 시행령에서 '통상적인 출퇴근'을 어떻게 규정하는지에 따라 현실적인 차이가 나타날 것입니다. 그래도 한 걸음 나아간 것은 분명하지요.

직업병과 출퇴근 재해가 똑같이 장벽으로 가지고 있는 문제는 산재 보험이 원인주의에 근거한 제도라는 점에 있습니다. 건강 보험이나 국민연금이 급여를 지급할 때 왜 급여 지급 사유가 발생했는지 따지지는 않습니다. 평소에 담배를 많이 태워서 폐가 좋지 않다거나, 술을 많이 마셔서 간이 좋지 않다고 그 책임을 물어 건강 보험 급여 지급을 거절하지 않아요. 본인의 부주의로 사고를 당해 장애를 입었다고 해서 국민연금의 장애 급여가 미지급되지 않습니다. 그래서 이런 제도들의 급여 지급 방식을 '결과주의'라고 합니다. 산재 보험은 달라요. 산재 보험은 원인주의 방식을 취합니다. 산재의 원인이 업무와 관련되어 있는지를 따집니다. 사고의 경우는 업무 수행성(업무를 하다가 발생했는지)을, 직업병의 경우는 업무 기인성(병의 원인이 업무에 있는지)을 고려합니다. 문제는 이 '업무 수행' 및 '업무

기인'의 범위가 아주 객관적일 수는 없다는 점입니다. 명백하게 제한된 경우의 수를 전제로 꼼꼼히 규칙을 정하고 있는 야구나 축구에서도 판정 시비가 생기잖아요. 더구나 산재의 경우는 이런 문제가 매우 큽니다. 대체로 한국의 경우는 엄격한 기준을 적용하고 있습니다. 산재로 판정되는 것이 어렵다는 이야깁니다.

그런데 이 문제에는 산재 보험뿐 아니라 다른 제도의 문제도 걸려 있습니다. 건강 보험입니다. 한국의 건강 보험은 잘 알려진 것처럼 보장성이 낮습니다. 그래서 큰 병에 걸려서 장기 입원하거나 할 경우에 비용이 많이 나갑니다. 게다가 선진국에서 질병 수당(sickness pay)이라고 부르는 현금 급여가 없지요. 선진국은 현금 급여가 있어서 병원에 입원해서 일하지 못한 데 대한 소득을 보장해줍니다. 한국은 그런 것 없지요. 그래서 장기간 입원하면 상황이 매우 어려워집니다. 우선 병원비가 들지요. 소득은 줄어듭니다. 거기다가 누군가 간병을 해야 하는데, 건강 보험이 간병비 지원도 해주지 않습니다. 그러면 간병인 비용을 쓰거나 다른 가족이 간병을 해야 합니다. 보통은 배우자가 간병을 하는데 그러면 배우자도 일할 수 있는 시간이 줄어듭니다. 소득이 이중으로 줄어드는 것이지요. 원래 상당한 부자가 아니었다면 순식간에 빈곤으로 추락할 수도 있습니다. 만약 산재로 판정받으면 이런 상황이 제법 달라집니다. 비급여는 아니지만 급여로 포함되는 치료에 대해서는 본인 부담금이 없습니다. 간병비도 나옵니다. 휴업 급여가 있어서 일하지 못한 것에 대해 소득 지원도 받을 수 있지요. 산재냐 아니냐에 따른 차이가 아주 큽니다. 만약 건강 보험 보장성이 80퍼센트 이상 되고, 건강 보험에서 간병비나 질병 수당이 나온다면 산재 판정 여부로 인한 문제가 훨씬 작아질 수도 있습니다. 부실한 건강 보험이 산재에도 영향을 미치고 있는 것이지요. 산재 보험 자체의 재해 인정 범위가 넓어지는 것도 필요합니다. 특히 직업병에 있어서는 재해 노동자의 입증 책임을 완화하는 조치도 이루어져야 하고요. 하지만 동시에 전체 사회 보장 체계 차원에서의 정합성이 요구되는 부분이기도 합니다. 건강 보험과 산재 보험의 차이 문제처럼 말이죠.

앞서서 산재 보험에는 사각지대가 문제가 덜하다고 했는데요, 고용보험에 비해서 그렇다는 거지 아무 문제가 없다는 말은 아닙니다. 대표적인 문제가 특수 형태 근로자의 경우입니다. 앞서 이들이 계약상으로는 자영업자지만 근로자의 성격이 강한 비정규직 유형이고, 고용 보험의 사각지대에 있다고 말씀드렸는데요. 산재 보험에서도 마찬가지입니다. 산재 보험에 이들을 보호하기 위한 특례 조항이 있긴 하지만, 아홉 가지 직종으로 제한되어 있어요.* 그런데 이와 같은 고용 형태를 사용하는 업종은 계속 늘고 있습니다. 화물 기사, 덤프 기사, A/S 기사, 방송 작가, 애니메이터, 텔레마케터, 헤어디자이너, 학원 강사, 관광 가이드 등 여러 업종·직종에서 모호한 고용 관계가 늘어나고 있습니다. 이들은 근로자 성격이 적지 않지만 산재 보험의 밖에 있지요. 특례로 규정된 9개 직종이라고 완전히 보호가 이루어지는 것은 아닙니다. 다른 근로자들과 달리 보험료는 사용자와 5대 5로 나누어야 하는 데다가, 원칙적으로 의무 가입이지만 본인이 원하면 가입하지 않을 수 있어요. 사실상 임의 가입이라가입률이 매우 저조합니다. 시급히 개선이 필요한 문제입니다.

* 보험 모집인, 콘크리트믹서 트럭 운전자, 학습지 교사, 골프장 캐디, 택배 업자, 퀵서비스 업자, 대출 모집인, 신용카드 회원 모집인, 대리운전 업자

산재 보험에서 또 한 가지 개선이 필요한 문제는 산재 보험료를 결정하는 규정입니다. 아까 산재 보험이 업종별로 다르고 같은 업종 안에서도 산재 발생률에 따라 다르다고 했지요? 현재 업종별 요율은 51개 업종으로 나뉘어 적용되고 평균 요율과 가장 높은 요율 간에 20배 차이가 납니다. 2017년 평균 요율은 1.7퍼센트고, 보험료가 가장 낮은 금융·보험업은 0.7퍼센트, 가장 높은 석탄광업은 32.3퍼센트입니다. 꽤 차이가 크지요? 여기에다가 산재 발생률에 따라 사업장별로 ±50퍼센트의 차등이 이루어집니다. 업종별 요율제는 사회 보험인 산재 보험에서 이루어지는 재해 위험의 재분배가 51개로 나누어진 각 업종 내부로 한정되도록 하는 결과를 낳습니다. 여기에 더해지는 개별 실적 요율제는 원래의 목적대로 재해 예방 유인보다는 산재 은폐 유인을 가져옵니다. 산재 보험을 일정한 범위 안에서 차등화하는 것은 많은 국가들이 사용하고 있는 시스템입니다. 물론 모든 국가는 아닙니다. 오스트리아처럼 모든 사업장이 단일한 요율을 적용받는 제도도 있습니다. 산재 보험을 통한 위험의 재분배가 건강 보험이나 연금에서 나타나는 것처럼 모든 가입자에게 적용되는 것이지요. 우리가 단기간에 이런 방식으로 바뀌기는 어렵겠지요. 그렇지만 업종별 차등의 정도나 개별 실적 요율의 폭을 재검토할 필요는 있습니다. 이 제도들이 산재 예방이라는 원래의 목적을 제대로 달성하고 있는지 의심스러운 상황이기 때문입니다.

오늘 많은 이야기를 말씀드렸습니다. 복지국가와 노동 시장의 관계, 노동 시장의 변화와 기존 사회 보장 제도 간의 부정합 가능성, 한국 노동 시장의 심각한 이중 구조, 그리고 구체적으로 한국의 대표적인 노동자 복지 프로그램들인 고용 보험, 최저 임금과 근로 장려금, 산재 보험이 가지고 있는 문제까지요.

거시적인 관점에서 볼 때 한국의 노동과 복지가 가지고 있는 핵심 문제는 사회 보험 중심의 제도와 이중 구조화된 노동 시장 간의 부정합에 있습니다. 사회 보험은 그 최초의 설계에 있어서 일정 수준의 안정적인 고용을 전제로 한 제도입니다. 하지만 탈산업 사회의 노동 시장은 그렇지 않습니다. 실업률이 높고, 실업 기간도 길어졌고, 고용이 단속적이고 불안정한 이들이 늘어났고, 노동 시장의 이중 구조는 심각해졌습니다. 사회 보험이 효율적으로 기능하기 어려운 환경이지요.

여기에 한국은 후발 복지국가로서 갖는 어려움이 있습니다. 복지 선진국들은 노동 시장 환경과 사회 보험 간에 정합성이 있는 시기에 이미 사회 보험 가입률이 100퍼센트에 근접했습니다. 그 후에 노동 시장이 변화했지만, 이미 사회 보험이 성숙한 상황에서 이 변화는 사회 보험의 사각지대가 아닌 보장의 한계로 나타났습니다. 고용 이력이 불충분해서 실업 급여를 받지 못한다거나, 연금 급여의 수준이 낮아지는 문제들이죠. 물론 심각한 사회 문제입니다. 하지만 사회 보험이 성숙해야 할 시기에 변화하는 노동 시장 환경을 맞은 한국의 상황은 다릅니다. 압축 성장 과정에서 노동법이나 사회 보장법에 관한 규율이 충분히 성숙할 시간을 갖지도 못한 것입니다. 그렇게 전근대적인 노동 관행과 신자유주의적인 노동 시장 변화가 맞물려 있는 것이 한국의 노동 시장 상황입니다. 그리고 그 상황과 부정합을 이루고 있는 것이 사회 보험 중심의 한국 복지가 아닐까요.

사회 보장 제도는 간단히 바뀌지 않습니다. 한국의 사회 보험이 노동 시장과 부정합을 가지고 있다고 해서 어느 날 갑자기 사회 보험 제도의 역할을 전부 다른 제도로 대체할 수 있는 것은 아닙니다. 바람직하지도 않고요. 하지만 변화하는 노동 시장 환경에 맞게 제도의 중심을 조금씩 이동하는 것은 필요합니다. 고용이나 보험료 기여가 아닌 시민권이나 필요 기반으로 제공하는 제도들을 늘려야 합니다. 기초연금이 그 한 형태이지요. 새 정부에서 도입하고자 하는 아동 수당도 그런 제도입니다. 선별적 복지 제도라고는 하지만 기초 생활 보장 제도가 우리 사회의 빈곤한 사람들의 문제를 제대로 해결할 수 있게 만드는 것도 그런 방향입니다. 현금만 있는 것도 아닙니다. 보육 서비스나 노인 장기 요양 서비스처럼 사회 서비스를 확대하는 것도 변화하는 복지국가 환경과 정합성이 있습니다.

하지만 아직까지 노동 복지 영역에서는 이런 제도가 부족합니다. 사회 서비스 형태로 제공되는 적극적 노동 시장 정책은 그런 측면이 있긴 합니다. '취업 성공 패키지'나 '내일 배움 카드제' 같은 제도는 고용 보험 가입 시에만 제공되는 것은 아닙니다. 그리고 취업 취약 계층의 고용 가능성을 높이는 것은 불안정해지고 이중화된 노동 시장 환경에서 중요합니다. 하지만 그 효과성에 문제가 있다는 점을 앞에서 지적했지요? 이를 개선하기 위해서는 적극적 노동 시장 정책에 대한 투자를 늘리고 고용 서비스 전달 체계를 개선해야 합니다. 고용 서비스를 필요로 하는 이들 개개인의 상황에 맞는 개별화되고 통합적인 교육 및 고용 지원 프로그램을 제공할 수 있어야 합니다. 그러기 위해서는 고용 서비스 인프라의 양과 질을 모두 개선해야 합니다.

근로 빈곤층에 대한 소득을 지원하기 위한 프로그램인 근로 장려금은 변화하는 노동 시장 환경에 맞추기 위한 제도입니다. 고용 이력이 아닌 필요에 기반하고 있습니다. 하지만 수급자 범위가 좁고 급여 수준이 낮아서 제 역할을 못 하고 있는 상황입니다. 근로 빈곤 청년층을 포괄하고, 소득 지원이 필요한 가구들에게 실질적인 지원이 이루어질 수 있도록 확대해야 합니다.

실업자에 대한 소득 보장 영역에서는 아직 이와 같은 형태의 제도가 없습니다. 고용 보험은 고용 이력을 필요로 하는 제도입니다. 현재의 변화한 노동 시장 환경에서 노동 시장 취약 계층에 대한 사각지대를 없애는 데 한계가 있습니다. 실업 부조와 같이 고용 보험 바깥에 있는 저소득 실업자를 지원할 수 있는 제도가 필요합니다. 현재는 이들이 의지할 수 있는 제도는 기초 생활 보장 제도밖에 없지만, 엄격한 수급 조건으로 인해 수급 인구가 전체의 3퍼센트 정도밖에 되지 않습니다. 그 공백을 메울 제도가 필요합니다.

불안정하고 이중화된 노동 시장에 맞는 제도로 위에 말씀드린 것들 대부분은 '필요'에 기초한 제도입니다. '필요'가 있기 때문에 시급하고, 현실적인 도입 가능성도 상대적으로 높습니다. 아직까지 기초연금이나 아동 수당같은 방식처럼 노동이 가능한 인구에게 시민권에 기초해서 지급되는 현금 급여 제도는 없습니다.* 만약 근래에 관심을 받고 있는 기본 소득이 도입된다면 노동 인구에 대한 시민권에 기초한 급여가 되겠지요. 적어도 저는 현재까지는 노동 가능 인구를 대상으로 완전히 보편적인 기본 소득을 도입하는 것은 이르다고 생각합니다. 예산상으로나 정치적으로 실현 가능성에 한계가 있을 뿐 아니라 '필요'를 완전히 배제한 급여가 꼭 바람직한지에 대해서도 의문을 가지고 있습니다. 하지만 아까 말씀드린 대로 고용이나 보험료 기여가 아닌 수급권의 기초를 가진 제도의 중요성은 커졌습니다. 노동이 가능한 인구들에 대해서도 마찬가지입니다. 한편으로 노동의 재구성을 위한 노력을 해야겠지만, 다른 한편으로 노동 시장과 수급권이 독립된 제도들의 확대가 필요합니다. 이것은 꼭 기본 소득처럼 기존의 틀을 완전히 깨는 것이 아닐 수도 있습니다. 오래전부터 보편적 복지국가의 모델로 불린 스웨덴이나 덴마크 같은 북유럽 국가는 보편적인 수당과 사회 서비스의 비중이 높다는 특성을 가지고 있습니다. 고용이나 보험료 기여에 기초하지 않는 복지 프로그램들이지요.

그렇다고 기존의 사회 보험은 그냥 내버려두자는 이야기는 아닙니다. 북유럽 국가들이나 네덜란드, 오스트리아 같은 국가에서는 사회 보험 방식에 근거한 실업 급여가 비교적 잘 작동하고 있습니다. 물론 여기에는 노동 시장의 불안정성 혹은 이중성의 차이도 있지만 제도가 어떻게 설계되고 운영되는지도 영향을 미칩니다. 게다가 사회 보험은 사회적 위험에 직면한 이들이 이전의 삶을 유지할 수 있도록 하는 제도입니다. 사회 수당이나 공공 부조가 하기는 어려운 역할이지요.

---

* 사실 기초연금이나 아동 수당도 완전하게 시민권에 기초했다고 말하기는 어렵습니다. '노인'이거나 '아동'이기 때문에 불가피한 소득 상실이나 비용 발생이라는 필요를 고려한 것이기 때문입니다.

따라서 고용 보험의 개선도 중요합니다. 사각지대를 없애기 위한 노력이 일차적입니다. 미가입 사업장에 대한 관리 감독을 강화하는 것이 기초일 것이지만, 가입 유인을 높이기 위한 제도 역시 필요합니다. 저소득층의 사회 보험 가입을 지원하는 '두루누리 사회 보험료 지원 사업' 같은 제도를 확대하는 방식입니다. 실업 급여의 수급 기간은 반드시 늘려야 합니다. 현재의 수급 기간으로는 실업자가 자신에게 맞는 직업을 찾을 기회를 제공하기 어렵습니다. 급여 수준 역시 원래의 사회 보험 취지에 맞게 상한선을 높여서 실질적으로 실직 전 소득을 대체할 수 있도록 조정해야겠지요.

산재 보험 역시 사각지대 개선이 필요합니다. 특수 형태 근로자를 보호에 포괄해야 하며, 기존의 노동자들에 대해서도 업무 관련성 기준의 엄격성을 완화하여 재해 근로자에 대한 폭넓은 보호가 이루어져야 합니다. 하지만 산재 보험과 관련한 좀 더 근본적인 문제는 한국의 전근대적 고용 관행에 있습니다. 소규모·영세 사업장의 비중이 높고, 여기에 비공식 고용된 노동자들이 많습니다. 최근에는 간접 고용도 크게 늘어났고요. 이들이 사회 보험의 사각지대에 있고, 산재가 발생하면 은폐됩니다. 이 문제의 해결은 전근대적인 고용 관계의 개선에서 찾아야 합니다. 근로 감독관을 확충하고, 사업장을 제대로 감독하고, 적발률을 높이며, 적발 시 제재를 강화해야 합니다. 최저 임금도 본질적으로 동일한 문제입니다. 제가 자주 쓰는 표현을 빌리면 고용 관계의 근대화가 필요한 것입니다.

오늘 제 강의는 여기까지입니다. 연금이나 건강 보험도 방대한 제도이지만, '노동과 복지'라는 주제는 정말 방대한 것 같습니다. 지금까지 들어주셔서 감사합니다.

세금
누가, 어떻게,
얼마를 내야
하나?

홍 순 탁

홍순탁

2002년부터 KPMG삼정회계법인, 기업은행, 예일회계법인, 안세회계법인 등에서 회계 감사, 기업 자문, 세무 자문 등의 업무를 담당했다. 회계사로서 복지국가를 위한 재정 문제에 관심이 많아 '내가 만드는 복지국가'의 정책 위원으로 활동했으며, 2017년부터는 '내가 만드는 복지국가'의 조세·재정팀장을 맡고 있다.

세금
누가, 어떻게, 얼마를 내야 하나?

안녕하십니까. 세금에 대해 강의하게 된 홍순탁입니다. 제 직업은 회계사이고요, 숫자를 다루는 일을 합니다. 숫자를 다루다 보니 정부 재정에 관심이 많고 복지국가가 되기 위해서 어떤 재정 구조를 가져야 하는지에 대해서도 고민이 많습니다.

이야기의 출발점으로 2017년 8월 초에 발표된 문재인 정부의 세법 개정안을 들여다보는 것이 좋을 것 같습니다. 2017년 조기 대선으로 당선된 새 정부의 첫 번째 세법 개정안이기도 하고, '포용적인 복지국가'를 내세운 문재인 정부가 어떤 재정 전략으로 그 목표를 달성하려 하는지를 가늠해볼 수도 있기 때문입니다.

8월 초에 나온 세법 개정안에는 법인세와 소득세의 최고 세율 인상 등이 담겨 있었습니다. 나름 전향적으로 평가할 수 있는 부분입니다. 문제는 증세 규모인데요, 세법 개정으로 늘어나는 세수가 연간 5조 5000억 원으로 5년을 합산하면 27조 5000억 원 정도 됩니다. 문재인 정부의 공약 이행을 위해 자체적으로 계산한 재정 규모가 5년간 178조 원이었으니 증세를 통해 확보하는 재원이 전체의 15퍼센트 정도 되는 셈입니다.

공약 이행 재원 중 15퍼센트만 증세를 통해 재원을 마련한다면, 나머지는 재정 지출 절감이나 초과 세수에 의존하겠다는 의미가 됩니다. 재정 지출 절감은 중요한 문제이고 모든 정부가 꼭 노력해야 하는 부분이긴 하지만, 재정 지출 절감을 통해 생각만큼 많은 돈이 생기지는 않는다는 것이 과거 정부들의 공통적인 경험입니다. 김동연 경제 부총리도 세법 개정안을 발표하는 자리에서 재정 지출 절감이 쉽지 않다는 말을 했다고 하지요. 그렇게 보면, 아마도 문재인 정부는 초과 세수에 큰 기대를 걸고 있지 않나 싶습니다.

초과 세수가 무엇이고, 얼마나 예상되는지, 정말 문재인 정부의 공약 이행 재원의 중요한 부분을 맡겨도 될 만한 상황인지를 따져보는 것이 오늘 강의의 중요한 포인트가 되겠습니다. 초과 세수를 들여다보면서 최근 조세 수입 현황과 특징도 같이 살펴보겠습니다.

초과 세수란 정부가 예상했던 것보다 더 걷힌 것을 의미합니다. 정부는 매년 다음 해의 수입과 지출을 예상하여 예산이라는 것을 작성합니다. 여기에는 내년에 세금이 얼마나 걷힐지에 대한 예상치도 들어가 있는데 이보다 더 걷히는 것을 초과 세수라고 합니다.

최근 조세 수입 현황과 특징

개인 호주머니는 비어가는데 정부 주머니만 두둑하다는 기사가 종종 나왔습니다. 정부의 세금 수입이 좋다는 이야기인데요. 실제로 2016년부터 조세 수입은 예상을 훌쩍 뛰어넘고 있습니다.

조세 수입의 현황을 살펴보기 위해서 큰 그림부터 보고 가겠습니다. 조세 수입이 어느 정도인지 알려주는 가장 대표적인 지표는 조세 부담률입니다. 국세와 지방세를 더한 금액을 국내 총생산(GDP)으로 나누어 산출하는데 그래프를 그려보면, [그림 1]과 같습니다. 국민 부담률이라는 것도 있습니다. 국세, 지방세에 사회 보장 기여금을 더한 값을 GDP로 나눕니다.

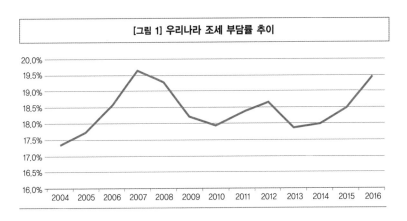

[그림 1] 우리나라 조세 부담률 추이

최근 10년간 조세 부담률 추이를 보면 노무현 정부 때 지속적으로 상승하여 2007년 19.6퍼센트로 정점을 찍습니다. 이후 이명박 정부가 대규모 감세를 하면서 큰 폭으로 떨어집니다. 등락을 반복하는데 대략 18퍼센트 수준에서 움직였습니다. 그러다가 2016년에 19.4퍼센트를 기록합니다. 특이하게도 2016년 한 해 동안만 조세 부담률이 0.9퍼센트포인트가 올라갔습니다. 2016년의 상승 원인은 뒤에서 다시 살펴보겠습니다.

한편, 조세 부담률을 다른 나라들과 비교해보면 어떨까요? [표 1]과 같이 2015년 기준으로 한국은 18.5퍼센트고 OECD 평균은 25.1퍼센트입니다. 우리가 OECD 평균에 비해 6.6퍼센트포인트 덜 내고 있습니다. OECD의 2016년 통계가 나오지 않았지만 비슷하다고 보면 2016년 기준으로는 6퍼센트포인트 이내로 줄어들었을 겁니다. 6퍼센트포인트라고 하니 어느 정도인지 감이 잘 안 올 수도 있는데요, GDP가 1600조 원을 넘기 때문에 약 100조 원에 해당하는 금액입니다. 여전히 OECD 평균과 비교하면 많이 덜 내고 있습니다.

\[표 1\] OECD 평균과 조세 부담률 비교				
구분		한국	OECD 평균	차이
		2015 기준(A)	2015 기준(B)	A-B
소득 과세(1000)	소득세	4.4%	8.6%	(-)4.2%P
	법인세	3.2%	2.9%	0.3%P
소비 과세(5000)	소비세	7.1%	11.2%	(-)4.1%P
재산 과세(4000)	재산세	3.1%	1.9%	1.2%P
급여세, 기타	기타	0.7%	0.5%	0.2%P
계		18.5%	25.1%	(-)6.6%P

우리나라의 세금은 국세가 14개, 지방세가 11개로 총 25개 세목으로 구성되어 있습니다. OECD는 이를 성질별로 비슷한 것끼리 소득세, 법인세, 소비세, 재산세, 기타 등 다섯 개로 묶어서 비교합니다. 이렇게 비교해 보면, 소득세, 소비세는 OECD 평균보다 적고 법인세와 재산세는 OECD 평균보다 많습니다. 이 결과를 보면, 법인세와 재산세는 충분히 거두고 있으니 더 거둘 필요가 없고, 소득세와 소비세를 증세하는 방안을 찾아야겠구나 하는 생각이 듭니다. 단순히 이렇게 봐도 되는지는 뒤에서 세목별로 따져 보겠습니다.

다시 돌아와서 2016년에 세금이 왜 잘 걷혔는지 살펴보겠습니다. 먼저 국세부터 보겠습니다. 세금은 걷는 주체에 따라 중앙 정부가 걷는 국세와 지방 자치 단체가 걷는 지방세로 나뉩니다. 쉽게 말씀드리면 국세는 소득세, 법인세, 부가가치세처럼 국세청이 관리하는 세금이고 지방세는 취득세, 재산세, 자동차세처럼 시청이나 구청에 내는 세금입니다.

국세 수입을 보면 [표 2]에서 보는 것처럼 2016년 기준으로 242.6조 원 정도 됩니다. 2015년에 비해 24.7조 원 정도 늘어난 것인데 비율로 계산해 보면 11.7퍼센트입니다. 우리나라가 1년 동안 총 벌어들인 소득에 대응되는 개념이 경상 GDP인데, 경상 GDP는 4.7퍼센트 정도 늘어났습니다. 소득이 4.7퍼센트 늘었는데 세금은 11.7퍼센트가 늘었으니 2.5배가 더 늘어난 것입니다. 이례적인 현상입니다.

[표 2] 최근 국세 수입 현황

(단위 : 조 원)

구분		2013	2014	2015	2016	증감
내국세	소계	166.0	171.2	182.0	206.2	
	소득세	47.8	53.3	60.7	68.5	7.8
	법인세	43.9	42.7	45.0	52.1	7.1
	상증세	4.3	4.6	5.0	5.4	0.4
	부가가치세	56.0	57.1	54.2	61.8	7.6
	개별소비세	5.5	5.6	8.0	8.9	0.9
	증권거래세	3.1	3.1	4.7	4.5	-0.2
	인지세	0.6	0.7	1.0	0.9	-0.1
	과년도 수입	4.8	4.0	3.4	4.1	0.7
관세		10.6	8.7	8.5	8.0	-0.5
교통·에너지·환경세		13.2	13.4	14.1	15.3	1.2
교육세		4.5	4.6	4.9	4.9	0.0
종합부동산세		1.2	1.3	1.4	1.3	-0.1
주세		2.9	2.9	3.2	3.2	0.0
농어촌특별세		3.6	3.3	3.8	3.6	-0.2
합계		201.9	205.5	217.9	242.6	24.7

국세 수입 중에서 이른바 3대 국세라고 불리는 소득세, 법인세, 부가가치세의 2016년 세수 실적이 182조 원가량 되어서, 전체 국세의 75퍼센트 정도 차지하고 있습니다. 2015년과 비교하면 소득세 7.8조, 법인세 7.1조, 부가가치세 7.6조 원 등 총 22.5조 원이 늘어나서, 전체 국세 증가분인 24.7조 원의 대부분을 차지하고 있습니다. 2016년 세수 증가의 특징 중 하나는 기타 세목이 아니라 주요 세목 세 개에서 집중적으로 세금이 늘어났다는 것입니다.

다음으로 눈에 띄는 특징이 소득세가 지속적으로 빠르게 늘고 있다는 것입니다. 2013년에는 소득세와 법인세가 비슷했는데, 소득세는 2013년부터 매년 7조 원 정도씩 늘어났습니다. 2013년에는 40조 원대, 2014년에는 50조 원대, 2015년에는 60조 원대, 매년 앞자리가 바뀔 정도로 빠르게 늘었습니다. 여전히 OECD 평균과 비교하면 많이 부족하지만 빠른 속도로 증가하고 있다는 특징이 있고, 증세 방향을 잡을 때에도 이 부분을 고려할 필요가 있습니다.

상대적으로 법인세는 2015년까지 거의 변동이 없었습니다. 45조 원 정도로 정체되어 있다가 2016년에 많이 늘어, 7조 원 정도 더 걷혔습니다. 부가가치세는 지방 정부로 넘겨주는 비율이 5.5퍼센트에서 11퍼센트로 늘면서 국세로 잡히는 금액이 50조 원대에 머물다가 역시 2016년도에 61.8조 원으로 크게 늘었습니다. 국세에서 차지하는 비중을 고려해도, 또는 2016년 증가 현황을 봐도 국세에서 증세를 논의하려면 3대 세목인 소득세, 법인세, 부가가치세를 중심으로 논의할 수밖에 없습니다.

지방세는 재산세나 취득세처럼 우리 실생활과 밀접하게 연관되어 있습니다. 그래서 지방세에 대한 체감도가 높지요. 지방세도 최근에 빠르게 늘었습니다. [표 3]에서 보는 것처럼 2013년에 53.8조 원. 2014년에 61.7조 원, 2015년에 71.0조 원, 이렇게 걷혔습니다. 매년 15퍼센트씩 늘어난 셈인데, 2013년부터 2015년까지 국세 수입이 정체였던 것을 감안하면 매우 큰 폭의 상승이 지방세 쪽에 있었습니다.

[표 3] 최근 지방세 수입 현황

(단위 : 조 원)

구분	2013	2014	2015	2016	증감
취득세	13.3	16.4	20.8	21.7	0.9
등록세	1.3	1.5	1.8	1.7	-0.1
레저세	1.0	1.1	1.1	1.1	0.0
지역자원시설세	0.9	1.1	1.4	1.4	0.0
지방소비세	3.1	5.8	6.0	6.4	0.4
지방교육세	5.0	5.5	5.8	6.3	0.5
주민세	0.3	1.4	1.5	1.8	0.3
지방소득세	10.3	9.7	12.8	13.1	0.3
재산세	8.3	8.8	9.3	9.9	0.6
자동차세	6.7	6.9	7.1	7.5	0.4
담배소비세	2.8	3.0	3.0	3.7	0.7
도시계획세	0.0	0.0	-	-	0.0
과년도 수입	0.6	0.6	0.4	0.9	0.5
계	53.8	61.7	71.0	75.5	4.5

2016년에는 상대적으로 증가율이 둔화되어, 2015년과 비교하여 6퍼센트 정도 증가했습니다. 세목별로 2015년 대비 2016년에 어떤 세목이 많이 증가했는지를 살펴보면 눈에 띄는 세목이 없습니다. 모든 세목에서 골고루 증가했습니다.

특이한 점은 부동산 경기에 민감한 취득세가 2015년에 큰 폭으로 증가하여 20.8조 원이었는데 그 수치가 2016년에도 이어졌다는 부분입니다. 2016년 취득세도 20조 원을 넘어 21.7조 원을 기록했습니다. 2016년 기준으로 금액 기준 지방세 순위를 매기면 1등이 취득세, 2등이 지방소득세, 3등이 재산세입니다. 지방소득세는 국세인 법인세와 소득세에 10퍼센트 부가되는 세금입니다. 그래서 지방 자치 단체에서 어떻게 할 수 없는 부분이고요. 취득세는 부동산 경기의 영향을 많이 받는 세금이고 정책적인 측면에서는 줄여야 하는 세금이라고 보면, 지방세 쪽에서 증세를 하려면 재산세에 초점을 둘 수밖에 없을 것 같습니다.

초과 세수는 지속 가능한가?

지금까지 우리나라 조세의 현황과 특징을 알아보았는데요, 다시 초과 세수로 돌아오겠습니다. 2016년 국세가 242.6조 원이 걷혔는데 정부의 예측은 232.7조 원이었습니다. 예상보다 9.9조 원 더 걷힌 것이죠. 그런데, 이 예측은 추가 경정 예산이라고 해서 중간에 수정한 예상이었고, 당초 예측한 222.9조 원과 비교하면 19.7조 원이나 늘어났습니다. 초과 세수 규모가 상당했습니다.

2017년에 대한 정부의 국세 수입 예측은 242.3조 원이었습니다. 2017년 예상도 수정되었는데요, 251.1조 원으로 수정되었습니다. 올해 실제 걷히는 세금 추이는 어떨까요?

기획 재정부의 〈월간 재정동향〉을 보면 2017년 6월까지의 국세 수입이 137.9조 원으로 2016년의 같은 기간과 비교하면 12.3조 원이 더 걷혔습니다. 2017년 전체 결과를 예상해보려면 하반기의 세금을 예측해야 하는데, 2013년 이후로 국세 수입 추이를 보면 2016년을 제외하고는, 항상 하반기의 세금이 상반기보다 많았습니다. 2016년에만 상반기 세금이 하반기보다 많았는데요, 2017년 하반기를 예측할 때 2016년을 기준으로 하면 가장 적게 예측하는 방법이 됩니다. 2016년을 기준으로 2017년 하반기를 예측하여 2017년 총 국세 수입을 예상해보면 266조 원쯤 됩니다. 수정된 예측보다 15조 원 정도, 당초 예상보다는 24조 원 증가가 예상되니, 2년 연속 상당한 규모의 초과 세수가 발생하게 될 것 같습니다.

2016년에 이어 2017년 국세 수입도 매우 놀라운 수준입니다. 아마 2017년의 조세 부담률은 최초로 20퍼센트를 돌파하게 될 것으로 보입니다. 문재인 정부가 자신하는 대로 공약 이행에 필요한 재원의 상당 부분을 초과 세수에 의존해도 별문제가 없어 보이는 수치입니다.

문제는 이러한 조세 수입의 호조가 부동산 경기 활황에 크게 의존하고 있다는 데에 있습니다. 문재인 정부는 8·2 부동산 대책 등 부동산 경기를 안정시키기 위해 많은 정책을 내놓고 있습니다. 이어서 가계 부채 종합 대책이 예고되어 있고, 이러한 정책에도 부동산 가격이 계속 상승한다면, 보유세 증세나 금리 인상과 같은 카드도 꺼낼 수 있다는 입장입니다.

문재인 정부의 의도대로 부동산 경기가 안정된다면 조세 수입 측면에서는 어떤 변화가 있을까요? 부동산 경기와 직접적으로 연관되는 세금은 양도세와 취득세입니다. 부동산 경기가 2014년 하반기부터 좋았기 때문에 [표 4]에서 보는 것처럼 2014년부터 빠르게 양도세와 취득세가 증가했습니다.

[표 4] 양도세와 취득세의 변동

(단위 : 조 원)

구분	2011	2012	2013	2014	2015	2016	2011~2013 평균	감소 예상
양도세	7.4	7.5	6.7	8.0	11.9	13.7	7.2	(6.5)
취득세	13.9	13.8	13.3	16.4	20.8	21.7	13.7	(8.0)
계	21.3	21.3	20.0	24.4	32.7	35.4	20.9	(14.5)

2016년의 양도세와 취득세가 합계는 35.4조 원이었는데, 2011년부터 2013년의 평균은 20.9조 원이었습니다. 문재인 정부의 의도대로 부동산 경기가 안정되어 2011년이나 2013년 정도의 상황으로 돌아간다면, 최대 14.5조 원이 감소할 수 있습니다.

부동산 경기가 안정된다면 줄어드는 세금은 양도세와 취득세만 있는 것이 아닙니다. 법인세에도 부동산 경기 활황의 효과가 포함되어 있습니다. 2016년의 법인세 증가를 업종별로 구분해보면 건설업과 부동산업에서 25퍼센트 이상을 기여했습니다. 부동산 경기가 안정되어 건설업과 부동산업의 이익이 감소된다면, 법인세에도 2~3조 원의 세수가 감소할 수 있습니다.

당연히 개인 사업자의 종합 소득이나 월급쟁이의 근로 소득에도 부동산 경기의 효과가 들어가 있습니다. 건설업과 부동산업을 영위하는 개인 사업자가 있을 것이고, 건설업과 부동산업에 종사하는 근로 소득자도 있기 때문입니다. 2016년과 2017년의 이례적인 초과 세수는 상당 부분을 부동산 경기에 의존하고 있습니다.

사실 2016년과 2017년에 조세 수입이 크게 늘어날 만한 정책 변화가 없었습니다. 그런데도 경상 GDP 증가율의 2배 이상의 조세 수입 증가가 발생한 것은 부동산 경기 때문입니다. 부동산 경기라는 것이 사이클이 있어서 계속 좋을 수는 없는 일이고, 정부 정책도 부동산 경기를 안정시키는 방향으로 가고 있기 때문에 이례적인 조세 수입 증가가 지속될 수는 없습니다.

조세 수입을 늘리는 데에는 정공법 외에 다른 방법이 없습니다. 세율을 올리고, 그동안 세금을 걷지 않았던 소득에 세금을 부과하는 방법을 찾을 수밖에 없습니다. 세목별로 어디에서 얼마나 증세가 가능할지 따져보겠습니다. 국세 수입에서 가장 큰 비중을 차지하는 3대 세목과 논란이 되고 있는 보유세와 나아가 사회 복지세까지 살펴보겠습니다. 먼저 법인세입니다.

법인세 증세 안 해도 되나?

법인세를 두고 말이 많습니다. 이명박 정부에서 법인세를 인하했을 때 부자 감세라며 반발이 심했지요. 이때 방어 논리로 등장한 게 바로 OECD와 비교하면 우리나라가 더 많이 내고 있다는 자료였는데, 구체적으로는 법인세를 GDP와 비교한 수치였습니다. 2015년 기준으로 한국의 법인세는 GDP 대비 3.2퍼센트로 OECD 평균인 2.9퍼센트보다 높습니다. 약 0.3퍼센트포인트 차이가 있는데 비율로 계산해보면 10퍼센트쯤 더 내고 있습니다. 이 수치를 보고 우리나라 기업들의 세 부담이 높다고 결론 내릴 수 있을까요? 이 문제를 살펴보려면 단순한 수치 비교 차원에서 한 걸음 더 나아가야 합니다.

세금은 소득에 부과되는 것이기 때문에 소득과 비교해야 합니다. 법인세는 기업이 버는 소득에 부과되는 세금이니 기업 소득과 비교하는 것이 더 적절합니다. 우리가 GDP라고 부르는 지표에는 기업 소득뿐만 아니라 가계 소득이 포함되어 있습니다. 가계 소득을 포함하여 비교하는 것보다는 기업 소득만 따로 떼어내어 비교하는 것이 좀 더 정확한 비교입니다.

법인세를 기업 소득과 비교하는 것과 가계 소득을 포함하여 비교하는 것은 상황에 따라서 매우 다른 결과를 가져올 수 있습니다. 예를 들어보겠습니다. A라는 나라와 B라는 나라가 있습니다. 법인세율이 A는 15퍼센트, B는 20퍼센트라고 가정해보겠습니다. 당연히 세율로 보면, A보다 B에 있는 기업의 부담이 높습니다. 그런데, 두 나라의 기업 소득의 비중이 다르다고 가정해보겠습니다. [그림 2]와 같이 A와 B는 모두 소득이 1000으로 동일한데, A의 기업과 가계는 3대 7로 소득을 나누고 있고, B에서는 2대 8로 나누고 있다고 가정해보겠습니다.

[그림 2] 소득 분배가 다른 가상의 두 국가의 법인세 부담 비교

A국	B국	A국		B국	
기업 소득 300	기업 소득 200	기업 세후 소득 255	법인세 45	기업 세후 소득 160	법인세 40
기업 소득 700	기업 소득 800	가계 소득 700		가계 소득 800	

이제 두 나라의 기업이 부담하는 법인세를 계산해보겠습니다. A 나라의 기업이 부담하는 법인세는 300×0.15＝45이고, B 나라의 기업이 부담하는 법인세는 200×0.2＝40입니다. 전체 소득(GDP)에서 차지하는 비율로 표현하면 A는 4.5퍼센트이고, B는 4.0퍼센트입니다. 이렇게 계산해보면 A 나라의 법인세 부담이 높다고 나옵니다. 분명, B 나라의 법인세율이 20퍼센트로 A 나라의 법인세율 15퍼센트보다 높았는데도 말입니다. 기업 소득 비중의 차이가 있으면 GDP 대비 법인세의 비중은 잘못된 결론으로 이끌 수가 있습니다.

국가 간 법인세 부담을 비교하려면 기업 소득의 비중을 고려해야 합니다. 한국은행 통계에 따르면 우리나라의 GDP 대비 기업 소득 비중은 [그림 3]과 같이 1980년에 15퍼센트 이하이던 것이 계속 상승하면서 17~18퍼센트 정도로 올라갔습니다. 그러다 IMF 이후 급증해서 지금은 24퍼센

[그림 3] 기업 소득 비중 추이

트를 유지하고 있습니다. 상대적으로 OECD 국가의 기업 소득 비중은 평균 19퍼센트 정도입니다.

앞의 예와 비교한다면 우리나라가 A 나라에 해당하고, OECD 평균이 B 나라에 해당하는 셈입니다. 그러니 단순히 GDP 대비 법인세 비율이 높다고 해서, 현행 세율이 기업 경영에 부담이 된다거나 이미 충분히 걷고 있다거나 하는 논리는 맞지가 않지요. 기업 소득을 고려하면 외려 적다고 할 수 있습니다. 가계로 가야 할 소득을 기업이 차지하고 있기 때문에 법인세가 늘어나 보이는 것뿐입니다.

기업 소득 비중을 고려하여 OECD 평균과 비교해보면, 법인세를 약 5~6조 원 정도 더 걷을 여지가 있습니다. 이명박 정부에서 내린 법인세를 정상화할 근거가 있는 거예요. 그렇다면 어떻게 정상화할 거냐를 봐야 합니다. 보통 얘기하는 것은 실효 세율입니다. 실효 세율을 정비하면 법인세 문제는 해결된다는 건데요, 실효 세율 문제를 한번 보겠습니다.

지금 법인세는 과세표준에 따라 세율이 올라가는 구조로 되어 있습니다. 과세표준 2억 원까지는 10퍼센트, 2억 원에서 200억 원까지는 20퍼센트, 200억 원을 넘어가면 22퍼센트입니다. 그런데 이건 명목 세율입니다. 기업이 그 돈을 다 세금으로 내지는 않습니다. 각종 공제 감면이 많은데요, 외국 납부 세액 공제, 연구·인력 개발비 세액 공제, 고용 창출 투자 세액 공제 등 각종 감면 혜택을 받습니다. 이런 공제 감면 때문에 줄어드는 세금을 고려하여 실제 낸 세금과 소득을 비교하는 것이 바로 실효 세율입니다.

이 실효 세율은 연도별 전체 추이도 중요하지만, 소득 규모별로 비교하는 것이 중요합니다. 소득이 늘어날수록 적용되는 법인세율이 올라가

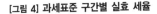

[그림 4] 과세표준 구간별 실효 세율

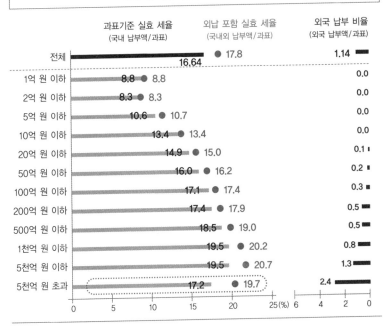

	과표기준 실효 세율 (국내 납부액/과표)	외납 포함 실효 세율 (국내외 납부액/과표)	외국 납부 비율 (외국 납부액/과표)
전체	16.64	● 17.8	1.14 ━
1억 원 이하	8.8	● 8.8	0.0
2억 원 이하	8.3	● 8.3	0.0
5억 원 이하	10.6	● 10.7	0.0
10억 원 이하	13.4	● 13.4	0.0
20억 원 이하	14.9	● 15.0	0.1
50억 원 이하	16.0	● 16.2	0.2 ▪
100억 원 이하	17.1	● 17.4	0.3 ▪
200억 원 이하	17.4	● 17.9	0.5 ▪
500억 원 이하	18.5	● 19.0	0.5 ▪
1천억 원 이하	19.5	● 20.2	0.8 ━
5천억 원 이하	19.5	● 20.7	1.3 ━
5천억 원 초과	17.2	● 19.7	2.4 ━

게 되어 있으니, 소득이 많은 기업의 실효 세율도 높아야 할 텐데 정말 그렇게 되어 있느냐의 문제입니다.

[그림 4]에서 Y축은 과세표준입니다. 기업들이 얼마나 돈을 많이 버는지에 따라 나눠놓은 건데 맨 위가 1억 원 이하고요, 이익 기준으로, 5000억 원 이상 버는 기업들이 맨 마지막에 있습니다. X축은 세율이고요. 왼쪽에서 시작하는 막대는 실효 세율을 보여줍니다.

보시면 왼쪽 막대가 아래로 갈수록 길어집니다. 버는 돈이 많으니 적용되는 세율이 높아지겠지요. 그런데 특이하게도 5000억 원에서 다시 줄어들어요. 5000억 원 이하가 19.5퍼센트이고 5000억 원 초과가 17.2퍼센트입니다. 돈은 많이 버는데 세금은 더 적게 내는, 실효 세율이 역전되는 일이 발생합니다.

지금 말씀드린 것은 국내 세금만을 기준으로 한 거고요. 기업들은 국내에서만 영업하지 않습니다. 큰 기업일수록 외국에서 벌어들이는 돈이 많아요. 기업 입장에서는 미국이든 중국이든 진출하면 세금을 내는데, 그것도 고려해줘야 한다고 항변할 수 있습니다. 그래서 외국에서 내는 세금도 포함해서 계산을 해봤습니다. 그랬더니 결과가 같아요. [그림 4]에서 왼쪽 막대 옆에 있는 원이 외국에서 낸 세금까지 고려한 실효 세율입니다. 앞서 본 그래프와 똑같이 5000억 원을 기준으로 증가세가 감소세로 돌아섭니다. 우리나라에서 이익을 많이 내는 기업은 외국에서 낸 세금까지 고려해주더라도 이익 규모가 더 작은 기업보다 1퍼센트포인트 정도는 덜 내고 있습니다.

이 부분을 바로잡으면 얼마나 세금을 더 걷을 수 있을까요? 간단하게는, 5000억 원 초과 기업들이 5000억 원 이하의 기업과 똑같은 실효 세율을 부담한다고 가정하여 계산할 수 있습니다. 이렇게 계산하면 대략 1조 원 정도 세금을 더 걷을 수 있습니다. 5000억 원 초과 기업이 대략 40~50개쯤 되는데, 이를 세분화해서 계산해보면 2조 원까지 나옵니다. 실효 세율 역전 현상을 바로 잡으면 1~2조 원 정도 법인세를 더 걷을 수가 있습니다.

대기업에 적용되는 공제 감면을 축소하거나 최저한세라는 제도를 정비하면 실효 세율 정상화가 가능합니다. 하지만, 이것만으로는 부족합니다. OECD 평균과 비교하여 덜 내고 있는 법인세가 5~6조 원 정도인데, 1~2조 원만 더 걷고 끝나면 안 되지 않겠습니까? 법인세율 인상도 같이 해야 합니다.

앞서 말씀드린 대로 문재인 정부의 세법 개정안에는 과세표준 2000억 원 초과 기업에 적용되는 법인세율을 25퍼센트로 정상화하는 방안이 담겼습니다. 성역처럼 여겨지던 법인세율을 일단 인상한다는 점에서는 의미가 있지만, 적용 대상이 너무 좁다 보니 세수 효과가 크지 않습니다. 대략 2조 원 남짓 정도만 법인세가 늘어날 것으로 예상됩니다. 법인세율을 정상화하려면 그 대상을 과세표준 2000억 원 초과 기업이 아니라 최소한 과세표준 200억 원 정도로 확대할 필요가 있습니다. 그래야 증세 효과가 3~4조 원 정도로 늘어납니다. 우리나라가 복지국가로 나아가려면 '법인세는 절대 올릴 수 없다'가 아니라 '기업들이 OECD 평균만큼은 부담해야겠다'라는 공감대가 필요할 것 같습니다.

소득이 있는 곳에 세금을

다음은 소득세 부분입니다. 소득세는 아까 말씀드린 것처럼 최근에 급속히 증가했습니다. 그 원인을 파악하는 게 중요합니다. 국세 통계를 보면 근로 소득, 종합 소득, 양도 소득, 이자 배당, 기타, 이렇게 나누어 볼 수 있는데, [표 5]와 같이 근로 소득세와 종합 소득세가 꾸준히 늘어났습니다. 양도 소득세는 2015년과 2016년에 크게 늘어났고요. 양도 소득세 증가 원인은 앞에서 말씀드린 대로 부동산 경기 활황과 관련되어 있습니다.

[표 5] 소득 형태별 소득세 추이

(단위 : 조 원)

구분	2011	2012	2013	2014	2015	2016	2011년 대비 증가율
근로소득	18.4	19.6	21.9	25.4	26.4	30.4	65.2%
종합소득	8.3	9.9	10.9	11.5	13.4	15.0	80.7%
양도소득	7.4	7.5	6.7	8.0	11.9	13.7	85.1%
이자·배당·원천	4.9	5.2	4.9	4.6	4.6	4.1	(-)16.3%
그 외	3.3	3.6	3.4	3.8	4.5	5.3	60.6%
계	42.3	45.8	47.8	53.3	60.7	68.5	61.9%

2011년과 비교하여 증가율을 비교해보면, 자영업자가 주로 내는 종합 소득세가 많이 늘어났다는 특징이 있습니다. 2011년과 비교하면 근로 소득세는 65퍼센트 늘어났는데, 종합 소득세는 80퍼센트 늘어났습니다. 옛날에는 직장인에 비해 세금을 잘 안 낸다는 이미지가 있었는데 최근에 많이 바뀌었습니다. 자영업자 소득 파악이 얼마나 되고 있는지를 가늠해보기 위해서 한국은행의 가계 영업 잉여와 국세청에 사업 소득 신고 금액을 비교하곤 합니다. 가계 영업 잉여는 가계가 사업을 통해 벌어들인 이익입니다. 두 수치의 산출 기준이 정확히 일치하는 것은 아니나, 큰 틀에서 유사하기에 추이를 살펴보는 것은 의미가 있습니다.

한국은행 가계 영업 잉여를 보면 2008년에 109조 원쯤 됩니다. 그런데 같은 해 국세청에 신고된 사업소득 신고 금액은 52조 원이거든요. 절반도 신고가 안 된 겁니다. 그런데 이 차이가 점점 좁혀집니다. 2015년에는 한국은행 수치는 123조 원 정도인데, 국세청에 신고된 금액이 102

조 원 정도 되었습니다. 비율로 보면 83퍼센트에 이르러요. 예전보다는 자영업자 소득 파악이 잘 되고 있다는 얘기고요. 이에 따라 세금도 더 걷히고 있습니다.

근로 소득자와 자영업자들은 최근 세 부담이 크게 늘었습니다. 소득세 증세 방향을 잡을 때 이 부분을 고려해야 합니다. 물론 아직도 OECD 평균과 비교하면 한참 부족하지만, 최근의 증가 속도를 고려하지 않을 수가 없습니다. 그래서, 소득세 증세의 방향은 지금까지 세금을 내지 않았던 소득에 적절한 부담을 부과하는 것에 초점을 둘 필요가 있습니다. 소득세 최고 세율을 올리거나 고소득자가 주로 혜택을 보는 공제 감면을 축소하는 것도 의미가 있지만, '소득이 있으면 세금이 부과된다'는 원칙을 모든 소득에 적용하는 것이 더 중요합니다.

최근 종교인 과세 때문에 논란이 있었는데요. 종교인 과세도 당연히 필요한데, 세수 규모는 그리 크지 않습니다. 저는 주식 양도 차익, 주택 임대 소득, 이 두 가지에 주목해야 한다고 생각합니다. 일단 소득 규모도 굉장히 커서 과세 효과도 높고요. 소득이 있는 곳에 세금이 있다는 조세 형평성 측면에서도 급선무라고 봅니다. 구체적으로 살펴볼까요? 우선 주식 양도 차익입니다.

이 부분은 전체 비과세는 아니고요. 비상장 주식은 지금도 과세가 되고 있습니다. 문제는 상장 주식이에요. [그림 5]와 같이 대주주에게만 20퍼센트 과세하고, 나머지는 전부 비과세입니다. 소액 투자자를 보호한다는 명분하에 세금을 안 물리고 있습니다. 여기에서 중요한 지점이 대주주 기준이 매우 높다는 것인데요. 주식 투자 총액이 아니라 종목별 기준으로 25억 원을 넘어야 대주주가 되고, 과세 대상이 됩니다. 예컨대 어떤 사람이 24억 원씩 10개 종목에 240억 원을 투자했다면, 전부 비과세입니다. 2018년에 이 기준이 15억으로 낮아질 거라고 하지만 어쨌든 총액 기준이 아니고 종목당 금액입니다. 대부분이 비과세로 빠져나가게 됩니다.

[그림 5] 주식 양도 차익 과세의 문제(코스피 기준)

보유 금액 기준	현재 과세 방법	문제점
한 종목에 25억 원 이상인 경우만 대주주에 해당	20% 과세 (1년 이내만 30%)	근로 소득보다 가벼운 세 부담?
한 종목에 25억 원 미만	비과세	모두 개미 투자자?

상장 주식에 대한 과세 대상도 문제지만, 세율도 낮습니다. 1년 이내 매각하면 30퍼센트이고 나머지는 20퍼센트인데, 1년 미만 보유자를 대상으로 걷힌 세금이 거의 없기 때문에, 대부분이 20퍼센트 세율로 낸다고 보면 됩니다. 25억 원 이상 보유한 종목을 거래했을 때 양도 차익 규모가 보통 수억 원이거든요. 같은 돈을 근로 소득으로 벌면 최고 세율인 40퍼센트가 부과될 텐데 주식으로 벌면 절반밖에 안 됩니다. 그래야 할 이유가 없습니다. 하다못해 같은 양도 소득인데도 부동산 양도에서 발생하는 소득은 누진 과세합니다. 주식 양도 차익만 일괄 20퍼센트예요. 형평성을 고려해서라도 누진 세율을 적용하는 게 필요합니다.

주식 양도 차익에 대해서 누진 과세가 된다면 그 세수 규모가 상당합니다. 가장 최근에 국세청에 신고된 자료 기준으로 주식 양도 차익이 16조 원 정도 되는데 건당 양도 차익을 계산해보면 약 80퍼센트 정도가 5억 원을 넘습니다. 누진 세율을 적용한다면 주식 양도 차익 16조 원 중 대부분에 최고 세율이 적용된다는 의미죠. 현재 20퍼센트로 과세되고 있는 주식 양도 차익을 종합 소득처럼 누진 과세하면 늘어나게 되는 세금이 최소 4조 원 정도 됩니다.

우리나라가 투자를 통해 벌어들인 소득에 대해 관대한 경향이 있는데 이제 바꿔야 합니다. 두 가지를 해야 합니다. 과세 대상을 넓히는 것, 그리고 과세 대상에 대해서 누진 세율을 적용하는 것입니다. 이번 세법 개정안에 과세 대상이 되는 대주주 기준을 2021년에 3억 원으로 낮추는 방안이 들어왔는데요. 좀 더 빨리 범위 확대를 했으면 좋겠습니다. 주식 양도 차익 전체를 누진 과세하는 것이 당장 어렵다면, 대주주 기준을 3억 원 정도로 낮춰서 대주주에 대해서는 누진 과세를 하고, 종목별 3000만 원에서 3억 원까지는 단일 세율로 과세하는 방법이 나올 수도 있겠죠. 종목별 3000만 원 이하는 현행처럼 비과세로 두더라도 이 정도는 과세를 해야 할 것 같습니다. 주식 양도 차익도 엄연히 소득인 이상 다른 소득과 공평하게 세금을 거두는 것이 중요합니다.

예외 없는 공정한 조세

다음으로 증세의 여지가 있는 부분이 주택 임대 소득입니다. 현행 주택 임대 소득에 대한 과세 기준은 연간 2000만 원입니다. 그 이하는 소규모 주택 임대 소득이라고 해서 2018년까지 과세가 유예되어 있습니다. 2019년부터 과세가 될 예정인데, 과세가 되더라도 종합 소득에 포함이 안 되는, 분리 과세 방식으로 과세가 될 예정입니다.

개인에 부과하는 세금의 가장 큰 원칙은 모든 걸 다 합쳐서 계산한다는 거예요. 근로 소득과 그 외에 사업 소득, 이자 수입, 주식 배당금 이런 걸 다 합쳐서 총액 기준으로 소득세를 매깁니다. 그렇게 해서 소득이 올라감에 따라 높은 세율이 적용됩니다. 이걸 종합 과세라고 하는데, 유독 주택 임대 소득은 빼서 따로 계산해요. 그만큼 높은 세율 적용을 피할 수 있습니다.

정부가 소규모 주택 임대 소득에 대한 세금 부과를 유예한 이유는 세금 부담이 크다는 거였습니다. 정말 그런지 한번 보겠습니다. [표 6]과 같이 근로 소득으로 2000만 원 버는 사람, 주택 임대 소득으로 2000만 원 버는 사람, 금융 소득으로 2000만 원 버는 사람이 있다고 가정해보죠. 이들은 각각 얼마씩을 소득세로 내게 될까요? 먼저 근로 소득자는 근로 소득 공제라고 소득에 비례해서 생활에 필요한 금액을 빼고 계산합니다. 그래서 15만 원 정도 세금을 내요. 금융 소득은, 인정받을 경비가 없기 때문에 세금으로 280만 원을 냅니다. 주택 임대 소득자는 60퍼센트를 경비로 인정해줍니다. 아무런 지출이나 증빙이 없어도 60퍼센트를 인정해줘요. 이거 빼주고 소득 공제라고 400만 원을 추가로 빼서 실제 내는 세금은 56만 원 정도 됩니다. 근로 소득과 금융 소득 중간 정도가 적당한 세 부담일 것 같은데, 근로 소득에 대한 세 부담과 비슷합니다.

[표 6] 소득 유형별 세 부담 비교

(단위 : 만 원)

구분	근로소득	주택임대소득	금융소득
수입금액	2,000	2,000	2,000
필요경비(근로소득공제)	825	1,200	-
소득금액	1,175	800	2,000
소득공제	150	400	-
과세표준	1,025	400	2,000
산출세액	62	56	280
세액공제	47	-	-
결정세액	15	56	280

주택 임대 소득이 2000만 원을 넘게 되면 소득세 일반 원칙을 따라서 다른 소득과 합쳐서 계산합니다. 이를테면 주택 임대 소득이 한 해 2400만 원이라면 비과세 대상이 아닙니다. 당연히 세금을 내야 하고, 다른 소득과 합산하여 소득이 늘어나면 최고 40퍼센트까지 높은 세율이 적용될 수 있습니다. 그런데 실제 상황은 어떨까요? 국세청장 인사 청문회 과정에서 그 이야기가 나왔는데요, 전국의 다주택자가 187만 명인데, 그중에서 주택 임대 소득을 신고한 사람은 4만 8000명밖에 안 된다고 합니다. 비율로는 2.6퍼센트밖에 안 되는 거죠.

아직도 주택 임대 투자를 하시는 분들은 투자할 때 소득세 낼 생각을 안 하고 투자를 결정합니다. 다들 안 내고 부동산 중개소에서도 안 내도 된다고 알려주는데, 왜 나만 내야 하느냐고 억울해하면서 신고할 생각을 하지 않습니다. 2000만 원까지 유예인데, 그보다 조금 더 많을 뿐이니 나머지도 유예해달라는 얘기를 합니다. 그래서 2000만 원 이하의 소규모 주택 임대 사업자에 대한 과세는 그 자체도 문제지만 전체 주택 임대 소득 과세와 연결되어 있습니다. 예외를 만들어놓으니 저항이 심한 거예요. 그래서 소규모 주택 임대 소득에 대해 과세를 해야 합니다. 분리 과세 대상에서도 빠지는 것이 맞습니다.

전체 주택 임대 소득 규모가 얼마나 될까요? 현재는 2주택 전세는 과세 대상에서 제외됩니다. 내 집 하나 있고, 하나 더 사서 전세 주는 경우는 세금 내지 않습니다. 전세는 3주택부터 과세되는 데다, 3억 원 초과분만 과세합니다. 그러니 생계형 투자자에게는 별 부담이 가지 않습니다. 이런 조건에서 주택 임대 소득을 계산해보더라도 약 24~25조 원 정도 됩니다. 이 소득의 대부분이 지금 그냥 빠져나가고 있는 겁니다. 분리 과세가 아니라 종합 소득 누진 과세가 적용되고, 평균적으로 20퍼센트만 과세된다고 해도 5조 원의 세수가 확보되는 금액입니다. 주택 임대 소득도 이제 더 이상 성역일 수 없습니다.

조세 저항을 줄이려면 인식을 개선하는 노력도 병행해야 합니다. 앞서 주식 양도 차익의 경우는 내가 위험을 감수하면서 투자하는데 왜 나라에 세금을 내야 하느냐고 생각합니다. 주택 임대도 그래요. '내 재산으로 돈 버는데 왜 세금을 내?' 하고 생각해요. 이걸 바꾸지 않고서는 증세가 어렵습니다. 세금은 의무이자 함께 잘사는 길이라는 공감대를 만들어나가야 합니다.

지금까지 주식 양도 차익과 주택 임대 소득에 대해 말씀드렸습니다. 소득세에 있어서는 최고 세율 인상도 필요하고, 공제 감면 축소도 필요합니다. 근로 소득 면세자 축소도 고민해봐야 합니다. 그런데 시급한 것은 이 두 가지입니다. 주식 양도 차익과 주택 임대 소득. 상당한 규모의 소득이 발생하고 있는데, 세금을 하나도 안 내고 빠져나가고 있습니다. 이것이 해결되지 않으면 공평하게 세금을 걷고 있다는 공감대를 만들 수가 없습니다.

부가가치세율 인상이 시급한 문제일까?

소비세. 대표적으로 부가가치세인데요, 이와 관련하여 두 가지 대립되는 주장이 있습니다. 하나는 우리나라의 간접세 비중이 높다는 주장입니다. 간접세는 직접세에 비해 소득 역진성(소득이 낮은 사람이 세금을 더 많이 내는 것)이 있는데, 간접세 비중이 높으므로 부가가치세를 건드리면 안 된다는 주장입니다. 반대의 주장은 우리나라 부가가치세율과 OECD 부가가치세율을 비교합니다. 우리나라는 10퍼센트입니다. 부가가치세가 도입된 후 한 번도 올리지 않았습니다. OECD 평균은 19퍼센트가 넘습니다. 최근에 부가가치세율을 올린 나라도 꽤 됩니다. 부가가치세율이 OECD 평균에 절반밖에 되지 않으니 부가가치세율 인상이 시급하다는 주장입니다. 이렇게 배치되는 두 개의 주장이 있습니다.

먼저 직접세와 간접세 비중을 보겠습니다. 대략적으로 우리나라는 50퍼센트 수준, OECD 국가는 60퍼센트 수준이라고 알고 계신 분들이 많습니다. 예전에는 국세청이 집계할 때 직접세, 간접세 나눠서 집계하기도 했는데, 요즘은 그렇지는 않는데요. 소득세, 법인세, 상속세, 증여세, 종합부동산세 등을 직접세로 분류하고, 부가가치세, 개별 소비세, 증권 거래세, 주세, 인지세 등을 간접세로 분류합니다. 그렇게 분류하여 직접세

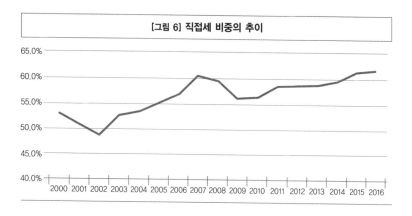

[그림 6] 직접세 비중의 추이

비중의 추이를 보면 [그림 6]과 같습니다.

2000년대 초반에는 50퍼센트 수준에서 등락했는데 최근에 직접세 비중이 꾸준히 올라왔습니다. 2016년 기준으로는 60퍼센트를 넘었습니다. 최근에 소득세가 꾸준히 늘었기 때문입니다. 이렇게 보면, 우리나라는 간접세 비중이 높다는 인식은 선입견에 불과합니다. 이제 6대 4 정도로 직접세가 많습니다.

이렇게 직접세 비중이 올라왔고, 상대적으로 OECD 국가들은 부가가치세율을 꾸준히 올렸으면 관계가 역전되어 있지 않을까요? 막연히 우리나라의 간접세 비중이 높고, OECD 국가는 직접세 비중이 높다고 생각했는데, 반대이지 않을까요?

이를 검증하기 위해 OECD 조세 통계 중 소득 과세와 소비 과세의 비율을 계산해봤습니다. 우리나라의 직접세/간접세 구분과는 좀 다르지만, 소득 과세에 소득세와 법인세가 포함되고, 소비 과세에 부가가치세, 개별소비세 등 소비와 관련된 모든 세금이 포함되니 국가 간 비교를 하기에는

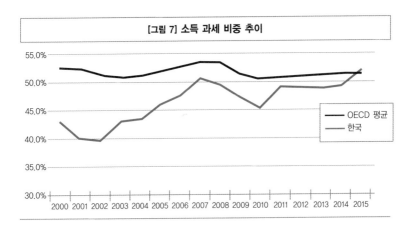

[그림 7] 소득 과세 비중 추이

괜찮은 지표입니다. 소득 과세의 비중을 계산해본 결과는 [그림 7]과 같습니다.

우리나라는 직접세 비중의 그래프와 거의 유사한 모습으로, 소득 과세 비중도 꾸준히 상승했습니다. 그런데 2015년 되어서야 OECD 평균과 비슷한 수준에 도달했습니다. 부가가치세율이 절반밖에 안 되는데도, 이제 비슷한 수준입니다. 이유는 우리나라에 부가가치세 이외에도 개별 소비세, 주세, 교통·에너지·환경세, 담배 소비세 등 소비 관련 세금이 많기 때문입니다. 부가가치세만 비교하면, 우리나라가 많이 작을 수 있지만, 다른 소비 관련 세금이 많기 때문에 이제 OECD 평균과 비슷해졌습니다.

위의 그래프를 보면, 단순히 부가가치세율만 비교해서 우리나라는 10퍼센트이고 OECD는 19퍼센트니, 빨리 부가가치세율을 올려야 한다는 주장도 좀 성급한 것 같습니다. 최근에 와서야 소득 과세와 소비 과세의 비중이 OECD 국가와 비슷한 수준이니, 증세의 순서를 정한다면 소득세와 법인세를 먼저 정비한 후 부가가치세 인상을 논의하는 것이 맞을 것 같습니다.

턱없이 낮은 보유세 실효 세율

다음으로 보유세를 살펴보겠습니다. 보유세는 말 그대로 뭔가를 가진 것에 대해 부과하는 세금입니다. 토지, 건물 등이 대표적입니다. 앞에서 보신 OECD 분류 체계상으로 재산 과세라는 항목인데요, GDP와 비교한 비율이 우리나라가 3.1퍼센트, OECD 평균이 1.9퍼센트였습니다. 이 수치만 보면 재산 과세는 증세할 항목이 아니라 오히려 줄여야 할 세금인 것 같습니다.

일단 OECD 분류 방법상 재산 과세에는 상속 증여세, 증권 거래세, 취득세 이런 것들과 보유세가 한데 묶여 있습니다. 그래서 세부적으로 따져봐야 합니다. OECD 분류상에도 하위 분류가 있는데요, 보유세, 상속 증여세, 거래세로 나눌 수 있습니다. 보유세만 떼어놓고 보면, 우리나라가 0.8퍼센트 정도이고, OECD 평균은 1.1퍼센트입니다. 이번 세법 개정안에는 내용이 없었지만, 문재인 대통령이 후보 시절에 이 수치를 앞으로 1퍼센트 수준으로 올리겠다는 목표를 제시한 적이 있었죠.

그런데, 0.8퍼센트와 1.1퍼센트는 그리 큰 차이가 아닌 것처럼 보입니다. OECD 평균에 비해 거래세(취득세)를 많이 부담하는 것에 비하면 별로 큰 수치가 아닌 것도 같습니다. 그런데, 부동산 보유세를 GDP와 비교하는 것이 합리적인지 생각해볼 필요가 있습니다.

전반적인 조세 부담 수준이나 특정 세목의 부담 수준을 파악할 때 흔히 쓰는 방법이 GDP와 비교하는 것인데, 그것은 소득세, 법인세, 부가가치세 등 대부분의 세금을 소득이나 부가 가치에 부과하기 때문입니다. GDP는 한편으로는 총 부가 가치 생산이고, 한편으로는 국민 소득이기 때문에 소득세, 법인세, 부가가치세와 비교하는 것은 적절합니다. 하지만, 부동산 보유세는 소득에 과세하는 것이 아니라 재산 가액에 과세합니다. 보유세는 GDP보다는 과세의 기준인 재산 가액과 비교하는 방법이 합리적일 수 있습니다.

실효 세율을 계산하더라도 세금이 부과되는 재산 가액과 비교해야 말이 됩니다. 우리나라의 실효 세율을 한번 계산해보겠습니다. 먼저 부동산을 보유함에 따라 납부한 세액을 모두 모아보면 2015년 기준으로 13.4조 원쯤 됩니다. 여기에는 재산세, 종합부동산세, 그리고 재산세를 낼 때 붙어 나오는 지방 교육세, 지역 자원 시설세, 종합부동산세에 따라 나오는 농어촌 특별세 등을 다 합친 금액입니다.

재산 가액은 어떻게 구할까요? 우리나라는 부동산에 세금을 매길 때 실제 가격을 기준으로 하지 않습니다. 공시지가라고 해서 정부에서 그 기준을 따로 정합니다. 이 공시지가는 실거래가보다 낮은데요, 아파트는 80퍼센트, 단독 주택은 50퍼센트 수준입니다. 시세가 1억인 아파트는 세금 부과의 기준으로는 8000만 원으로 산정합니다. 세금을 부과하는 과세표준은 이 공시지가에다가 또 비율을 곱합니다. 토지는 60퍼센트, 주택은 70퍼센트를 곱하여 산정합니다. 과세표준을 구할 때 공시지가에 곱하는 이 비율을 공정시장가액 비율이라고 부릅니다.

정리해보면 실거래가에 50퍼센트에서 80퍼센트의 비율을 적용해서 세금을 부과하는 공시지가를 만들고, 공시지가에 다시 60퍼센트 또는 70

[표 7] 과세표준, 공시지가, 실거래가 및 실효 세율

(단위 : 조 원)

구분		비교 대상	보유세	실효 세율
과세표준	과세분	3,162	13.4	0.42%
	전체	4,187	13.4	0.32%
공시지가	과세분	4,843	13.4	0.28%
	전체	6,328	13.4	0.21%
실거래가	과세분	7,488	13.4	0.18%
	전체	9,872	13.4	0.14%

퍼센트의 비율을 곱하여 과세표준을 만들어냅니다. 2015년 행정 안전부 통계를 보면 [표 7]과 같이 재산세 과세표준이 3162조 원이었습니다. 공시지가를 역산해보면 4843조 원이 나오고, 실거래가를 추정해보면 7488조 원이 나옵니다. 여기까지 숫자는 모두 재산세가 부과되는 경우만 합산한 것인데, 재산세도 비과세되는 경우가 있습니다. 비과세를 포함하면 우리나라의 부동산의 실거래가는 9872조 원이 나옵니다. 1경에 가까운 숫자입니다.

이렇게 계산한 재산 가액과 보유세를 비교해서 실효 세율을 계산해볼 수 있습니다. 과세분의 과세표준을 기준으로 하면 0.42퍼센트 정도의 실효 세율이 나오지만, 과세분의 실거래가를 기준으로 하면 실효 세율이 0.18퍼센트로 떨어집니다. 전체 재산 가액의 실거래가 대비 실효 세율을 계산하면 0.14퍼센트가 되니, 앞에서 GDP와 비교한 0.8퍼센트와 꽤 다른 수치가 나옵니다.

국가 간 비교는 어떨까요? 이 부분에 자료가 별로 없는데 최근에 토지

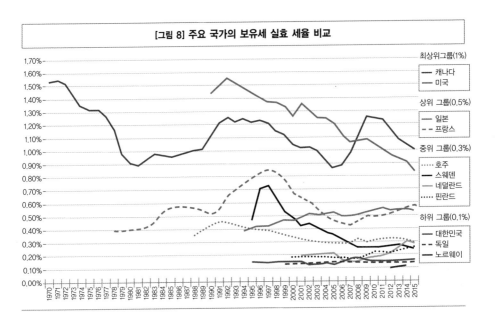

[그림 8] 주요 국가의 보유세 실효 세율 비교

최상위그룹(1%)
— 캐나다
— 미국

상위 그룹(0.5%)
— 일본
-- 프랑스

중위 그룹(0.3%)
······ 호주
— 스웨덴
— 네덜란드
— 핀란드

하위 그룹(0.1%)
— 대한민국
-- 독일
— 노르웨이

+자유연구소에서 중요한 자료를 발표했습니다. 국민 대차대조표의 자료를 활용하여 민간 부분의 부동산 자산 가액을 추정해내고, 이를 OECD 보유세 수치와 비교했습니다.

[그림 8]에서 보듯이 최상위 그룹은 재산 가액 대비 1퍼센트의 보유세를 부담하고 있습니다. 미국과 캐나다 같은 나라입니다. 일본과 프랑스도 재산 가액 대비 0.5퍼센트 수준의 보유세를 부담합니다. 다음으로 재산 가액 대비 0.3퍼센트 수준의 보유세를 부담하는 호주, 스웨덴, 네덜란드, 핀란드 등이 있습니다. 맨 마지막 그룹에 우리나라가 있습니다. 독일, 노르웨이 등과 함께 재산 가액 대비 0.1퍼센트 수준의 보유세를 부담하고 있습니다.

우리나라에서 부동산 때문에 생기는 문제를 고려할 때 우리나라가 하위 그룹에 머물러서는 안 될 것 같습니다. 한 국가의 자원과 자금이 생산적인 곳이 아니라 부동산으로 몰려갈 때, 그 국가는 경쟁력을 잃을 수밖에 없는데, 우리나라가 지금 딱 그렇습니다.

이렇게 우리나라가 보유세 실효 세율에서 하위권에 있게 된 데에는 이명박 정부가 행한 감세 조치의 영향이 큽니다. 이명박 정부는 재산세와 종합부동산세의 세율을 낮춘 것뿐 아니라 공정시장가액 비율을 고정시켜버렸습니다. 아까 말씀드린 공시지가 중 얼마를 과세할 거냐의 비율 말입니다. 당초 계획대로라면 매년 5퍼센트포인트 또는 10퍼센트포인트씩 상승해서 지금은 공정시장가액 비율이 100퍼센트가 되어야 했는데, 이명박 정부가 60퍼센트 또는 70퍼센트로 묶어버렸습니다.

만약 이명박 정부의 감세 조치가 원상회복된다면 어느 정도의 보유세 증세가 이루어질까요? 간단히 추정해보는 것은 과세표준 자리에 공시지가를 넣어보는 것입니다. 그렇게 계산해보면, 보유세가 약 8조 원 늘어납니다. 이렇게 하면 실거래가 대비 실효 세율이 약 0.3퍼센트 됩니다. 위에서 보신 그림의 분류에 따르면 하위권에서 중위권으로 올라가게 되는 겁니다.

보유세 원상회복은 어찌 보면 상대적으로 쉬운 문제일 수 있습니다. 모든 세법은 국회에서 법률을 개정해야 증세가 가능한데 공정시장가액 비율이라는 것은 지방세법 시행령에서 정합니다. 보유세율 인상이 야당 반대로 국회 통과가 어렵다면, 대신 공시지가를 조정해도 증세 효과가 나온다는 이야기가 됩니다.

만약 공시지가 자리에 실거래가를 넣으면 또 얼마나 늘어날까요? 대략 추정해보면 보유세가 12조 원 정도 늘어납니다. 그리고 이때 실거래 가 대비 실효 세율이 0.45퍼센트 정도 됩니다. 이제 상위권에 들어가게 되는 건데요. 물론, 여기까지는 어렵겠지만 최소한 공시지가를 기준으로 한 보유세 부과, 그래서 보유세 실효 세율 기준으로 중위권 그룹에는 들어가야 하지 않을까 합니다.

복지 재원으로서 세금을 더 걷으려면 사람들에게 세금이 공평하게 부과된다는 인식이 먼저 있어야 합니다. 그래야 조세 저항을 넘어설 수 있습니다. 지금까지 살펴본 법인세, 소득세 중에서는 주식 양도 차익이나 주택 임대 소득 그리고 보유세 등에서 공평성을 확대하면서 세수를 늘릴 여지가 있습니다. 대략 합산해보면 연간 20~30조 원 정도 확보할 수 있습니다. 당장은 이 정도만 확보해도 문재인 정부의 포용적 복지국가를 뒷받침할 수 있지 않을까 합니다.

그런데, 한 단계 더 나아간 복지국가로 가기 위해서는 추가적인 재원이 필요할 겁니다. 그래서 마지막으로 말씀드릴 것이 사회 복지세의 신설입니다. 복지 재원을 위해서 많은 분들이 고민을 하고 있는데요. 사회 복지세는 기존에 걷는 세금에 일정 비율을 곱해서 목적세 방식으로 걷자는 제안입니다. 어떤 세금을 대상으로 할지에 대해서는 논의가 필요할 것입니다. 기존에는 법인세, 소득세, 상속 증여세, 종합부동산세 등과 같은 직접세에 부가하는 방식을 고민했는데, 경우에 따라서는 법인세 대신에 부가가치세를 넣는 것도 고려해볼 수 있습니다.

세금 더 내는 것을 좋아할 사람은 많지 않습니다. 증세는 어찌 보면 고통스러운 과정일 것 같습니다. 그래서 재정 지출 절감이나 초과 세수 등에 의존하고 싶은 마음이 드는 것 같습니다. 초과 세수, 도깨비방망이가 같은데요. 세율을 올린 것도 아니고 없는 세금을 만든 것도 아닌데 세수가 쭉쭉 늘어납니다. 그런데 그런 행운이 지속될 수 없습니다. 앞에서 말씀 드린 대로 부동산 경기가 좋아서 나온 일시적인 현상일 뿐입니다.

복지국가로 가는 재원을 만드는 방법은 정공법밖에 없습니다. 과거에 비정상적으로 낮춰놓았던 법인세나 보유세를 원상회복하고 진작 과세를 했어야 함에도 미뤄두었던 주식 양도 차익이나 주택 임대 소득에 대한 과세를 해야 합니다. 이러한 과정에서 공평 과세의 원칙이 확립될 것입니다. 공평 과세로 세금에 대한 신뢰와 증세에 대한 공감대가 확산되면 사회 복지세 같은 새로운 복지 세금을 통해 장기적인 대안을 마련할 수 있지 않을까 합니다. 그럼 이상으로 오늘 강의를 마치겠습니다. 감사합니다.

사회 복지와 지방 정부의 역할

청중 >> 세 가지 질문을 드리겠습니다. 우선, 사회 복지와 관련해서 지방 정부의 역할이 커지고 있는데요. 국세 수입이 늘어난다고 해도 지역에서는 여전히 세수 부족에 시달리지 않을까요?

사회 복지세 신설과 관련해서는, 그렇게 거둔 수입을 복지에만 써야 하니까, 그렇다면 일종의 기금이라고 봐야 할까요?

마지막으로 금융 소득에 대한 보유세 부과 조건을 알고 싶습니다. 단순히 소유하고 있다는 이유로 과세가 되는 건지, 아니면 이로 인해 수익이 발생했을 때 과세하는지 궁금합니다. 예컨대 현금을 갖고 있으면 부과 대상이 그 총액인가요, 이자 수익인가요?

홍순탁 >> 네, 첫 번째 지방 정부에 대한 답변입니다. 국세는 일정 부분을 지방 정부로 이관하게 법으로 정해져 있어요. 이를 지방 교부세라고 하지요. 재정 자립도가 높은 곳은 적게 주고 낮은 곳은 많이 줍니다. 지방세를 늘리는 것보다는 이 교부세를 형평성 있게 늘려주는 게 바람직하다는 생각입니다.

두 번째는 사회 복지세 부분은 이렇습니다. 우리 세법상 특별 회계랑 기금의 차이는 1년을 단위로 결산하느냐 아니냐의 차이입니다. 계속해서 쌓아두면 기금이고, 연 단위로 비우고 다시 걷으면 특별 회계인 거지요. 제가 말씀드리는 사회 복지세 구상은 특별 회계로 관리하자는 것이 기본 개념입니다. 기금식으로 적립하지 말고 연 단위로 걷어서 별도로 관리하자는 거예요.

세 번째는, 금융 자산으로 2000만 원이 있다고 해서 보유세가 부과되지 않습니다. 이로 인해 이자가 2000만 원이 발생하면, 즉 소득이 발생해야 거기에 대해 소득세를 부과해요. 지금 이자율이 2퍼센트잖아요. 그러니까 10억 원의 현금 자산을 은행에 넣어두고 있으면 과세가 됩니다.

청중 >> 소규모 주택 임대 사업자에 대한 과세에 대해 질문입니다. 지금껏 예외 규정에 의해 부과되지 않았다고 하셨는데요, 상가는 여기에 해당이 안 되는지요? 그리고 또 하나 질문드릴 것은 지금 임대한 건물주가 매년 교통 유발 분담금을 내라고 하는데요, 이걸 임차인이 내는 게 맞나요?

홍순탁 >> 현행법상 부동산 임대업도 사업이기 때문에 이로 인해 발생하는 수익은 사업 소득입니다. 따라서 다른 소득과 합산해서 종합 소득으로 누진 과세가 되는 게 맞습니다. 그런데 현실적으로 주택을 임대하는 사람들이 얼마를 버는지 파악이 잘 안 돼요. 왜냐? 임대업을 하려면 사업자 등록을 해야 하잖아요. 상업용 건물, 오피스텔, 상가 이런 것들 임대하려면 사업자 등록을 무조건 해야 합니다. 임대료를 받으려고 하면 세금 계산서라는 것을 주고받습니다. 그러면 국세청에서 파악하게 되고 세금을 걷을 수 있습니다. 그런데, 주택 임대는 관행적으로 사업자 등록을 안 했어요. 세금 계산서라는 것을 주고받지도 않았습니다. 그러니 소득 파악이 안 되고, 세금 부과를 못 하는 상황인 거예요. 주택 임대 소득만 유예가 있었던 것이고 상가 건물은 유예 대상이 아닙니다.

그리고 두 번째 교통 유발 분담금 관련해서는 좀 의아한데요. 상가, 사무실, 오피스텔 같은 곳은 관행상 임차한 건물과 관련된 각종 비용 즉, 제세 공과금 부담은 임대인이 내고 사용상 과실로 발생하는 과태료 등은 이용자가 냅니다. 교통 유발 부담금은 건물 규모나 용도에 따라 발생합니다. 재산세 성격에 가까워서 당연히 임대인 그러니까 건물 소유자가 내야 하는 부분입니다. 게다가 이건 건물을 처음 지을 때, 증축하거나 용도가 바뀌면서 주변 교통 상황에 영향을 미칠 때 냅니다. 그러니까 매년 낼 일은 없어요.

청중 >> 현재 정부에서 근로 소득세 면세 비율을 줄인다는 이야기가 있습니다. 결과적으로 저소득자의 세금 부담이 늘어날 텐데요. 어떻게 보십니까?

홍순탁 >> 우리나라에서 근로 소득세를 안 내는 사람 비율이 2014년 기준으로 48퍼센트 정도 됩니다. 그전에 32퍼센트였다가 1.5배 정도 갑자기 뛰었죠. 2015년에 46.8퍼센트 정도까지 약간 내려왔어요. 국민의 절반이 근로 소득세를 안 낸다는 이야기이니 매우 심각하게 보입니다. 핵심은 근로 소득세를 내지 않는 사람들의 급여가 매우 적다는 데 있습니다. 2015년 기준 근로 소득세를 내지 않는 사람이 800만 명이 좀 넘습니다. 그런데, 그중에서 연간 총급여가 2000만 원이 안 되는 사람이 600만 명을 넘습니다. 총급여 연간 2000만 원 이하면 근로 장려 세제 구간이기도 해서, 외려 세금을 돌려주는 소득 수준입니다.

근로 장려 세제는 열심히 일을 하는데도 소득이 부족하면 세금을 떼어가는 것이 아니라 세금을 붙여주는 제도입니다. 열심히 일할 수 있도록 독려하자는 취지에서 만든 제도인 거죠. 근로 장려 세제 대상 구간에 있는 사람들에게 과세를 한다면, 한쪽에서는 주고, 한쪽에서는 뺏는 셈이 돼요. 결과적으로, 800만 명에서 600만 명을 빼고 봐야 합니다. 그렇게 빼고 나면 적정한 소득이 있는데도 근로 소득세를 한 푼도 안 내는 사람은 200만 명이 채 되지 않습니다. 비율로 보더라도 전체 근로 소득자의 10퍼센트 남짓의 사람들의 문제입니다. 절반의 문제가 아니라 10퍼센트의 문제입니다. 사뭇 그 무게감이 달라지죠. 그 10퍼센트에 사람들에 대해 적절한 방식으로 과세한다면, 약 5000억 원 정도의 증세가 될 것 같습니다. 증세 효과도 크지 않죠. 물론, 10퍼센트 사람들이 어느 정도의 소득이 있음에도 세금을 전혀 안 내는 것은 문제가 있으니 무언가 대책을 만드는 것이 옳습니다. 하지만, 모든 문제는 그 무게감만큼 다뤄지면 되는 것 같습니다. 제가 보기에 근로 소득 면세자 비율은 과잉 해석되고 있습니다.

종합
토론

종합 토론

오건호 >> 오늘 토론 주제는 네 가지입니다.

첫 번째는 한국의 복지 실태입니다. 우리가 넘어서야 할 것들, 그중에서도 핵심 과제라고 여겨지는 것에 대해 함께 이야기를 해볼까 해요.

두 번째는 복지 의제입니다. 우리 사회의 복지를 어떻게 향상시킬 것인가, 지금 시점에서 가장 중요한 의제가 무언지, 생각해보는 겁니다. 우리 사회의 복지 수요와 실현 가능성 등을 살펴보고 우리 실정에 맞는 의제를 찾는 거예요.

세 번째는 기본 소득입니다. 요즘 많은 분들이 기본 소득을 말합니다. 찬성하는 분도 있고 비판하는 분도 있습니다. 유보적인 태도를 보이는 분도 있고요. 그랬을 때 이유가 뭔지 각자 이야기하며 접점을 찾아보고자 합니다.

네 번째로 누가 할 것인가? 즉, 주체입니다. 서구에서는 복지 정책을 요구하고 실천하는 핵심 주체는 정당과 노동조합이었습니다. 우리나라는 아직 이 주체들이 약하지요. 그렇다면 누가 복지의 주체로 설 것이냐 하는 문제가 제기됩니다. 여기에 대한 의견을 나눌 거예요.

그럼 먼저 첫 번째 주제, 복지 실태에 대해 토론 부탁드립니다.

토론자 >> 제가 보기에 우리나라 복지는 제도에 사각지대가 너무 커요. 일단 지원 조건과 절차가 까다롭습니다. 그런 게 있는지 모르는 사람들이 많아요. 예컨대 기초 생활 보장 제도의 수급권자를 결정할 때 부양가족 의무제라는 게 있습니다. 이걸 고친다고는 하지만 지금까지 국가가 가족들에게 복지 의무를 전가한 거잖아요. 말은 누구나 기초 생활을 보장하겠다고 하고는 이래저래 빠질 핑계를 찾은 게 아닌가 싶어요. 국가가 나서서 복지 사각지대를 만든 셈입니다. 건강 보험도 사각지대가 크죠. 예컨대 희귀 질환은 지원을 못 받습니다. 치료에 큰 돈이 들어가고 생계가 어려워질 수밖에 없는 상황인데, 국가가 손을 놓고 있어요.

오건호 >> 말씀하신 복지 사각지대야말로 가장 큰 문제가 아닌가 해요. 기초 생활 보장 제도 같은 공공 부조도 그렇고, 건강 보험 같은 사회 보험도 그렇습니다. 덧붙여 말씀드리자면, 복지는 크게 공공 부조, 사회 보험, 사회 서비스, 이 세 가지로 나뉩니다. 사회 서비스는 보육, 급식, 이런 거예요. 상대적으로 이 분야는 계속 확대되어 왔어요. 사각지대가 많이 줄었습니다. 문제는 앞서 말씀하신 두 개의 영역이에요. 이 부분은 아직도 해결이 잘 안 되고 있어요.

토론자 >> 보편적 복지에 대한 제 의견을 말씀드리겠습니다. 저는 무상 급식이나 반값 등록금 같은 의제에 대해 비판적입니다. 누구나 보편적으로 지원받는 건 좋은데, 사실은 형평성의 문제가 생길 수 있지요. 저소득층이나 빈곤층을 지원할 예산이 그쪽으로 가게 되니까요. 복지에 대한 수요가 증가하고 특히 여론 주도층인 중산층의 요구가 강해지면서 상대적으로 빈곤층에 대한 관심이 줄어들지 않았나 싶습니다.

모두 대학을 가고 싶어합니다. 그러다 보니 '반값 등록금'이 관심을 받아요. 그 이하의 학력을 가진 사람들이 소수다 보니까 그들의 목소리는 묻히는 거예요. 사람들은 20대 하면 당연히 대학생, 혹은 대학을 졸업한 사람이라고 생각합니다. 그러다 보니 복지도 대학생 중심으로 진행되는 거예요. 아이러니하게도 보편적 복지를 위한 정책이 가난한 사람들의 복지를 소홀히 하게 되는 거지요. 요약하자면, 보편적 복지 논의에서 저소득층 같은 소외된 사람들의 목소리를 어떻게 담아낼 것인가 하는 문제의식입니다.

오건호 >> 말씀하신 대로 지금까지 대세는 보편 복지였습니다. 무상 급식을 필두로, 반값 등록금, 기초연금 인상 같은 것들이 이슈였지요. 그때도 이런 진짜 어려운 사람들을 위한 복지는 방치되는 거 아니냐 하는 비판이 있었습니다. 다른 분 생각은 어떠세요?

토론자 >> 저는 반값 등록금 의제가 빈곤층을 소외시키지 않았다고 생각해요. 왜냐면 대학생 중에서도 학비 마련 때문에 힘들어하는 분들이 많거든요. 공부보다 아르바이트로 학비 버는 데 더 많은 시간을 씁니다. 국가적으로도 낭비인 셈이죠. 그런 대학생들을 지원하자는 목적으로 반값 등록금이 제안된 건데, 이게 빈곤층을 소외시킨다는 지적에는 동의하기가 어렵습니다.

토론자 >> 어디에 주목하느냐의 차이가 있는 것 같습니다. 앞서 말씀하신 분은 가난한 대학생을 보신 거고, 저는 대학생이 아닌 일반 저소득층을 본 거예요. 어려서부터 가난하게 자라서 대학은 꿈도 못 꾸는 사람들에게 반값 등록금은 그림의 떡일 수밖에 없습니다. 둘 다 복지의 대상이 맞습니다. 그러나 어느 한편에 치우치게 주목하다 보면 다른 한쪽이 소외된다는 말씀을 드리는 거예요. 보편주의 논의가 바람직하고 좋지만 그것 때문에 다른 한쪽을 못 보는 일은 없어야 한다는 게 제 생각입니다.

오건호 >> 반값 등록금은 등록금의 일부를 국가가 지원하는 정책입니다. 교육권 차원에서 바람직하지 않나요?

토론자 >> 대학 등록금을 소득에 상관없이 나라에서 지원하는 데는 찬성입니다. 그런데 제가 말씀드리는 건 '우선순위'입니다. 복지가 모든 국민의 기본 생활을 보장한다는 기본 취지에 부합하려면, 그러지 못하는 사람들을 먼저 챙겨야 한다고 보는 거예요.

빈곤 문제를 어떻게 풀 것인가

오건호 >> 제가 복지 현장에서 만났던 분들도 비슷한 말씀을 하셨습니다. 어려운 분들을 직접 대면하다 보니 문제의 심각성을 더 피부로 느끼고 계셨어요. 복지 예산은 계속 늘어난다고 하는데 그분들의 삶이 나아지는 기색이 안 보이니 마음이 답답하다고 하십니다. 서구에서는 보편적 복지의 확대가 사각지대를 줄이고 빈곤층의 삶도 향상시켜 왔는데요. 우리는 왜 이 문제가 개선되지 않는 걸까요?

남재욱 >> 오래된 연구 중에 '재분배의 역설'이라는 유명한 논문이 있습니다. 코르피와 팔메라는 두 스웨덴 학자가 썼습니다. 거기에 이런 내용이 나와요.

일반적으로 복지는 국민 기초 생활 보장법처럼, 가난한 사람을 선별해서 급여를 지급하는 방식이 대상 효율성이나 비용 효율성이 높다고 합니다. 더 필요한 사람이 더 많이 받는다는 뜻이에요. 그래서 특히 보수적인 경제학자들은 이런 식의 선별적 복지를 선호해요. 그런데 아까 두 학자가 실제로 각 나라의 실태를 조사했더니 보편 복지의 비중이 높은 나라가 빈곤층 복지를 더 잘 챙긴다는 거예요. 상대적으로 빈곤층이 적고 빈곤층에 대한 혜택도 컸다는 거죠.

이유를 봤더니 가난한 사람이 혜택을 받고 그렇지 않은 사람은 세금만 내는 경우는 사회적 연대가 깨진다는 겁니다. 세금 내는 사람 입장에서는 아깝잖아요. 나는 혜택을 못 받으니까요. 겉으로 말은 안 해도 속으로는, 일도 안 하는 사람들 때문에 왜 내가 손해를 봐야 하느냐 하고 생각합니다. 받는 사람은 수치심을 느끼지요. 능력이 없어서 수혜의 대상으로 전락했다고 생각합니다. 이런 인식이 사회 전체의 복지 정책, 복지 담론에 영향을 미친다는 거예요. 그래서 선별적 복지를 시행하는 나라들은 복지 전체 규모가 커지지 않습니다. 반대로 보편적 복지가 시행되면, 내가 낸 세금으로 나도 혜택을 받는다고 생각하는 사람들이 많아집니다. 중산층 이상도 혜택을 보게 되면 복지에 대한 지지가 높아지고 예산 전체 규모가 커집니다. 결과적으로 더 큰 재분배적 성과를 가져온다는 거예요. 두 학자는 이를 두고 '재분배의 역설'(paradox of redistribution)이라는 용어로 설명했습니다. 직접적으로 선별해서 재분배하지 않고 보편적으로 혜택을 주었더니 오히려 재분배 효과가 나오더라는 얘기예요. 특히 스칸디나비아 복지국가의 역사적 발전 과정을 근거로 했지요.

또 한 가지 기억할 만한 부분은 북유럽의 보편적 복지가 고정된 틀에서 벗어난 것은 중산층 이상을 위한 것만이 아니었다는 점입니다. 이른바 '적극적 차별'이라고 해서 빈곤층을 위해 별도의 혜택을 부여하는 제도도 도입합니다.

1960년대 말 스웨덴에서는 지금까지의 복지가 사회에서 낙오된 사람들의 문제를 해결하지 못했다는 비판이 나옵니다. 그전까지 스웨덴은 보편적 복지와 함께 생산적 복지를 강조했어요. 최대한 노동 시장 참가율을 높이고 경제 성장에 동참하게 만드는 게 주요 목표였지요. 그러다 보니 여기서 낙오된 사람들을 챙기지 못한 겁니다. 이 문제를 강력하게 제기한 분들이 사민당 내부의 사회 복지사들이었어요. 그분들은 직접 현실을 경험했던 겁니다. 스웨덴의 복지 정책은 이런 과정을 거쳐서 보편주의의 기반 위에 중산층을 위한, 그리고 빈곤층을 위한 선별주의를 결합하여 이루어졌습니다.

토론자 >> 보편적 복지가 가지는 장점이 많습니다. 지금 시기에 우리나라 복지의 방향이 보편적 복지를 지향해야 한다고 생각해요. 그래야 사람들의 인식도 바뀌고 사회 전반의 복지 수준이 높아질 거로 봅니다. 문제는 이슈화 되는 과정이에요. 충분한 논의를 거치기 전에 정치적으로 쟁점화되다 보니까, 자꾸 한쪽만 강조하는 거예요. 보편적 복지의 허점을 이야기하면 선별적 복지론자가 되어버립니다. 그렇지 않거든요. 우리가 굳이 다른 복지 선진국의 시행착오를 겪을 필요는 없다고 생각해요. 이거냐 저거냐의 논리에서 벗어나서 지금의 보편적 복지 논의에서 빠진 문제들을 하나씩 살펴봐야 합니다.

오건호 >> 모든 정책에는 장단점이 있지요. 이를 선과 악, 혹은 옳고 그름의 문제로 보아서는 안 된다는 데 동의합니다. 그래서 우리 현실에 맞게, 좀 더 발전된 보편주의로 가야 한다고 봅니다. 우리나라에서 보편 복지 방식의 제도가 확대되었으나 빈곤층 상황은 그리 개선되지 않고 있어요. 전체적인 복지 규모가 적기 때문이지요. 복지 예산을 늘려서 전체 파이를 키우는 고민이 필요합니다.

토론자 >> 우리나라에서 빈곤의 문제는 일회적으로 다뤄지는 경향이 있어요. 사건이 터져야 잠깐 관심을 보입니다. 그러지 않으면 문제가 얼마나 심각한지 사람들이 잘 알기 어려워요. 정말 가난한 사람들은 말이 없습니다. 연구자로서 이들을 대변할 통로랄까, 복지 담론에 참여할 방법이 늘 고민이에요. 우리가 보편적 복지를 논의할 때 이런 부분들이 고려되어야 한다고 생각합니다.

토론자 >> 우리나라 복지는 좋은 제도들이 많아요. 유럽이나 미국, 일본 등의 장점을 따와서 다양한 장치를 마련해놓고 있습니다. 항상 문제는 '이것이 실제로 잘 적용되느냐'예요.

예를 들어서, 활동 보조인 서비스 제도가 있습니다. 중증 장애인의 일상생활을 돕는다는 취지로 도입된 건데요, 독일의 정책을 참조해서 만들었어요. 1인당 제공 시간이 하루 최대 8시간입니다. 저희가 그걸로는 부족하니까 시간을 연장해달라고 정부에 요구했어요. 그랬더니 돌아오는 대답이 독일도 8시간이라는 거예요. 알아봤더니 독일에서는 학습, 육아와 관련한 다른 지원 서비스가 있어서 중증 장애인의 일상생활을 보조하고 있었습니다. 딱 활동 보조인 서비스만 두고 우리도 독일 수준이라고 말하기가 어려운 이유예요. 우리 복지의 실태가 그렇습니다. 제도 하나하나는 좋은데, 모아놓고 보면 허술해요.

문제는 예산이라고 생각해요. 복지를 하려면 돈이 필요하잖아요. 돈은 없는데 여러 가지를 하려다 보니, 생색만 내는 정책이 많은 거예요. 그래서 보편적 복지도 중요하지만 예산 문제, 즉 복지에 쓰일 돈을 어떻게 마련할 것이냐를 빼놓으면 안 된다고 생각합니다. 결국은 세금 문제겠지요. 장기적으로 증세와 관련한 논의를 해야 하지 않을까요?

토론자 >> 저도 예산이 더 필요하다는 데는 동의합니다. 다만 세금을 늘리려면 복지에 대한 인식이 달라져야 하지 않을까요? 당장 내가 혜택을 못 받는데 세금만 더 내라고 하면 저항이 심할 거로 봅니다. 그래서 우선은 내가 낸 세금이 나를 위한 복지로 돌아온다는 인식이 생겨야 합니다. 그러려면 우리에게 더 많은 복지 경험이 필요하고요.

복지 효능감과 사회적 연대

토론자 >> 복지 경험과 관련해서 말씀드릴게요. 제가 생활 협동조합에 있다 보니 다양한 분들을 만납니다. 얼마 전에는 일본의 생활 협동조합을 견학할 기회가 있었어요. 보니까 노인분들이 조합을 만들어서 집도 짓고 함께 공부도 하면서 지내더라고요. 상당히 인상적이었습니다. 이번 강의를 들으면서 지역 공동체가 복지 경험을 확대하는 장이될 수 있다는 생각이 들었어요. 이런 경험이 부족한 상태에서는 복지 논쟁이 정치적 편 가르기 싸움이 될 위험이 크지 않을까요?

오건호 >> 개인적으로 생활 협동조합 같은 지역 조직들이 복지국가를 만드는 데 중요한 역할이 있으리라 기대합니다. 다양한 실험들이 이루어지고 있고요. 이런 성과들이 모여 사회적 연대감을 키울 수 있겠지요.

토론자 >> 복지 논의가 이슈 중심으로 가는 것도 문제가 있다고 생각해요. 복지라는 게 장기적인 계획이 필요한데 정부가 사회적 이슈가 생길 때마다 이를 방어하기에 급급하다 보니 발전이 없습니다. 이슈에 따라 정책이 왔다 갔다 하는 것도 문제고요. 상대적으로 목소리가 낮은 취약 계층이 소외되는 이유도 여기에 있다고 봅니다.

오건호 >> 그렇습니다. 보편적 복지로 혜택을 보는 층은 중간층인데, 여기서 상대적으로 배제된 계층은 지금의 논의가 달가울 리 없지요. 영향력 있는 유권자들에 주목할 수밖에 없는 게 정치의 생리이기도 하고요. 이 부분이 복지 정치의 딜레마일 것 같아요. 이 부분은 네 번째 주제인 '주체'와 관련해서 한 번 더 이야기를 해보는 게 좋겠습니다.

토론자 >> 앞서 우리나라 사람들이 복지 경험이 부족해서 여론 형성이 잘 안 된다는 지적이 있었는데요. "닭이 먼저냐 알이 먼저냐." 하는 문제 아닐까요? 일단 제도 자체가 시행되면 경험이 쌓이고 그 경험을 토대로 새로운 복지 수요가 생길 거로 봅니다. 그리고 복지 경험이 있음에도 확대가 더딘 측면도 있고요.

가령 무상 급식 문제라든가 육아 수당이라든가 건강 보험 제도라든가 하는 것들을 우리는 이미 경험하고 있습니다. 강의를 들으면 느낀 건데, 그럼에도 다른 나라의 훌륭한 복지 제도에 대해 들으면서 생소한 거예요. 의료 보장을 저렇게 확대할 수도 있고 집값 걱정 없이도 살 수 있는데, 왜 그런 생각을 못 했을까 싶어요. 그만큼 경험에 비해 상상력이 부족한 건 아닐까요? 복지를 내 권리로 인식하지 못하는 분위기가 아직도 있는 것 같습니다. 혜택은 충분히 알고 있지만, 그저 욕심 때문에 세금 내기를 거부하는 사람들도 있고요.

홍순탁 >> '재분배의 역설'의 핵심은 재원 크기인 것 같습니다. 재원 규모가 커져야 뭔가 할 수 있으니까요. 우리나라에서는 '재분배의 역설'이 왜 나타나지 않을까 하는 우려는 시기를 너무 좁게 봐서 그런 것이 아닐까 합니다. '재분배의 역설'이 나타나려면 일단 복지를 충분히 체험해서 이러한 복지국가를 유지하기 위해서는 세금을 더 내자는 공감대가 형성되어야 할 텐데요, 우리나라는 아직 복지를 체험한 지가 얼마 안 되다 보니 아직 세금을 더 내자는 공감대까지는 못 간 것 같습니다. 무상 급식, 무상 보육, 기초연금 등이 도입된 지가 아직 10년도 안 되었으니까요. 그 공감대를 강화하기 위해서는 사람들이 복지가 내 삶에 도움이 되는구나 하는 인식을 계속 심어주는 것이 중요할 것 같습니다. 좀 더 긴 기간을 두고 보면 우리나라에도 '재분배의 역설' 현상이 나타나지 않을까요? 우리가 너무 조급하게 생각하는 것 아닐까 합니다.

지금 저는 아이들을 키우고 있는데요. 보육, 교육, 급식 이런 것들에 대해 다들 긍정적으로 생각합니다. 다만, 질적으로 불만이 있어요. 이런 부분들을 강화한다면 충분히 증세를 해도 호의적인 여론이 앞서지 않을까요?

토론자 >> 급식의 질과 관련해서는 단순히 예산 문제로만 풀기는 어려울 것 같습니다. 똑같은 돈을 들여도 어떤 학교에서는 급식의 질도 상당하거든요. 문제는 급식을 외주화하면서 중간에서 비용이 증가하는, 그런 구조적인 문제도 살펴봐야 한다고 생각합니다. 학부모 급식위원회라든가, 합리적인 유통 구조 개혁을 통해서 비용을 낮추면 지금 예산 범위에서도 급식의 질을 확보할 수 있지 않을까요? 복지의 질을 곧바로 예산, 세금 문제로 연결하기에 무리가 있는 부분이 있습니다.

홍순탁 >> 물론입니다. 서비스 공급 체계를 정비하는 것도 중요해요. 일단 급식하는 게 중요하니까 그 부분을 신경 못 쓴 것도 사실이고요. 그러나 보통 사람들은 그런 측면을 잘 못 봅니다. 일단 급식 질이 안 좋으면 이걸 무상 급식 자체의 문제로 받아들이지요. 정부에서 복지 정책을 추진할 때 서비스 체계도 함께 고려해야 합니다.

오건호 >> 보편적 복지는 여러 복합적인 문제에 직면해 있습니다. 재정 확충이 안 되면 효과가 적을 것이고 재정을 확충하려면 사람들을 설득해야 한다는, 이중적인 어려움에 처해 있지요. 그러다 보니 서비스의 질 자체에도 신경을 잘 못 쓴 측면이 있어요.

토론자 >> 저는 보편적 복지의 혜택을 경험하지 못한 사람들이 아직도 많다고 생각합니다. 주변에 보면 세금 내고 혜택받은 게 별로 없어, 라는 말들을 많이 해요.

내가 만드는 복지 의제

오건호 >> 지금까지 복지 실태를 주제로 보편적 복지와 복지 경험에 대해 이야기했습니다. 내만복(내가 만드는 복지국가) 입장에서는 어쨌든 복지 담론을 활성화해야 한다고 보고 있습니다. 복지에 대한 관심을 한 단계 업그레이드하는 한편, 관심이 부족한 사람으로 하여금 복지를 내 문제로 이해하게끔 할 만한 의제로 무엇이 있을까요?

예컨대 '복지 사각지대 없애기 운동'을 펼칠 수도 있겠지요. "공적 복지를 사적 복지의 대안으로!" 이런 구호를 내걸 수도 있습니다. 국가에서 무상 급식, 무상 보육, 반값 등록금을 해도 밑 빠진 독에 물 붓기라는 말이 있어요. 가계 지출이 워낙에 많이 들어가기 때문이에요. 집세, 병원비, 이런 것들을 공공의 영역에서 해결해주자는 겁니다. 이런 식으로 하나의 표어로 요약할 수 있는 게 있다면 어떤 게 있을까요?

토론자 >> 제가 볼 때는 "일 가정 양립"이 좋은 의제가 될 수 있을 것 같습니다. 지금은 가족들이 같이 밥 먹기도 어렵잖아요. 장시간 노동, 가사 노동, 이런 부분들에 대해 사람들이 공감할 수 있을 듯합니다. 예전에 선거 구호로 나왔던 "저녁이 있는 삶"도 비슷한 맥락이고요.

토론자 >> 저는 "복지는 인권이다"로 정해봤습니다. 지금껏 복지 서비스나 관련 법이 대부분 공급자 중심으로 만들어졌어요. 그러다 보니 동정과 시혜의 관점입니다. 국민의 입장에서 보면 당연한 권리인데도 말이지요. 그런 의미에서 복지를 누구나 누릴 수 있는 인권이라고 표현하고 이를 알려나가는 것이 좋을 것 같습니다.

토론자 >> 저는 "집 걱정 없는 나라"를 생각했습니다. 지금 청년이고 노년이고 할 것 없이 주거 문제가 심각하잖아요. 우리나라는 이미 월급 모아서 집 살 수 있는 나라가 아닙니다. '하우스 푸어'라는 말이 있듯이 집 한 칸 마련하는 데 모든 비용을 다 써버려요. 이는 중산층, 빈곤층 할 것 없이 모두가 공감하는 문제라고 생각합니다.

오건호 >> 네, 복지 의제와 관련해서 여러분들이 여러 말씀을 해주셨습니다. 주거, 보육, 의료 등 우리에게는 해결해야 할 문제가 많습니다. 이런 다양한 요구들을 모아서 의제화해야 할 필요가 있고요. 기본 소득도 그중 하나일 텐데요. 다음으로 여기에 대한 의견을 나눠보도록 하겠습니다. 기본 소득을 어떻게 봐야 할까요?

홍순탁 >> 기본 소득 논의가 급부상한 것은 4차 산업 혁명이 이야기되면서 일자리에 대해 위기 의식을 느껴서인 것 같습니다. 복지에는 수당, 즉 현금 급여가 있고 서비스, 즉 현물 급여도 있는데요, 일자리 자체가 불안하다 보니 현금 급여가 보다 시급하다고 생각하는 것 같습니다. 현금 급여를 보편적으로 주자는 아이디어가 기본 소득이니까요. 이상적인 이야기이고 먼 미래의 문제인 줄 알았는데, 청년들은 첫 직장을 구하기가 어렵고, 중장년층은 고용이 불안하다 보니, 즉 밥벌이가 만만치 않다는 생각이 퍼지면서 기본 소득이 급부상한 것 같습니다.

오건호 >> 말씀하셨듯이 갑작스레 등장한 측면이 있어요.

토론자 >> 사람들이 기본 소득이 현재 양극화와 경제 위기를 해결할 대안으로 보는 것 같아요.

오건호 >> 그런 측면에서 기본 소득은 강점이 있습니다. 불안정한 노동 시장에서 사람들의 삶을 지키는 근본적 대안으로 여겨지기도 하지요. 하지만 여기에 대한 반론도 만만치 않습니다.

토론자 >> 우리 사회가 다이내믹한 측면이 있어요. 기본 소득처럼 획기적인 복지 정책이 일단 이슈가 되었다는 것도 놀랍고요. 설사 포퓰리즘이라고 비판하는 사람들이 있지만, 예전에 무상 급식이 그랬듯이 의외로 빨리 정착할 수도 있다고 생각합니다. 장애 쪽은 소득 보전 정책이 장애인 연금인데, 제가 보기에는 그것도 사회 수당에 가까워요. 그런 의미에서 기존의 정책도 점점 기본 소득처럼 사회 수당으로 통합되어 가지 않을까 싶습니다.

기본 소득을 보는 다양한 시선

남재욱 >> 얼마 전 알파고가 세상을 떠들썩하게 했습니다. 이세돌 9단이 졌죠. 일방적인 경기였습니다. 사람들이 충격을 많이 받았습니다. 정말 기술이 사람을 앞서는구나, 공상 과학 영화가 아니구나, 어쩌면 내가 그 피해자가 될 수도 있겠구나, 하는 생각을 하게 되었습니다. 지금도 먹고살기 힘든데 일자리가 더 없어지면 어떡하지? 이런 불안이 가뜩이나 어려운 경제 상황에서 더욱 확산되었다고 봐요. 이걸 정치권이 '기본 소득'이라는 의제로 받은 거죠.

기본 소득은 일을 하든 안 하든 기본적인 소득을 보장합니다. 기존의 복지국가 제도에서 중추를 이루는 사회 보험이 노동을 급여 수급의 전제 조건으로 하는 것과 다른 점이지요. 하지만 많은 기본 소득론자들도 인식하는 것처럼, 당장 전면적 기본 소득을 실현하기는 어렵습니다. 우선은 예산의 한계가 가장 큰 문제고, 사람들의 인식도 그렇게까지 바라는 것 같지는 않아요. 그렇다면 현실적인 방법은 기본 소득을 주장하시는 분들도 이야기하는 것처럼 단계적으로 접근하는 것입니다. 그 현실적인 첫 단계는 대상을 특정한 인구 집단으로 제한하고, 급여 수준을 아주 높지 않게 설정하는 한시적-부분 기본 소득일 것입니다. 그런데 이렇게 보면 기존 복지국가에서 노인이나 아동을 대상으로 지급되는 사회 수당과 별 차이가 없습니다. 나중에 어떻게 될지는 몰라도 적어도 어느 시점까지는 기본 소득 운동과 기존의 복지국가 운동이 같이 갈 수 있는 여지가 있다는 것이지요.

한국의 예를 들어볼까요? 우리나라 노인 빈곤율이 매우 높습니다. 거의 50퍼센트에 육박해요. OECD 국가 중에서 압도적입니다. 이분들의 절대 다수가 국민연금에 가입되어 있지 않습니다. 더러 국민연금을 강화해서 이분들을 지원하겠다는 이야기도 나오는데, 국민연금을 강화하는 것은 필요하지만 이분들은 애초에 수급권자가 아니라 그 혜택을 받을 수 없습니다. 지금 노인 중에 국민연금 받는 사람이 34퍼센트에 불과해요. 그래서 기초연금이 중요합니다. 기초연금은 한국 사람이라면 누구나 일정 나이가 되면 현금으로 받습니다. 시민권과 나이만이 수급 조건이 되는 것이지요. 그러다 보니 사각지대가 거의 없어요. 이는 기존의 복지국가들이 많이 운용하고 있는 '노인 수당' 프로그램이지만, 이것을 '노인 기본 소득'이라고 말한다고 실질적인 내용이 크게 바뀌지는 않습니다. 노인과 비슷하게 아동 역시 기존 복지 국가에서 대표적인 사회 수당의 수급 대상입니다. 한국에서도 2017년 말에 아동 수당 도입에 대해 여야간 합의가 이루어졌어요. 상위 10퍼센트 가구는 제외한다는 묘한 단서가 붙어서 서구의 제도와 달라지긴 했지만요. 어쨌든 아동을 대상으로 보편적으로 급여를 제공한다면, 이것 역시 아동 수당이자 아동 기본 소득이 될 수 있습니다.

한시적-부분 기본 소득의 대상으로 이야기되는 계층 중 기존의 복지 국가에서 시도된 적이 없는 것은 청년입니다. 경제학적으로 보면 이분들은 경제 활동 인구에 해당하거든요. 복지국가의 사회 수당은 아동, 노인, 장애인처럼 일하기 어려운 형편의 사람들, 그래서 노동의 대가로 삶을 꾸리기가 어려운 사람들을 대상으로 해왔습니다. 그런데 청년은 여기에 속하지가 않잖아요. 그래서 청년 수당의 경우는 기존의 사회 수당과 성격이 다르다고 할 수 있습니다. 만약 '청년 기본 소득'이라는 것이 도입된다면, 이는 기존의 복지국가 사회 수당의 범주를 벗어난 것이라고 말할 수 있을 것입니다.

그렇지만 저는 청년 대상의 지원에 있어서 '기본 소득'이 가장 좋은 방법인지는 잘 모르겠습니다. 기본 소득처럼 보편성이 강한 정책은 그 대상자 전체가 동질성이 매우 크다는 것을 전제로 한다고 생각합니다. 노인마다 자산의 차이는 있지만 대부분 노동 시장에서 젊을 때처럼 일할 수 없고, 아동마다 가정 형평은 다르지만 보육하고 교육하는데 비용이 드는 것처럼요. 근래에 들어 청년 실업이나 청년 NEET 같은 문제가 심각해지는 것을 사실이지만, 그럼에도 불구하고 여전히 청년들이 취업하고 노동하는 데는 학력에 따라 가정 형편에 따라 성별에 따라 나타나는 다양성이 더 크지 않나 싶어요. 욕구의 다양성이 크다는 말이지요. 그렇다면 청년을 대상으로는 단순이 '돈'을 보장하는 것보다는 '이행'을 지원할 수 있는 다양한 서비스가 더 필요하지 않나 하는 생각을 가지고 있습니다. 물론 소득 지원도 필요합니다만, 그것이 꼭 기본 소득의 형태여야 하는지에 대해서는 거기 들어가는 재원을 고려하면 고민이 더 필요하지 않나 하는 생각이 있습니다.

토론자 >> 처음 기본 소득 이야기를 들었을 때 감동받았습니다. 국가의 구성원인 국민에게 배당을 하겠다, 그것도 시혜가 아닌 국민의 권리로서, 이런 이야기잖아요. 그런데 시간이 지나면서 드는 생각이, 막대한 재원이 들어갈 게 뻔한데 그럼 다른 정책은 어떡하지? 하는 생각이 들었어요. 실현 가능성을 두고 보았을 때도 지금은 장기적으로 검토해나가야 하지 않나 싶습니다.

토론자 >> 저는 기본 소득을 권투 선수로 비유하고 싶습니다. 기본 소득이 옳으냐 그르냐로 갈릴 문제는 아니라고 보고요. 알파고가 등장하고 4차 산업 혁명 이야기가 나오는 데다 스위스에서 기본 소득을 두고 투표까지 했습니다. 그러다 보니 관심이 고조되고 있지요. 실현 가능성을 두고 갑론을박하고 보편적 복지냐 포퓰리즘이냐 말도 많아요. 언론이나 대중들은 그럴 수 있습니다. 그러나 복지국가를 고민하는 사람들이라면 조금 다르게 접근해야 한다고 봅니다. 찬성이냐 반대냐가 아니라 이 논쟁을 어디로 가져갈 것이냐를 고민해야 한다고 생각해요.

기본 소득이라는 선수를 두고 체력이 어떠네, 성격이 어떠네, 경기를 잘할지 말지 따져보기보다는 일단 사각의 링 위에 올려놓되, 누구와 싸우게 할 것인가를 고민하자는 거예요. 기본 소득 대 복지국가, 이러면 너무 거창합니다. 이론 싸움이 될 가능성이 커요. 대신 기본 소득 대 국민 기초 생활 보장법, 이러든가 기본 소득 대 국민연금, 이런 식으로 가면 좀 더 생산적인 논의가 되지 않을까 싶어요. 그랬을 때 어느 쪽을 옹호하든 그 자체로 의미가 있다고 봐요. 그래서 사람들이 선수가 아닌 경기 자체에 주목하게 만들어야 한다고 생각합니다.

지역 네트워크가 희망이다

오건호 >> 저도 구체적인 실행 방안을 두고 논의하는 게 바람직하다고 봐요. 우선순위도 불가피하게 등장하는 쟁점이지요. 노인은 노인대로 빈곤율이 세계 최고 수준이고 청년은 청년대로 실업의 고통 속에 빠져 있습니다. 보육 문제도 여기에 뒤지지 않고요. 그러면 이 과정에서 누구에게 어떤 방식으로 지급할 것이냐를 두고 논의를 하게 됩니다. 그러다 보면 자연스레 원칙에 대한 얘기도 나올 거고, 우리가 추구해야 할 복지국가의 형태에 대한 이야기도 나오겠지요.

이제 마지막으로 주체에 대한 이야기입니다. 그렇다면 이 모든 논의를 누가 끌고 나가고 실천해갈 것인가 하는 문제예요. 서구와 다른 역사를 갖고 있는 우리에게 복지국가 건설의 주체로 적합한 계층, 계급은 어디일까요? 아까 생활 협동조합에서 오신 분이 좋은 말씀을 해주셨는데요. 지금 우리나라에 생협 활동이 활발합니다. 주요 생협 조합원만 따져도 100만 명에 이른다 해요. 이걸 가구 수로 치면 200~300만 명은 조직화할 수 있다는 얘기입니다. 이분들과 건강 보험 하나로 운동을 함께하면 얼마나 큰 효과가 있겠어요. 공동으로 협약서를 만들고 실천해나간다면 정당, 노동조합이 나서지 않아도 사회적으로 의제화할 수 있다고 봅니다.

토론자 >> 한편에서 의료 협동조합이 조금씩 늘고 있는데, 이쪽은 어떨까요? 복지 정책을 함께 논의하고 실현하기에 적합하지 않을까요?

토론자 >> 생활 밀착형이라는 점에서 강점이 있습니다. 다만 아직 초기 단계라서 복지 의제까지 받을 수 있을지 모르겠어요.

오건호 >> 지역에 따라 자리를 잡은 의료생협이 있습니다. 저희가 2010년 건강 보험 하나로 운동을 할 때 지역에서 의료생협도 관심을 보였어요. 경기도 안성 같으면 의료생협 활동이 상당히 활발한 지역으로 평가받아요. 저희가 그쪽 활동가분들하고 세미나도 하고 공동 교육도 했습니다. 부평 쪽에 계신 의료생협에선 핵심 조합원이 건강 보험 하나로 운영위원으로 오시기도 했고요. 이런 식으로 하나둘 네트워크를 만들어가는 게 중요합니다. 조만간 제2의 건강 보험 하나로 지역망을 구축하는 활동이 이루어졌으면 좋겠어요.

토론자 >> 복지가 결국은 먹고사는 문제인 만큼 가장 현실적인 의제가 가장 파급력이 크다고 생각합니다. 내가 먹는 것, 내가 소비하는 것, 나의 건강, 이런 것들이 생협 운동이 정착하는 데 큰 원동력이었던 거 같아요. 마찬가지로 생활 밀착형 의제로 접근하면, 일반 주민들이 지역 네트워크에 참여하게 되지 않을까요?

오건호 >> 맞습니다. 2012년에 저희 내만복(내가 만드는 복지국가)이 발족할 때 내세운 의제가 두 개였어요. 하나가 '건강 보험 하나로'이고 두 번째가 '사회 복지세 신설'이었습니다. 아직 열매를 맺지는 못했지요. 지금은 어린이 병원비 국가 보장을 매개로 건강 보험 하나로 운동을 다시 제기하고 있습니다. 세금 의제도 지역 주민들이 실제 관심을 가질 수 있는 방식의 활동을 기획하고 있고요.

토론자 >> 저는 지금 생협 활동을 하시는 분들이 '가치'보다는 '내 가족의 안전' 같은 동기가 크다고 봐요. 그런 의미에서 보면 연대가 가능하기는 하겠지만, 복지 의제를 선도하고 실천하는 주체가 되기는 어렵지 않을까 싶습니다.

오건호 >> 물론 사람들이 당장 내 문제가 아니다 싶으면 무관심합니다. 안 그래도 신경 쓸 일이 많은 대한민국이잖아요. 나 하나 먹고살기도 빠듯합니다. 어쩌면 그렇기 때문에 복지가 더 중요하지 않을까 해요. 그런 분들에게 복지가 바로 내 문제임을 내 가족과 나의 미래를 결정하는 일임을 알리고 이것을 이루기 위해서는 같은 관심을 가진 시민들이 함께 힘을 모아야 한다고 말해야죠. 아까 복지 경험이 중요하다고 말씀드렸지요. 이제 사람들이 복지를 새롭게 깨닫기 시작했어요. 일종의 전환기라고 할 수 있습니다. 복지의 주체는 결국 나 자신입니다. 무상 급식으로 시작된 복지 담론이 어느새 복지국가를 꿈꾸게 하고 있으니 말입니다. 이 모든 변화의 시작이 우리였고, 또 앞으로 나아갈 주체도 우리 자신입니다. 그래서 저희 단체 이름도 '내가 만드는' 복지국가입니다.

오늘 좋은 말씀 많이 해주셨고요. 앞으로 이런 자리가 더 많아져서 심도 있는 논의가 계속되기를 희망합니다. 고맙습니다.